# Zwischen Idee und Wirklichkeit, eine Autobiografie

## Danksagung

Am meisten danke ich meiner Frau, die es geduldig ertragen hat, wenn ich meine Zeit stunden- und tagelang am PC verbrachte. Mein Dank gilt auch meinen diversen Testlesern, die mir viele Hinweise zu inhaltlichen Verbesserungen lieferten.

# Werner Kunke

# Zwischen Idee und Wirklichkeit, eine Autobiografie

gesellschaftliche Gegebenheiten
und relevante Entwicklungen in der DDR
selbst erlebt

Dies ist eine Neuauflage des gleichnamigen Titels, der unter dem Pseudonym „Heinz Grimm" veröffentlicht wurde (ISBN 978-3-7528-2332-5). Bis auf wenige Ausnahmen wird in der Neuauflage auf die in den vorherigen Auflagen vorgenommenen Anonymisierungen verzichtet.

Bibliografische Information der Deutschen Nationalbibliothek: Die Deutsche Nationalbibliothek verzeichnet diese Publikation in der Deutschen Nationalbibliografie; detaillierte bibliografische Daten sind im Internet über dnb.dnb.de abrufbar.

Herstellung und Verlag:
BoD - Books on Demand, Norderstedt

ISBN: 9783758322815

## Haftungsausschluss

Dieses Buch enthält Verweise auf Webseiten ("externe Links"), auf deren Inhalt der Autor keinen Einfluss hat. Für diese Inhalte und insbesondere für Schäden, die aus der Nutzung oder Nichtnutzung dieser Informationen entstehen, haftet allein der Anbieter der Seite, auf welche verwiesen wurde.

Es wird ausdrücklich darauf hingewiesen, dass der Autor keine Verantwortung für den Inhalt von Seiten übernimmt, die mittels der im Buch enthaltenen externen Links erreichbar sind.

# Inhaltsverzeichnis

Vorwort......................................................................................2

Die Wohnorte meiner Kindheit.........................................6

EOS und Kabelwerk............................................................22

Die NVA................................................................................49

Schichtarbeit im Kabelwerk.............................................65

Noch einmal Ungarn..........................................................67

Das Studium in Dresden....................................................69

Das Forschungsstudium...................................................106

Widerspruch zwischen Theorie und Praxis..................121

Im ORZ des VEB Feinwäsche..........................................124

Die Harlass-Gießerei.........................................................150

An der TH Karl-Marx-Stadt.............................................182

Das Jahr 1989.....................................................................210

Die letzten Monate der DDR...........................................222

Eine abschließende Zusammenfassung.........................232

Die ersten zwei Jahre in der ehemaligen DDR.............237

Wie es einigen meiner Bekannten erging......................248

Die Entwicklung der eigenen Firma...............................255

Mein Privatleben in der BRD...........................................265

Umzug nach Rochlitz........................................................272

Abschließende Betrachtungen.........................................276

Meine Zukunftsvorstellungen.........................................278

Vier Zukunftsvisionen......................................................283

Glossar................................................................................286

Anhänge..............................................................................289

# Vorwort

Der Vater meines Vaters gehörte zu den ersten Mitgliedern der KPD, was die politischen Ansichten meines Vaters prägte. Da unser Vater außer Marxist auch noch Lehrer war, wurden wir auch zu Hause zur sozialistischen Persönlichkeit[1] erzogen. Das hatte Wirkung. Ich akzeptierte die Idee, dass sich die sozialistische Gesellschaft in nicht allzu ferner Zeit zur besten aller Gesellschaften entwickeln müsse. Die Wirklichkeit kam dieser Idee aber nur selten nahe. Ich musste mein Leben **zwischen** dieser **Idee und** der **Wirklichkeit** einrichten. Daher der Titel dieses Buches.

Dass dieses Buch entstand, hatte mit den für meinen Geschmack manchmal ziemlich realitätsfernen Vorstellungen meiner Neffen vom Leben in der DDR zu tun. Um ihnen ein realistischeres Bild zu vermitteln, begann ich etwa ab 2000 Episoden aus meinem Leben in der DDR aufzuschreiben. Später habe ich die gesammelten Episoden chronologisch geordnet. So wurde daraus eine Autobiografie. Diese habe ich noch um die ersten Jahre nach der Wiedervereinigung erweitert, da diese Jahre völlig anders als die Zeit in der DDR, aber ebenso anders wie die gleichen Jahre in den alten Bundesländern verliefen.

Das Buch soll eine einigermaßen realistische Vorstellung von meinem Leben in der DDR und vom Leben in den neuen Bundesländern während der ersten Jahre nach der Wiedervereinigung vermitteln. Es ist mir klar, dass Andere das Leben in der DDR und den Anschluss an die BRD völlig anders erlebten. Trotzdem glaube ich, dass mein Leben in vielen Aspekten durchaus repräsentativ für viele in der DDR aufgewachsene Bürger ist. Hoffentlich interessieren sich diejenigen, die keine oder nur wenige Jahre in der DDR lebten auch dafür. Die Übrigen erinnern sich vielleicht an bereits Vergessenes.

---

1   https://de.wikipedia.org/wiki/Erziehung_zur_sozialistischen_Persönlichkeit

Es stört mich immer noch, wenn die DDR pauschal als Unrechtsstaat bezeichnet wird. Das klingt für mich so, als ob man als DDR-Bürger ein ständig gegenwärtiges Unrecht mitgetragen hätte. In meiner Biografie gehe ich auch auf Unrechtsfälle ein, die sich in meinem Umfeld zugetragen haben. Als Durchschnittsbürger war man mit solchen Fällen aber nur selten konfrontiert. Die meisten Rechte, die man hatte, konnte man auch einfordern. Das galt leider nicht, wenn man verdächtigt wurde der DDR schaden zu wollen. Aber auch im Rechtsstaat BRD geht es nicht immer gerecht zu. Und auch hier ist es oft nicht leicht, sein Recht einzufordern.

Ein Überwachungsstaat war die DDR schon. Datenschutz gab es in der DDR nicht, was natürlich auch Unrecht war. Zum Glück waren die technischen Möglichkeiten zur Überwachung mit den heutigen nicht zu vergleichen. Internet und Handy gab es nicht, private Festnetztelefone waren eher selten. Auch in unserer Familie wäre die Stasi bei der Telefonüberwachung daran gescheitert, dass bei uns keiner das Privileg eines privaten Telefons hatte. Und für eine Datenbank mit massenhaften Überwachungsdaten fehlten zum Glück geeignete Speichermedien. Die Stasi musste sich deshalb anstelle einer umfassenden Datenbank mit Karteikästen und kilometerlangen Aktenregalen begnügen.

Außerdem wird die DDR heute oft als Mangel-Staat gesehen, in dem es außer Rot- und Weißkohl nichts gab. Mir fällt beim Stichwort Mangel in der DDR zuerst der Wohnraummangel ein. Damit war man fast immer konfrontiert, wenn man seine erste Wohnung suchte. Obdachlose und Obdachlosenunterkünfte gab es trotz Wohnraummangels nicht. Entsprechend war im November 1989 meine Verblüffung, als ich in einem Stuttgarter S-Bahnhof die Toilette aufsuchen wollte und mich durch das Matratzenlager der Obdachlosen zwängen musste.

Die jahrelangen Wartezeiten auf ein Auto und der Mangel an Autoersatzteilen lagen wohl an zweiter Stelle. Letztendlich hatte trotzdem fast jede Familie ein Auto, zur Not ein zum reichlichen Neupreis erworbenes Gebrauchtauto.

Dafür mangelte es nie an bezahlter Arbeit. Es gab zwar keine Arbeitslosenversicherung, aber ich hörte zu DDR-Zeiten nie, dass jemand keine Arbeit gefunden hätte. Allerdings nicht unbedingt die, welche man gerne haben wollte. Als es die DDR schon nicht mehr gab, hörte ich vom Fall einer Lehrerin, die auf Grund ihrer oppositionellen Ansichten entlassen wurde und danach nie mehr Arbeit als Lehrerin fand.

Dann gab es noch die fehlende Reisefreiheit. Aber auch die war nicht absolut. Ins Ausland gereist sind wir schon. Meine erste Auslandsreise nach Ungarn fand schon 1965 kurz nach meinem 18. Geburtstag statt. Wie heißt es über den Sachsen im Lied von Jürgen Hart: „Bis runter nach Bulgarchen tut er die Welt beschnarchen". Wenn man in der ČSSR ein Straßenschild „Wien 170 km" sah, wurden einem die eingeschränkten Reisemöglichkeiten allerdings schmerzlich bewusst.

Außerdem war in der DDR ein geringes Einkommen der Eltern kein Hindernis, zu höherer Bildung zu gelangen. Auch für Kultur wurde sehr viel getan, die DDR war das Land Europas mit den meisten Schauspiel- und Opernhäusern. Und die Eintrittspreise konnte sich jeder leisten, da subventioniert.

Ganz offensichtlich litten viele unter der Stasi. Besonders beeindruckt hat mich in dieser Beziehung das Buch *„Durch die Erde ein Riss"* von Erich Loest. Hier kommt die Verfolgung von DDR-Gegnern durch die Stasi und die Behandlung der Betroffenen im DDR-Strafvollzug zur Sprache. Das Fatale daran ist, dass diese DDR-Gegner in der Regel die DDR nicht abschaffen, sondern nur verbessern wollten. Dieses Buch konnte ich erst kurz nach dem Mauerfall lesen.

In meinem Umfeld gab es zwei Fälle von Verhaftungen durch die Stasi. In beiden Fällen handelte es sich nicht wirklich um DDR-Gegner.

4

Trotz meiner zweifelsfreien Staatsnähe in der DDR betrachtet ich vieles kritisch. Zu dieser meiner DDR-kritischen Einstellung trugen UTP[2] und Lehrausbildung, aber vor allem in der DDR verlegte Bücher bei. Dazu gehörten *„Ole Bienkopp"* von Erwin Strittmatter, das ich schon zu EOS-Zeiten lass und natürlich *„Spur der Steine"* von Erik Neutsch so wie *„5 Tage im Juni"* von Stephan Heym. Zu diesen Büchern gehört unbedingt auch *„Der Tag zieht den Jahrhundertweg"* von Tschingis Aitmatov, 1981 in der DDR erschienen. In allen diesen Büchern geht es um Personen, deren Vorstellungen von einem wirklichen Sozialismus am realen Sozialismus scheitern. Trotzdem hatte ich bis 1989 die allerdings immer kleiner werdende Hoffnung, dass solche Dinge einmal als Kinderkrankheiten des realen Sozialismus einzuordnen wären.

Auf alle Fälle war die Stasi nicht so allgegenwärtig, wie es heute manchmal dargestellt wird. Wenn wirklich jeder in der Kneipe erzählte politische Witz zu einem Gefängnisaufenthalt geführt hätte, wären ich und ganz besonders mein Bruder Dauergäste in DDR-Gefängnissen gewesen.

Noch eine Bemerkung zur gendergerechten Sprache. In meinem Buch verzichte ich darauf. Wenn eine männliche Berufsbezeichnung ohne Bezug auf eine konkrete Person auftaucht, sind selbstverständlich alle Geschlechter gemeint. Spreche ich von einer Frau als Ingenieur soll das zeigen, dass ich sie für fachlich ebenbürtig zu ihren männlichen Kollegen halte. Sie als Ingenieurin zu bezeichnen kommt mir eher abwertend gegenüber ihren männlichen Kollegen vor.

---

2 Unterrichtstag in der Produktion, siehe
https://de.wikipedia.org/wiki/Produktive_Arbeit_(DDR)

## Die Wohnorte meiner Kindheit

Zunächst werden die Wohnorte meiner Kindheit vorgestellt. Der wichtigste in meiner Jugend war wohl Nossen. Nossen betrachte ich immer noch als meine Heimatstadt. Die längste Zeit wohne ich inzwischen aber in Rochlitz. Beide Kleinstädte hatten zu DDR-Zeiten etwa 8000 Einwohner.

Meinen Geburtsort gibt es nicht mehr, er wurde schon zu DDR-Zeiten eingemeindet. Aber ich wurde dort im Jahr 1947 geboren, das steht noch immer so in meinem Personalausweis. Mein Vater hatte hier seine erste Arbeitsstelle als Neulehrer[3]. Nach Vaters Erzählung wollte er eigentlich ein Ingenieurstudium beginnen. Deshalb hatte er sich freiwillig zur Marine gemeldet. Er hoffte nach seinem Dienst ein Stipendium zu erhalten. Zunächst wurde es aber nichts mit dem Studium, weil inzwischen der Krieg ausgebrochen war. Direkt nach dem Kriegsende war es auch nichts mit einem Ingenieurstudium. Also wurde mein Vater Neulehrer.

## Gornsdorf im Erzgebirge

Hier gibt es meine ersten Kindheitserinnerungen. Gornsdorf war der erste Arbeitsort meines Vaters als Neulehrer. Wir wohnten im Meierhaus, groß und grün, gleich neben der Bimmelbahnbrücke. Bei Meiers gab es immer eine Blechkanne mit Malzkaffee. Man konnte bei Bedarf einfach aus der Tülle trinken.

Es gab ein Waldbad. Dieses Freibad hatte einen Nichtschwimmerbereich. Versehentlich geriet ich dort ins Tiefe. Bis mich jemand ins Flache beförderte, hatte ich ordentlich Wasser geschluckt. Meine Eltern konnten sich nie an den Vorfall erinnern, wahrscheinlich bemerkten sie ihn gar nicht. Für mich war er wohl ziemlich traumatisch. Ich fürchtete mich noch viele Jahre vor tiefem Wasser.

---

3   https://de.wikipedia.org/wiki/Neulehrer

Einmal gab es ein Schilderhaus mit einem russischen Posten gleich neben dem Meierhaus. Beim Schilderhaus lag ein Haufen feiner Schotter. Der Posten ließ mich die weißen Steinchen aussortieren, die er für seine Maschinenpistole als Munition benötigte (hat er jedenfalls behauptet).

Wasser und einen Ausguss gab es im Flur des Meierhauses, gebadet wurde im Waschhaus. Das Klo war bestimmt ein Plumpsklo[4].

Im Nachbarhaus gab es einen, der Katzen fing, schlachtete und verspeiste! Ich durfte einmal beim Schlachten zugucken. Vielleicht war es doch nur ein Hase?

Unser Vater war in der Zeit oft nicht zu Hause, weil er ein Fernstudium absolvierte. Das erforderte öfters seine persönliche Anwesenheit in Dresden. Das weiß ich aber nur von Mutters Erzählungen. Von ihr weiß ich auch, dass es zu meinem zweiten Geburtstag eine Feier mit Vaters Kollegen gab, bei der ein Eimer saure Fische ausgegeben wurde. In der anschließenden Nacht wurde nach Aussage unserer Mutter mein Bruder gezeugt.

Viel später, in meiner Oberschulzeit, war ich mit dem Fahrrad bei meinen mütterlichen Großeltern zu Besuch und machte einen Ausflug nach Gornsdorf. Das Meierhaus war noch da, aber samt Bimmelbahnbrücke extrem geschrumpft.

## Dresden

1953 wurde das Pädagogische Institut Dresden gegründet, an dem Vater nach seinem Fernstudium als Dozent arbeitete. Folgerichtig zogen wir nach Dresden zur Miete in eine alte Villa. Das war kurz vor dem 17. Juni. Die Villa war riesig. Unsere Wohnung hatte Parkett, Schiebetüren und Schiebefenster, eine Rufanlage für die Minna[5] (aber natürlich keine Minna) und eine nicht funktionierende Zentralheizung. Es gab auch eine Veranda und einen

---

4   https://de.wikipedia.org/wiki/Plumpsklo
5 https://de.wiktionary.org/wiki/Minna

Garten mit Teich. Wir hatten nun auch ein WC, aber nach wie vor kein Bad mit Badewanne oder Dusche. Gebadet wurde in der Zinkbadewanne in der Küche. An der Wohnungstür war ein Schild „Betteln und Hausieren verboten", das unser Vater sofort entfernte. Folgerichtig klingelt es wenig später an unserer Wohnungstür. Ich machte auf. Ein Unbekannter sagte: „Ich bitte um eine kleine Gabe!". Ich rief unsere Mutter: „Da will jemand eine kleine Gabel!". Das war das einzige Mal, dass ich in der DDR mit Bettlern zu tun hatte. Zu Beginn meines Studiums in Dresden war die „riesige" Villa genauso geschrumpft wie das Meierhaus in Gornsdorf.

In Dresden gab es viele Ruinen, daran war nach Mutters Auskunft der Eisenhauer Schuld. Der schien mir so eine Art bösartiger Riese gewesen zu sein. Gemeint war natürlich Dwight D. Eisenhower, der Oberbefehlshaber der alliierten Streitkräfte im zweiten Weltkrieg.

Im Herbst 1954 kam ich in Dresden in die Schule. Meine Klassenlehrerin war eine Oma, die man seltsamerweise mit „Fräulein" anreden musste. Mich bezeichnete das Fräulein als „finstere Laterne". Außerdem ging es manchmal nach der Schule zum Religionsunterricht ins Gemeindehaus. Der stand angeblich auf dem Programm, um es meinen Großmüttern recht zumachen. Da ich schon in der Mitte der ersten Klasse flüssig lesen konnte, interessierte ich mich auch für die Bücher in Vaters Bücherschrank. Besonders „Erde, Weltall, Mensch"[6] hatte es mir angetan. Das dort angelesene Wissen stand im totalen Widerspruch zur Schöpfungsgeschichte in Religion. Nachdem ich diesen „Quatsch" mehrmals durch Schwänzen ignoriert hatte, kam es zum Besuch des Pfarrers und einem Machtwort meines Vaters. Der Religionsunterricht fand für mich nicht mehr statt.

1955 war Vaters Arbeitszimmer wochenlang unzugänglich. Irgendwie schlich ich mich doch hinein und entdeckte eine riesige

---

6   https://de.wikipedia.org/wiki/Weltall_Erde_Mensch

Modell-Bahnanlage mit zwei Schaltpulten. Als es am Weihnachtsabend zur Bescherung kam, waren meine Eltern ziemlich enttäuscht. Ich interessierte mich weniger für die Modelleisenbahn, als vielmehr für das Mosaikheft Nummer 1[7] (dessen Sprechblasen ich zu diesem Zeitpunkt schon problemlos meinem Bruder vorlesen konnte). Mein scheinbares Desinteresse an der Eisenbahn war aber ein Ausdruck meines schlechten Gewissens. Meine Eltern erfuhren das nie.

Was gab es noch? Besuch der Großeltern und alter Kollegen, die Anlass zu Dampferfahrten ins Elbsandsteingebirge waren. Ich kann mich auch an Besuche im Zoo und im Großen Garten, sowie an Märchenstunden im Pionierpalast (Schloss Albrechtsberg) erinnern. Die wurden im türkischen Bad des Schlosses erzählt.

## Nossen

Da es zu wenig Lehrer gab, wurden Mitte der fünfziger Jahre Institute für Lehrerbildung (IfL) gegründet, an denen in Form einer Fachschulausbildung Unterstufenlehrer ausgebildet werden sollten. Eines dieser neuen Institute gab es in Nossen, das im ehemaligen königlich sächsischen Seminar sein Domizil fand. Vater bekam einen Parteiauftrag, dort mitzumachen. So zogen wir im Winter 55/56 nach Nossen um.

Übrigens, ein Parteiauftrag war ein beliebtes Mittel, ein gewöhnliches Parteimitglied zu einer Leistung zu verpflichten, die freiwillig keiner machen wollte. Typisch waren z.B. Agitationseinsätze.

**Unsere Wohnung:** Die neue Wohnung lag im Erdgeschoss einer alten Villa. Es gab ein Wohn- und Arbeitszimmer, ein großes Schlafzimmer für die Eltern, ein Kinderzimmer, eine Küche, ein Bad ohne Badewanne, aber mit einem alten Kupferbadeofen, einen Erker aus Holz und ein Plumpsklo (in der Wohnung!). Außerdem eine Schlafkammer für die Kinder im zweiten Stock. Die

---

7  https://de.wikipedia.org/wiki/Digedags

Raumhöhe im Erdgeschoss betrug 3,50 Meter. Das war gut für den Weihnachtsbaum, aber schlecht fürs Heizen. Als wir größer waren, wurde aus dem Elternschlafzimmer ein Wohnzimmer und aus dem Kinderzimmer das Elternschlafzimmer. Auch der Kupferbadeofen wurde repariert und mit einer Badewanne komplettiert.

Vom umgebenden, großen Grundstück durften wir nur einen kleinen Teil nutzen, unter anderem einen etwa 50 m² großen Garten. Ein beträchtlicher Teil dieses Gartens wurde von einem Apfelbaum dominiert, dessen Früchte vom Hausverwalter für sich reklamiert wurden. Mein Bruder und ich vergruben eine alte Matratze unter den Wurzeln dieses Baums ein und versenkten diverse Kupfernägel in seinem Stamm. Der Baum hat uns den Daumen gezeigt und weiterhin reichlich Äpfel getragen.

Das Plumpsklo war zunächst der typische Holzkasten mit Holzdeckel. Das führte oft zu unangenehmen Gerüchen in der Wohnung und im Sommer zu massenhaft auftretenden, ekligen Fliegenmaden. Deshalb ließen unsere Eltern den Holzkasten auf eigene Kosten durch eine Porzellanschüssel mit manuell zu betätigender Klappe ersetzen, ähnlich wie in alten Eisenbahnwagen. Optisch war das deutlich besser, die Belästigung durch Geruch und Fliegenmaden ging aber nur wenig zurück.

Auf der westlichen Seite des Grundstücks war die Straße, auf der südlichen eine Bimmelbahnlinie, auf der nördlichen eine Normalspur-Bahnlinie. Im Osten war ein für uns verbotenes Gelände, nur vom Hausverwalter genutzt. Dahinter war dann schon das IfL.

Im Süden hatten wir einen schönen Blick auf das Nossener Schloss[8]. Ferner gab es einen kleinen Fluss und diverse kleinere Wälder, etwas weiter entfernt einen sehr großen Wald. Ganz wichtig war im Sommer das Freibad, drei Minuten zu laufen.

---

8   https://www.schloss-nossen.de/de/schloss-nossen/

Verkehrsmäßig war Nossen Spitze. Es gab außer den an unserem Haus vorbeiführenden Bahnlinien noch zwei weitere Normalspurlinien und noch eine Schmalspurlinie. Dazu Buslinien in alle Himmelsrichtungen und einen Autobahnanschluss in 7 km Entfernung. Es fehlte nur noch ein Flugplatz.

**Die Übungsschule am IfL:** Da das IfL Grundschullehrer ausbildete, gab es dort auch eine erste bis vierte Klasse, die sogenannte Übungsschule. Ich war jetzt dort Schüler. Das lag nicht daran, dass mein Vater Dozent am IfL war, sondern daran, dass wir in dem Teil von Nossen wohnten, dessen Kinder in die Übungsschule gehen mussten. In dieser Schule durften die Studenten des IfL das Lehren üben. In den Klassenräumen waren ganz hinten etwa 30 Stühle für die hospitierenden Studenten aufgestellt. Manchmal saß auch unser Vater dort. Ich weiß nicht mehr, wer damals meine Klassenlehrerin war, aber einmal (muss im Oktober 1957 gewesen sein) begann sie völlig aufgeregt den Unterricht und ließ dabei einen Ball an einer Schnur kreisen. Der Ball sollte den Sputnik I[9] und die Schnur die Schwerkraft darstellen, die den Sputnik zwang, um die Erde zu kreisen. Damals begriff ich das nicht, aber die völlig aus dem Häuschen geratene Lehrerin hatte mich sehr beeindruckt.

In den Ferien zwischen dem viertem und fünften Schuljahr gab es ein neues Fahrrad (26 Zoll) zum Geburtstag . Das musste gleich ausprobiert werden. Also zusammen mit Max in Richtung Kreisstadt gefahren. Nach reichlichen zwanzig Kilometern saßen wir begeistert an der Elbe. Die Rückfahrt gestaltete sich schwieriger, weil es inzwischen Nacht geworden war. Des Öfteren hob einer von uns das Hinterrad an und der andere drehte die Pedale von Hand. So konnten wir wenigstens die Straßenschilder lesen. Zu Hause war inzwischen die Polizei alarmiert, die große Suchaktion aber noch nicht gestartet.

---

9   https://de.wikipedia.org/wiki/Sputnik_1

In dieser Zeit war ich auch zweimal wegen eines Lungenschadens (Folge einer Krankheit namens Keuchhusten) mit ärztlicher Verordnung in einem Erholungsheim. Einmal an der Ostsee (Wieck) und einmal in Thüringen (Grünheide). Vom Ostseeheim ist mir besonders ein Hafenbesuch in Erinnerung. Dort wollte uns ein Fischer einen der in einer Kiste liegenden, frisch gefangenen Seehechte zeigen. Der, den er uns vorführen wollte, lebte aber noch und biss dem Fischer so kräftig in die Hand, dass es gewaltig blutete und wir nicht für Kinderohren geeignete Flüche zu hören bekamen. In Thüringen wurde ich krank und beobachtete die längste Zeit die anderen Kinder aus dem Fenster meines Krankenzimmers beim Spielen.

**Dorfschule und UTP:** Die Schüler der Übungsschule absolvierten die fünfte bis achte Klasse in der Dorfschule eines Nachbardorfs, weil in der Nossener Schule kein Platz war. Die Dorfschule hatte vier Klassenzimmer. Die Schulspeisung[10] wurde vom IfL Nossen geliefert, im Flur ausgeteilt und in den Klassenzimmern gegessen. Der Sportunterricht fand in der Turnhalle des IfL statt. Der Schulweg war etwa 4 Kilometer lang und wurde meistens mit dem Fahrrad zurückgelegt. Bei schlechtem Wetter auch mal mit dem Bus.

Der Religionsunterricht wurde weiterhin „erlaubt" geschwänzt. Das war einfach, weil der Religionsunterricht in der DDR nicht in der Schule, sondern in einem zur Kirchgemeinde gehörigen Raum stattfand. Ich ging da einfach nicht mit. Als deshalb der Pfarrer unsere Mutter besuchte, hat diese sich selbst und ihre Kinder bei der Kirche abgemeldet (Vater war sowieso nicht in der Kirche). Laut meinem Bruder war der Anlass aber kein Besuch des Pfarrers, sondern eine Marxismus-Leninismus-Dozentin vom IfL Nossen. Die hätte unseren Vater in Mutters Gegenwart

---

10  https://de.wikipedia.org/wiki/Schulspeisung#Schulspeisung_in_der_
    DDR

kritisiert, dass er mit einer dem kirchlichen Irrglauben anhängenden Frau zusammenlebe. Das hätte die Abmeldeaktion ausgelöst.

Der Sportunterricht war mir ein Gräuel. Der Sportlehrer setzte immer voraus, dass man wusste wie man z.B. über den Bock springt. Wenn man dran war und es nicht schaffte, hieß es: „Flasche! Der Nächste!". Besonders hässlich war der Schwimmunterricht. Da ich mich vor tiefem Wasser fürchtete, war aller Unterricht vergeblich. Ziel war die Freischwimmerprüfung (15 Minuten schwimmen und ein Sprung vom 1-Meter-Brett). Im Sommer waren bei gutem Wetter praktisch alle meine Mitschüler im Freibad zu finden. Und sie tummelten sich alle im tiefen Wasser!

Vater meldete mich zum Schwimmunterricht beim Bademeister an. Der legte mir einen Bauchgurt an, der an einer Art Angel befestigt wurde, die wiederum am Rand des Schwimmbeckens befestigt war. An der Angel hängend, konnte ich natürlich nicht untergehen und machte fleißig Brustschwimmbewegungen. Nach einiger Zeit senkte der die Bademeister die Angel ab. Sofort stellte ich alle Schwimmbewegungen ein, brüllte um Hilfe und schluckte einen Eimer Wasser. Später wurde ich auf Vaters Initiative Mitglied in der Sektion Schwimmen der **B**etriebs**s**port**g**emeinschaft[11] „Lokomotive Nossen". Die Mitgliedschaft in der BSG war übrigens kostenlos, man brauchte aber eine Jahreskarte für das Freibad. Jetzt gab es Schwimmunterricht bei einem Sportlehrer des IfL. Hat aber auch nichts genützt.

Oft täuschte ich im tieferen Teil des Nichtschwimmerbeckens Schwimmkünste vor. Dazu machte ich Schwimmbewegungen mit einem Bein und beiden Armen und hüpfte mit dem anderen Bein auf dem Beckengrund. Eines Tages stellte ich fest, dass ich das Hüpfen vergessen hatte und mit beiden Beinen Schwimmbewegungen machte. Ich schwamm! Meine Angst war weg! Noch am gleichen Abend machte wurde die Freischwimmerprüfung und

---

11 https://de.wikipedia.org/wiki/Betriebssportgemeinschaft#Betriebsspor tgemeinschaften_in_der_DDR

am nächsten Abend die Fahrtenschwimmerprüfung (45 Minuten schwimmen und ein Sprung vom drei-Meter-Brett). abgelegt

Mathe und Deutsch gab es bei der Klassenlehrerin. Wenn sie krank war, gab es Mathe auch mal bei meinem Vater. Meine Mitschüler waren von ihm begeistert, ich weniger. Russisch gab es auch bei einer Lehrerin, Werken und Physik bei einem ziemlich unbegabten Lehrer. Chemie gab es ab dem siebten Schuljahr bei einem IfL-Dozenten. Sein Motto war „wo es stinkt und kracht, da wird Chemie gemacht". Das hat er gleich in der ersten Stunde sehr anschaulich demonstriert. Damit stand mein neuer Berufswunsch fest: Chemie! Bis dahin wollte ich zunächst wie mein Großvater Kesselschmied werden, später Diplomingenieur. Ich wusste zwar nicht genau, was das ist, aber in der Doppelhaussiedlung in der mein Großvater lebte, war der Sohn eines Nachbarn Diplomingenieur geworden, was von der gesamten Siedlung gefeiert wurde. Leider hat er kurz darauf die DDR verlassen und war später Professor für Werkzeugmaschinen und Fertigungstechnik in der BRD.

Nicht zu vergessen der Unterrichtstag in der sozialistischen Produktion. UTP gab es ab dem siebenten Schuljahr einmal pro Woche. Dafür fiel der Werkunterricht weg. Im Sommer fand in unserer Dorfschule der UTP in der LPG[12] (Landwirtschaftliche Produktionsgenossenschaft) statt. Wir misteten Schweine, Kühe und Mastbullen, setzten Weidezäune um, lernten mit der Hand melken und die verschiedenen Sorten Kunstdünger am Aussehen, Geruch und Geschmack unterscheiden. Heute kann ich das nicht mehr, traue mir aber noch zu, eine (friedliche) Kuh zu melken.

Im Winter waren wir in der Papierbude (VEB Papierfabrik Nossen). Dort lernten wir etwas über die Papierherstellung und in der Elektrowerkstatt probierten wir Grundschaltungen aus.

---

12  https://de.wikipedia.org/wiki/Landwirtschaftliche_Produktionsgenoss
    enschaft

Dieser Unterrichtstag zeigte mir allerdings Arbeiter und Bauern, die dem Bild das mir mein Vater vermittelte so gar nicht entsprachen.

Zu der Zeit arbeitete auch meine Mutter als Einrieserin in der Papierfabrik. Ries ist ein Papiermaß, fünfhundert Blatt sind ein Ries. D.h. unsere Mutter packte Päckchen mit je 500 DIN-A4-Blättern. In ihrem Heimatdorf hatte sie Zuschneiderin gelernt und danach in einem Textilbetrieb gearbeitet. Spätestens als sie mit unserem Vater in meinen Geburtsort zog, war sie Hausfrau. Als ich in die fünfte Klasse kam wollte sie wieder arbeiten. Da sie mit der Arbeit als Einrieserin nicht zufrieden war, lernte sie an der Volkshochschule Schreibmaschinenschreiben. Sie übte das Blindschreiben im dunklen Wohnzimmer, indem sie Texte schrieb, die unser Vater mit der Taschenlampe vorlas. Danach war sie in einem Nachbardorf Sprechstundenhilfe. Zuletzt arbeitete sie als Sekretärin am IfL.

Anfang 1960 zog unser Vater mit anderen SED-Genossen häufig über die Dörfer, um die Bauern zum Eintritt in eine landwirtschaftliche Produktionsgenossenschaft zu bewegen. Parteiauftrag! Er schimpfte nach solchen Agitationseinsätzen immer gewaltig, weil die Bauern die Vorteile des Eintritts nicht begreifen wollten. Ich verstand den Sinn der Übung nicht. Wenn die Mitgliedschaft in der LPG so vorteilhaft ist, werden die übrigen Bauern früher oder später von allein eintreten war meine Meinung. Heute ist mit klar, vor allem die Mittelbauern deren Hof gut lief waren nicht in der LPG. Großbauern gab es praktisch nicht. Dort wo es sie gegeben hatte, waren sie bei der Bodenreform enteignet worden. Die cleversten unter den Mittelbauern gründeten eine LPG Typ I, in der nur die Felder gemeinschaftlich bewirtschaftet wurden. Damit entgingen sie dem Agitationsterror. 1960 hatten die hartnäckigsten LPG-Gegner die Flucht in den Westen angetreten, womit ihr Gut automatisch einer LPG zufiel. Die übrigen waren in die LPG eingetreten. 1961 war die DDR-Landwirtschaft, wie von der SED-Führung beschlossen, vollgenossenschaftlich.

In meiner Freizeit habe ich in der Station Junger Naturforscher und Techniker[13] Segelflugmodelle gebaut. Das kostete nichts. Auch das Material (Kiefernleisten, Sperrholz, Leim, Papier zur Bespannung und Spannlack) wurde kostenlos gestellt. Den Motor für Motorflugmodelle konnte man aber nur leihen. Das fertige Flugmodell durfte man mit nach Hause nehmen.

Natürlich war ich auch Stammkunde in der Stadtbibliothek. Die Buchausleihe war auch kostenlos. Außerdem war ich Radiobastler. Dazu gebracht hat mich mein Klassenkamerad Peter K.. Dessen Vater hatte im Krieg beide Beine verloren und machte in Heimarbeit Laubsägearbeiten. Im Krieg war er Funker und hat seinen Sohn für das basteln von Radios begeistert. Ich fing mit einem Detektorempfänger an, danach kamen ein transistorisierter NF-Verstärker und dann ein Kurzwellenempfänger auf Röhrenbasis. Die meisten Einzelteile stammten aus alten Radios von der Schutthalde. Den Transistor für den NF-Verstärker erstand ich von meinem Taschengeld für 12 Mark. Am Kurzwellenempfänger lauschte ich viele Nachtstunden mit Kopfhörern Sendern aus aller Welt. Dabei hörte ich z.B. zum ersten Mal Songs von Pete Seeger. Besonders beeindruckten mich auch deutschsprachige Sendungen des albanischen Senders Radio Tirana[14], weil man dort nicht nur über den Westen, sondern auch über die Revisionisten des Ostblocks herzog.

Apropos Taschengeld: Ab der fünften Klasse gab es zwei Mark Taschengeld pro Woche. Am Anfang des Schuljahres gab es noch neue Schulbücher und einen Satz Schreibutensilien. Unsere Schulbücher mussten die Eltern kaufen, weil Vater inzwischen gut verdiente. Einige meiner Mitschüler bekamen die Schulbücher kostenlos von der Schule, aber nicht immer neu. Außerdem bekamen mein Bruder und ich von unseren Eltern immer eine

---

13  https://de.wikipedia.org/wiki/Station_Junger_Naturforscher_und_Tec
hniker

14  https://de.wikipedia.org/wiki/Radio_Tirana_3

Jahreskarte fürs Freibad. Neue Schreibhefte, Eis, Kino und sonstiger „Luxus" mussten ausschließlich vom Taschengeld finanziert werden. Eis war manchmal eine Versuchung, weil schräg gegenüber von unserer Dorfschule ein gefragter Eis-Laden seinen Sitz hatte. Den Laden gibt es immer noch, allerdings bekommt man die Kugel nicht mehr für zehn Pfennig.

Unser Hausverwalter brachte einmal ein junge Dohle mit nach Hause, der er eine Bucht in seinem Hasenstall einräumte. Die Dohle erhielt den Namen Jakob und war bald sehr zahm. Sie kam mir immer entgegen geflogen, wenn ich von der Schule nach Hause kam. Meist landete Jakob auf meinem Kopf, was wegen der Krallen nicht angenehm war. Wenn ich die Hand vor die Stirn hob, stieg er aber auf die Hand um.

Zu unserer Wohnung gehörte auch eine verglaste und etwas desolate Veranda, die wegen ihrer Orientierung nach Nordwesten nur als Abstellraum genutzt wurde. Dort hatte ich in einem Drahtkäfig eine Zucht weißer Mäuse untergebracht. Gefüttert wurden sie hauptsächlich mit Weizenähren, die ich im Herbst auf den abgeernteten Feldern sammelte. Heute würde das nicht mehr gehen, da jetzige Erntemaschinen praktisch nichts übrig lassen. Die wuscheligen, drei Zentimeter langen Jungmäuse nahm ich gern mit in die Schule um damit unsere Mädchen zu erschrecken.

Ansonsten bauten wir im Wald Hütten, pafften von Oskar im Laden seiner Eltern geklaute Zigaretten, lösten im Keller von Max bei Chemieversuchen eine Explosion aus, klauten Kirschen und veranstalteten in einer Scheune Mutsprünge aus großer Höhe in einen Haufen Spreu (was anschließend ganz gräulich juckte). Im Winter gab es „Abfahrtslauf" in einer etwa zwei Kilometer entfernten „Schlucht".

DDR-typische, kollektiv bildende Maßnahmen gab es natürlich auch. Appelle waren eher selten, ich glaube vor allem am ersten Schultag nach den Ferien und zu Staatsfeiertagen. Natürlich gab es regelmäßig Pionierveranstaltungen. Zeitweilig war ich Gruppenratsmitglied, und zwar als Wandzeitungsredakteur. Da fast jeder Mitglied der Pionierorganisation war, gab es pro Schulklasse eine Pioniergruppe. In der Gruppe wurde ein Gruppenrat gewählt, für die gesamte Schule gab es einen Freundschaftsrat. Der oder die Gruppenratsvorsitzende war so eine Art Klassensprecher. Jeder Pionier hatte ein weißes Pionierhemd und ein Halstuch. Hemd und Halstuch wurden nur zu besonderen Anlässen getragen. Am linken Ärmel des Hemds gab es sogar „Rangabzeichen". Ein Streifen für Gruppenratsmitglieder, zwei Streifen für Gruppenratsvorsitzende und Freundschaftsratsmitglieder, drei Streifen für den Freundschaftsratsvorsitzenden. Konnte natürlich auch eine Vorsitzende sein. Außerdem gab es einen ehrenamtlichen Pionierleiter. Bei uns war das immer ein Student vom IfL. Es gab in jeder Klasse eine Wandzeitung. Für deren Gestaltung hatte man ziemliche Freiheitsgrade, solange man nicht mit der herrschenden Ideologie in Konflikt kam. Darauf passte aber der Pionierleiter auf. Mittwochs gab es einmal im Monat unter der Regie des Pionierleiters oder des Klassenlehrers einen Pioniernachmittag. Außer an ein jährliches Schulfest mit selbst gestaltetem Zirkus und an diverse Altmaterialsammlungen erinnere ich mich nicht an konkrete Pioniernachmittage. Das scheint darauf hinzudeuten, dass es keine besonders bewegenden Veranstaltungen waren.

In den Ferien ging es in die Ferienspiele. Die Spiele fanden an Wochentagen etwa von 9 bis 15 Uhr statt. Bei uns wurden dazu einige Klassenzimmer der Übungsschule am IfL umgestaltet. Betreuer waren IfL-Studenten. Die komplette Teilnahme kostete inklusive Mittagessen nur eine sehr geringe Summe für das Mittagessen. Konkret erinnere ich mich an Schnitzeljagden und Mittagspausen auf Matratzenlagern in leergeräumten Klassenzimmern.

Im sechsten oder siebenten Schuljahr wollte ich dicke, essbare Fische fangen und trat in den Anglerverband ein. Damit man seine Angel an einem Fischgewässer auswerfen durfte, musste man sich zuerst beim Turnierangeln[15] bewähren. Dazu braucht man weder Wasser noch Fische. Es wird ein 7,5-Gramm-Gewicht an die Angelschnur gebunden und damit Weit- und Zielwurf geübt. Eine Angel aus gesplittetem Bambus hat mir jemand geschenkt, die damals sehr teure Stationärrolle hat mir der Angelverband geliehen. Mein Trainer war Student am IfL und amtierender Weltmeister im Turnierangeln. Zu allem Überfluss hieß er mit Nachnamen Hering. Einen richtig großen Fisch fing ich übrigens nie.

Im siebten und achten Schuljahr war ich in den Sommerferien im Pionierzeltlager Seifhennersdorf. Es gab öfters einen Appell, der aber immer kurz war und wohl eher zur Prüfung der Anwesenheit diente. Im Photozirkel zogen wir mit dem Zirkelleiter durch die Gegend und fotografierten Umgebindehäuser und andere Sehenswürdigkeiten. Später entwickelten wir die Filme und machten schwarz-weise Papierbilder. Das gab den Anstoß, mir selbst eine Dunkelkammerausrüstung zuzulegen.

Im achten Schuljahr stand die Vorbereitung auf die Jugendweihe im Mittelpunkt des Pionierlebens. Da gab es Jugendstunden zur Einstimmung, an die ich mich bis auf eine Fahrt nach Weimar nicht mehr erinnern kann. Bei dieser Fahrt folgten wir den Spuren Goethes und Schillers und vor allem besuchten wir die Gedenkstätte Buchenwald. Zur eigentlichen Jugendweihe gehörten ein Familienfest und Geschenke, sowie eine Feier mit Gelöbnis[16]. Die Jugendweihe gab es übrigens schon lange vor der DDR. Sie war als Alternative zur Konfirmation gedacht. Zu meiner Zeit war sie schon fester Bestandteil des DDR-Bildungssystems.

Typisch für die damalige Zeit waren die Probleme bei der Beschaffung des Festessens. Gaststätte war wohl zu teuer, also gab es die Feier zu Hause. Als Stammkunde erhielt Mutter Zunge

---

15  https://de.wikipedia.org/wiki/Casting_(Sport)
16  http://www.ddr-
    geschichte.de/Bildung/Schule/Jugendweihe/Jugendweihe-
    Gelobnis/jugendweihe-gelobnis.html

beim Fleischer und Spargel im Konsum. Zunge oder Lende gab es manchmal auch so, aber nur mit Glück und nicht zu einem geplanten Termin. Spargel sah ich bis auf Suppenspargel fast nie in einem DDR-Laden. Suppenspargel, das waren Bruchstücke und bleistiftdicke Stängelchen. Für die Zubereitung des Festessens hatte Mutter die Küchenchefin vom IfL angeheuert.

Einige DDR-Nostalgiker behaupten, dass es keinen Druck zur Teilnahme an der Jugendweihe gab. Aber die Nicht-Teilnahme an der Jugendweihe war in der Regel mit Einschränkungen im späteren Leben verbunden, z.b. kam man ohne Jugendweihe kaum auf direktem Weg zum Abitur. Das Beispiel meiner Frau zeigt, dass es zumindest in ihrem Fall auch mit einer Ausbildung zum Unterstufenlehrer, für die man nur einen 10-Klassenabschluss brauchte, Essig war. Das war zumindest am IfL in Rochlitz der Fall. Sie konnte aber problemlos eine Berufsausbildung mit Abitur machen und danach ein Hochschulstudium aufnehmen. Um solche Probleme zu umgehen nahmen die meisten Konfirmanden auch an der Jugendweihe teil. Die Kirche richtete es aus dem gleichen Grunde so ein, dass sich die Konfirmationstermine nicht mit den Jugendweihterminen überschnitten.

Am 13. August 1961 wurde bekanntlich die Mauer errichtet. Für mich war das damals kein einschneidendes Ereignis. Wir konnten natürlich unseren Westonkel nicht mehr besuchen. Da der aber jedes Jahr im Sommer zu Besuch kam, und wir bis dahin höchstens dreimal bei ihm zu Besuch waren, fiel das auch nicht groß ins Gewicht. Ein paar Jahre später hatte ich gleichaltrige Studienkollegen aus Ostberlin. Für die war der 13. August 1961 ein sehr einschneidendes Erlebnis.

Am Ende des achten Schuljahres machte ich aus meinem 26er Tourenrad ein 28er Sportrad mit Zehngang-Schaltung. Ich brauchte einen neuen Rahmen, neue Felgen, neue Reifen, eine neue Hinterradnabe, neue Speichen, Felgenbremsen und eine Zehngang-Schaltung. Vom alten Fahrrad wurde die Vorderradnabe, das Tretlager, der Sattel, der Lenker und die Elektrik wiederverwendet. Die Speichen zog ich selbst in die Räder ein. Obwohl fast alles neu war, war der Umbau billiger als ein gleichwertiges neues Fahrrad. Würde man heute ein Fahrrad aus gekauften Ersatzteilen zusammenbauen, käme das vermutlich in Größenordnungen mehr als ein komplettes neues Fahrrad.

# EOS und Kabelwerk

EOS steht für Erweiterte Oberschule. Dort machte man damals in vier Jahren (9te bis 12te Klasse) das Abitur. Sie befand sich im reichlich 20 Kilometer entfernten Meißen und umfasste drei Zweige, den A-Zweig als neusprachliche Vertiefung für 3 moderne Fremdsprachen, den B-Zweig als mathematisch-naturwissenschaftliche Vertiefung und den C-Zweig als altsprachliche Vertiefung mit klassischem Latein und Altgriechisch als Fremdsprachen.

Das Hauptgebäude steht auf einem Hügel in der Nähe des Bahnhofs. Der Turm über dem Haupteingang durfte wegen Baufälligkeit nicht betreten werden und wurde später abgerissen. Kurz nach der Wiedervereinigung wurde er auf Initiative eines ehemaligen Mitschülers Georg K. wieder hergestellt. Er war zu dieser Zeit Stadtarchitekt in Meißen. Bei einem unserer Jahrgangstreffen erzählte er, dass die Rekonstruktion des Turmes ausschließlich mit Fördermitteln nur in den Wirren unmittelbar nach der Wiedervereinigung möglich gewesen sei.

## Start an der Schule

Die EOS besuchte ich ab dem 1. September 1962. Bis 1981 wechselte man im neunten Schuljahr zur EOS. Danach machte man dank unserer Volksbildungsministerin Margot Honecker den Abschluss der zehnten Klasse an der POS (Polytechnische Oberschule) und ging nur noch zwei Jahre zur EOS. Laut unserem ehemaligen EOS-Klassenlehrer gab es seitdem so verschworene Klassenkollektive wie es unsere Klasse war nicht mehr (wir treffen uns noch heute aller zwei Jahre). Nach dieser Neuerung waren die frisch gebackenen EOS-Schüler in der Elften vollauf damit beschäftigt, mit dem neuen Anforderungsniveau klar zu kommen. In der Zwölften galt es zu büffeln, um möglichst gute Abschlussnoten für die Bewerbung zum Studium zu erreichen.

Eigentlich hätte ich gar nicht zur EOS wechseln dürfen. Meine soziale Herkunft war Intelligenz, Arbeiterkinder wurden bei vergleichbaren Vornoten bevorzugt. Das empfand ich übrigens immer als gerecht. Wenn man nicht in einem Haushalt voller Bücher aufwuchs, hatte man es an der Schule bestimmt schwerer als ich. Aber man konnte auch über die Berufsausbildung oder an der Volkshochschule zum Abitur kommen. Als Arbeiterkinder zählten allerdings auch die Kinder von hauptamtlichen SED-Funktionären und von Berufsoffizieren. Das hat mich immer geärgert. Vor allem brauchte man aber einen Notendurchschnitt von maximal 1,7. Ich hatte 2,1 und als Studienwunsch Chemie! Normalerweise wäre die 2,1 höchstens beim Studienwunsch Offizier durchgegangen. Laut unserem Vater hatte ich meine Zulassung meiner Klassenlehrerin zu verdanken. Die hat der Zulassungskommission irgendwie verklickert, dass meine Leistungen deshalb so schlecht waren, weil ich mich im Unterricht infolge Unterforderung langweilte und dass das an der EOS anders werden würde.

Neu waren auch die Zeiten zum Aufstehen. Der Unterricht begann um sieben, weshalb man in Nossen den 6-Uhr-Zug erreichen musste. Das hieß, spätesten kurz nach fünf aufstehen. Bei schönem Wetter fuhren ich und noch drei weitere Nossener mit dem Fahrrad. Nach einiger Zeit schafften wir das meist in wenig mehr als einer halben Stunde.

Unsere B-Klasse unterschied sich von den anderen drei B-Klassen insofern, als die Mädchen unserer Klasse nicht wie wir Jungs Englisch lernten. Immer wenn die Jungen Englisch hatten gab es bei den Mädchen, die größtenteils Ärztin werden wollten, Latein.

## Start im Betrieb

Zu meiner größten Verblüffung mussten wir uns einen Beruf aus einer Liste von Vorschlägen aussuchen, für den dann ein Lehrvertrag abgeschlossen wurde. Ich entschied mich für eine Ausbildung als Kabelfacharbeiter. Wir waren der erste Jahrgang, bei dem diese Neuerung eingeführt wurde. Zunächst gab es kein

Lehrlingsgeld, später 40, 50, 60 und 70 Mark. Mein Bruder hatte wie immer Schwein und bekam schon in der neunten Klasse 40 Mark, ich erst in der Elften 60 Mark. Schon vier Jahre danach wurde das „Abitur mit Berufsausbildung" dank der dussligen Volksbildungsministerin Margot Honecker wieder abgeschafft.

Im Ausbildungsbetrieb gab es den Berufswettbewerb[17], in dem wir mit den regulären Lehrlingen wetteiferten. Wir griffen immer die meisten Medaillen ab. Der erworbene Facharbeiterbrief war ein vollwertiger Facharbeiterbrief. Es gab immer drei Wochen Schule und eine Woche Ausbildung. Davon wieder drei Wochen praktische Ausbildung und eine Woche Berufsschule. In der Berufsschule hatten wir nur berufsspezifische Fächer wie technisches Zeichnen und Werkstoffkunde.

Die praktische Ausbildung begann übrigens um 6:00 Uhr. Da musste man schon um vier aus den Federn. Am Anfang fand die Ausbildung in der Lehrwerkstatt statt, wo wir eine solide Grundausbildung in Metallbearbeitung erfuhren (Feilen, Meißeln, Schmieden, Schaben, Bohren, Hobeln und Drehen). Ich hatte mich als besonders begabt an der Drehmaschine erwiesen. Wenn es etwas dringliches für die laufende Produktion zu drehen gab, musste ich oft an die Drehmaschine und konnte mich von so langweiligen Arbeiten wie Hammer feilen drücken.

Es gab auch einen Durchlauf durch die Betriebswerkstätten. Wie jeder größere Betrieb hatte das Kabelwerk eigene Elektriker, Maurer, Klempner und natürlich Betriebsschlosser. In der Schlosserei gab es auch Spezialmaschinen, z.B. zur Herstellung von Ersatzzahnrädern für die Verseilmaschinen. Danach lernten wir die speziellen Maschinen zu bedienen.

**Drahtzug:** Hier wurden dicke Walzdrähte auf wesentlich dünnere Querschnitte reduziert. Besonders die originalen Aluminiumwalzdrähte von 12 mm Durchmesser waren sehr beliebt,

---

17 https://de.wikipedia.org/wiki/Auszeichnungen_des_Berufswettbewer
  bs

weil man daraus Antennen fürs Westfernsehen bauen konnte. Man konnte sie kaufen oder klauen. Apropos, ein Witz zum Thema klauen: Beim Feierabend fällt dem Pförtner immer ein Kollege auf, der mit einer Schubkarre voll mit Holzabfällen den Betrieb verlässt. Er hat auch ein Papier, das ihm das Mitnehmen der Holzabfälle erlaubt. Als der Pförtner wieder einmal vergeblich die Schubkarre nach Diebesgut durchsucht hatte, fragte er: „Was klaust Du eigentlich? Ich verrate es bestimmt nicht weiter!" „Na Schubkarren!" war die Antwort.

Der Aluminiumdrahtzug bestand aus mehreren Blöcken, auf denen der Drahtdurchmesser jeweils um etwa einen Millimeter reduziert wurde. Nach dem Ziehstein wurde der Draht auf einen konischen Zylinder gewickelt, von dem er vom nächsten Block abgewickelt wurde. Die Ziehgeschwindigkeit jedes Blocks lies sich stufenlos regeln. Man musste das nach Gefühl so einpegeln, dass der letzte Block möglichst schnell lief und sich auf allen vorherigen Blöcken ein möglichst großer Drahtvorrat befand. Gelegentlich kam es nämlich vor, dass der Draht am Ziehstein riss. Dann musste man den Block anhalten, den Draht anspitzen, mit einer Zange per Hand durch den Ziehstein ziehen und ihn an den Drahtrest auf dem Block anschweißen. Zuletzt musste man noch die Schweißnaht entgraten, damit sie ohne zu reißen durch den nächsten Ziehstein lief. Wenn man das schaffte, bevor der Vorrat auf dem Block alle war, konnte man den Block wieder anfahren, ohne dass es zu einem Produktionsausfall kam.

**Verseilmaschinen:** Bei den Verseilmaschinen wurden mehrere Drähte zu einem „Seil" gedreht. Teilweise war das Seil zuvor mit einer Profilwalze zu einer „Sektorader" gepresst worden. In diesem Fall wurde es anschließend noch mit Papierbändern umwickelt. Diese mit Papier isolierten Sektoradern wurden dann auf einer weiteren Verseilmaschine zu einem dicken runden Kabel zusammen gedreht. Das wurde dann mit speziellem Öl getränkt und bekam einen Bleimantel. Auf diesen Mantel kam eine Lage Stahlbänder, dann noch ein Jute-Mantel und zuletzt wurde das

Ganze geteert. Fertig war das Starkstrom-Erdkabel. Es gab auch Verseilmaschinen, die einen dünnen Kupferdraht mit einer offenen Spirale aus dünnem Papierfaden und dann in der umgekehrten Richtung mit einem Papierband umwickelten. So entstand eine etwa zwei Millimeter dicke, Luft-isolierte Telefonader. Weitere Verseilmaschinen wickelten dann sechs dieser Telefonadern um einen Papierstrick. Danach folgten in jeweils entgegengesetzter Richtung weitere Lagen dieser Telefonadern. Über je ein Aderpaar konnte dann genau ein Telefongespräch erfolgen. Heute sind Telefonadern mit Plastik isoliert. In unserer heutigen digitalisierten Welt können außerdem über ein Aderpaar mehrere zehn Gespräche gleichzeitig übertragen werden.

**Schneckenpressen:** Die kann man sich wie riesige Fleischwölfe vorstellen. Die Schnecke war beheizt. Es gab mehrere Temperaturzonen, jede mit einem eigenen Regelkreis. In den Trichter kam kein Fleisch, sondern PVC-Granulat. Mit diesen Pressen wurden einzelne oder auch verdrillte Drähte mit einer PVC-Ummantelung versehen.

## Unsere Lehrer

**Unser Klassenlehrer** war Herr Schubert. Er war nur wenige Jahre älter als wir und gab Chemie und Biologie. In Biologie gab es diverse Sezierarbeiten an Regenwürmern, Blutegeln, Forellen, Ochsenaugen und Mäusen. Während der Biologieunterricht ein Experimenten in einem dafür reservierten, aber eigentlich normalen Klassenzimmer stattfand, gab es ein Chemielabor für die Chemiestunden. Eine interessante Erinnerung ist die an die Herstellung von Estern. Wenn man Glück hatte, roch es nach Ananas, Rum oder Banane, manchmal stank es einfach penetrant.

In allen vier Schuljahren nutzten wir die diversen Ferien, um Ausflüge in irgendwelche Jugendherbergen zu machen. Bei allen Klassenausflügen war auch unser Klassenlehrer dabei (immer als einzige Begleitperson!). Natürlich wurde er dann zum „Kräftemessen" herausgefordert, sei es beim Ski fahren, Tischtennis oder Schlittschuhlaufen. Dummerweise war er immer der Beste.

**Sport:** Da wir eine gemischte Klasse waren, aber der Sportunterricht für Mädchen und Jungen zumindest teilweise unterschiedlich ausfiel, hatten wir zwei Sportlehrer, einen Herrn und eine Frau.

**Deutsch:** Unser Deutschlehrer Herr Saske war Goethe-Fan und liebte Hausaufsätze. Die waren im Durchschnitt etwa 2000 bis 3000 Worte lang. Meine fielen meist durch außergewöhnliche Kürze auf (etwa 500 Worte). Herr Saske gab sich jedes mal verwundert, dass er trotz dieser offensichtlichen Schreibfaulheit nicht umhin kam, für Inhalt und Ausdruck die Note 1 zu vergeben. Dafür gab es in Rechtschreibung eine Vier wegen vieler fehlende I- und Umlaut-Punkte. Ein Mitschüler Georg K. berichtete zum Jahrgangstreffen 2016, dass er einmal einen Aufsatz von unserem Deutschlehrer mit dem Vermerk „nicht bewertbar" zurückbekam. Das Aufsatzthema war: „Warum mir das Buch „xyz" besonders gut gefallen hat. Georg hatte für „xyz" „Die Bibel" gewählt.

**Geschichte:** Der Geschichtslehrer war etwas älter und berichtete gern von seinen Kriegserlebnissen als Flieger in Russland. Er kam immer mit Stock, obwohl er den nicht brauchte. Sein Kommentar: „Ab einem gewissen Alter muss man eine Marotte haben, um sich von den anderen abzuheben". Damals fand ich Geschichte weniger interessant. Erst etwa 10 Jahre später änderte sich das infolge eines Urania - Vortrages zum Thema „Geschichte und Geschichtsbewusstsein" (siehe Abschnitt „Sonstige Episoden„, Punkt „Ein Uraniavortrag").

**Staatsbürgerkunde:** Dieses Fach gab es beim Direktor der EOS. An die Inhalte kann ich mich nur verschwommen erinnern. Zumindest kam auch zur Sprache, dass es sich bei der SED um eine „Partei neuen Typus"[18] handeln würde, die von Lenin „er-

---

18  https://de.wikipedia.org/wiki/Partei_neuen_Typus

funden" wurde. Das merkte ich mir, weil diese Sorte Partei Gegenstand meiner mündlichen ABI-Prüfung im Fach Staatsbürgerkunde war.

**Russisch:** Das gab es bei мя́ткий знак (Mjakijsnack), dem Weichheitszeichen, das eigentlich Frau Hirsch hieß. Mjakijsnack war nicht sehr groß, etwas älter und ziemlich gewichtig und sie liebte Pumps mit Bleistiftabsätzen. Auf dem Weg zur Schule war ein steiler Fußweg zu überwinden. Im Winter hatte Mjakijsnack an der letzten Steigung immer große Probleme und musste sich mit beiden Händen an einem Geländer hochziehen. Wenn eine Klassenarbeit geschrieben wurde, hatte sie die Taschen voll mit den von ihr zu Hause korrigierten Arbeiten. Die schweren Taschen wurden dann immer an vorbeiziehende Schüler vergeben, um diese Taschen zu tragen. Während des Unterrichts stand sie manchmal versonnen am Fenster und balancierte das Russischbuch auf dem Kopf. Wahrscheinlich rutschten dann die Vokabeln in ihr Gedächtnis. Den größten Teil des Unterrichts malte ich mir aus, wie es wäre, wenn einem Mjakijsnack mit ihren Bleistiftabsätzen auf die Zehen träte. Meine Russischergebnisse lagen bei 3 bis 2, was an meiner fehlenden Sprachbegabung, vor allem aber an meiner Lernfaulheit lag. Ohne Vokabeln zu lernen, kommt man mit Fremdsprachen einfach nicht sehr weit.

**Englisch:** Das hatten wir bei „Olle Egon". Er führte uns in den Englischunterricht mit dem Uralt-Witz vom Beefsteak ein: Ein deutscher Tourist hat in England ein Beefsteak bestellt. Nach längerer Wartezeit fragt er den Kellner: „When i became a beefsteak?". Antwort des Kellners: „I hope never, sir". Bei einer schriftlichen Prüfung hatte mein Mitschüler Dietmar einen Spickzettel unter der Schulbank versteckt und zog diesen durch einen Riss im Schulbankdeckel zu Rate. Olle Egon schlenderte durch die Bankreihen und verharrte des öfteren an der Bank von Dietmar. Nachdem er wieder einmal eine längere Zeit dort verharrt hatte, rief er entrüstet aus: „Der schreibt ja ab!".

**Physik:** Diesen Unterricht gab es wie Chemie in einem Fachkabinett. Das Physikkabinett war wie ein kleiner Hörsaal mit stark ansteigenden Bankreihen versehen, damit man die Versuche von allen Plätzen gut beobachten konnte. Der Physiklehrer hatte den Spitznamen Mux, weil er immer im weisen Kittel auftrat und mit seinem runden Kopf und der Sportplatzfigur wie das Männchen auf der Mux-Flasche aussah. Das Mux in der Flasche war ein Insektenvertilgungsmittel. Wenn Mux seine Experimente durchführte, war er so begeistert dabei, dass er uns Schüler zeitweilig völlig vergaß. Das nutzten wir aus, um allen möglichen Blödsinn zu veranstalten.

**Mathematik:** Unser Vater hatte die Junge Welt[19], das Neue Deutschland[20] (ND), die Lehrerzeitung, das Magazin[21], den Eulenspiegel[22] und das Mosaik[23] abonniert. Im neunten Schuljahr waren in der Zeitung „Junge Welt" die Aufgaben für die Mathe-Kreisolympiade (das war die zweite in der DDR) veröffentlicht. Ich gab meine Lösung in der Schule ab, was etwas Verwirrung stiftete, weil die dort gar nicht mit so etwas gerechnet hatten und wurde Kreissieger. Das reichte für die Bezirksolympiade, bei der ich Dritter wurde. Die neunten Klassen nahmen nicht an der DDR-Olympiade teil. In den folgenden drei Jahren war ich immer Kreissieger, im Bezirk etwa auf dem zehnten Platz, was nicht mehr zur Teilnahme an der DDR-Olympiade reichte. Allerdings war ich auch in keinem Mathezirkel. Die gab es etwas später an vielen Schulen und deren Mitglieder wurden für die Teilnahme an der Mathe-Olympiade trainiert. Und ich brauchte keine Hausaufgaben zu machen. Nur wenn es der Mathelehrer für passend hielt, kam von ihm die Aufforderung „Werner, bitte mal aufpassen, jetzt kommt was Neues". Am Ende eines jeden Schuljahres

---

19  https://de.wikipedia.org/wiki/Junge_Welt
20  https://de.wikipedia.org/wiki/Neues_Deutschland
21  https://de.wikipedia.org/wiki/Das_Magazin_(Deutschland)
22  https://de.wikipedia.org/wiki/Eulenspiegel_(Magazin)
23  https://de.wikipedia.org/wiki/Mosaik_(Zeitschrift)

gab es eine große, vierstündige Matheklausur. Ich gab meine immer bereits nach einer Stunde ab, was ein Aufstöhnen im Prüfungsraum zur Folge hatte.

**Erdkunde:** Der Spitzname unseres Erdkundelehrers war Senf. Er holte mit Vorliebe unsere Mädchen nach vorn, damit sie auf der Karte mit Hilfe des Zeigestocks auf irgendwelche Dinge deuten sollten. Dabei war er gern behilflich, in dem er die Mädchen an Arm und Hand fasste und den Zeigestock führte. Als Hausaufgabe bevorzugte er „stumme Karten", die wir beschriften sollten. Einmal benotete er die ausgefüllten Karten, indem er durch die Gänge lief. Dieter war einer der ersten und bekam eine Vier für sein Werk. Er radierte Senfs Signatur weg und die Karte wanderte zu Regine, unserer Klassenschönsten. Die bekam dafür eine Eins.

**Kunsterziehung** wurde am Anfang von einem langweiligen Lehrer gegeben. Dann bekamen wir eine Kunsterzieherin, Anni Jung[24]. Sie war nur 10 Jahre älter als wir, hatte Kunst studiert und sah ganz ansehnlich aus. Das allein machte den Unterricht schon interessanter. Wie sie mir bei einem Jahrgangstreffen erzählt hat, war sie zu dieser Lehrtätigkeit mehr oder weniger gepresst worden, um eine Lizenz als freischaffende Künstlerin zu erhalten.

## Das neunte Schuljahr

**Erste Deutschstunde:** In dieser Stunde sollte sich jeder vorstellen und etwas zu seiner Herkunft, seinen Vornoten und seinen Hobbys sagen. Schwer beeindruckten mich die Vornoten meiner Mitschüler. Besonders einige Mädchen glänzten mit einem Durchschnitt von 1,0. Mein Vortrag begann mit dem Satz: „Mei Voodr is Lehrer." Der Deutschlehrer, Herr Saske: „Das heißt nicht Voodr, sondern Vaater! Wiederhole bitte, Vater." Damit wurde ein vierjähriger Kleinkrieg zwischen mir und Herrn Saske, einem Goethe-Fan, begründet. Um ihn zu ärgern wertete ich Goethe als

---

24  https://de.wikipedia.org/wiki/Anni_Jung

Opportunist und Plagiator ab und hob Schiller als den größeren Dichter hervor. Leider wusste ich damals noch nicht, dass Goethe für heutige Verhältnisse auch noch ein Säufer war. Er soll täglich etwa 3 Liter Wein verbraucht haben. Außerdem war er auch noch ein Rabauke. Er zog mit dem Sohn des Landesfürsten randalierend durch Weimar! Das hat Klaus August Böttiger als Bürger Weimars und Zeitgenosse Goethes in seinem Buch „Literarische Zustände und Zeitgenossen" dokumentiert, das aber erstmals 1997 im originalen Wortlaut gedruckt wurde (Aufbau-Verlag, ISBN 3-351-02829-6).

**Sport:** Eine ganz neue Qualität hatte der Sportunterricht. Geräteturnen war mir bis dahin ein Gräuel („Flasche, der nächste"). Als ich mich bei einer der ersten Sportstunden vergeblich mit einem Felgaufschwung herumplagte, bestellte mich der Sportlehrer zum Kürturnen. Die Spitzenturner der Schule konnten zu bestimmten Zeiten in der Turnhalle bei Anwesenheit eines Sportlehrers üben, das ganze nannte sich Kürturnen. Auf meine entsetzte Frage wozu das  gut sei kam die Antwort: „Im normalen Sportunterricht habe ich zu wenig Zeit, um genau zu beobachten, was du falsch machst. Beim Kürturnen kann ich mir das in Ruhe ansehen". So kam es, dass ich nach einiger Zeit mit den meisten der bis dahin gehassten Geräte einigermaßen umgehen konnte. Im Nossener Freibad schaffte ich mich sogar ab und zu angeberisch am Reck. Beim Schwimmen gab es sowieso keine Probleme, da war die „Eins" gesetzt. Nur bei der Leichtathletik waren meine Ergebnisse immer mittelmäßig.

**Parteitag:** In dieses Schuljahr fiel auch der 6. Parteitag der SED. An den erinnere ich mich aus folgenden zwei Gründen noch heute:

- Der Parteitag startete das neue ökonomische System[25] (NÖS). Eingeführt wurden materielle Anreize für Arbei-

---

25 https://de.wikipedia.org/wiki/Neues_Ökonomisches_System_der_Pla nung_und_Leitung

ter: Wer gute Arbeit leistete, erhielt Sonderzahlungen. Den Betrieben wurde nun mehr Eigenverantwortung zugestanden. Sie durften Gewinne nun selber nutzen. Tatsächlich ging es danach mit der Wirtschaft aufwärts. Es gab einen neuen Trabant, einen neuen Wartburg, einen Farbfernseher (1969, volltransistorisert[26]), „Präsent20"[27] und vieles mehr, was es vorher eben nicht gab.

• Der Beat war plötzlich salonfähig.

## Das zehnte Schuljahr

**Deutschlandtreffen:** Im Mai 1964 fand das dritte und letzte Deutschlandtreffen der Jugend statt. Dazu wurde vom Rundfunk der DDR ein Sonderstudio DT64 eingerichtet. Nach dem Deutschlandtreffen wurde aus dem Sonderstudio ein eigenes Radioprogramm, das sehr viel Beat im Programm hatte.

**Briefklub:** Das meine Englischkenntnisse nicht ganz so katastrophal wie meine Russischkenntnisse blieben, lag weniger an Olle Egon, sondern daran, dass eine Adressliste von einem englischen Briefklub in unserer Klasse auftauchte und auch bei mir landete. Es dauerte nicht lange, und die meisten Jungs unserer Klasse waren Mitglieder dieses Klubs (die Mädchen lernten ja Latein und kein Englisch). Wir bekamen regelmäßig lange Adresslisten aus aller Welt, von Jugendlichen, die an einer Brieffreundschaft in Englisch interessiert waren. Ich korrespondierte unter anderem mit Mädchen aus Japan, Hawaii, USA, Spanien und England. Am längsten hielt die Korrespondenz mit Rita H., einem Mädchen aus Birmingham an. Mit Rita tauschte ich sogar während meiner Armeezeit Briefe aus, obwohl während des NVA-Dienstes Briefwechsel mit dem westlichen Ausland streng verboten war. Meine Luftpostbriefe warf ich immer außerhalb der Kaserne in einen Berliner Briefkasten. Ritas Luftpostbriefe steckte

---

26  https://de.wikipedia.org/wiki/Color_20
27  „Präsent 20" war eine damals beliebte synthetische Textilie.

unser Vater in einen normalen Briefumschlag und schickte mir den in die Kaserne. Offensichtlich hat die Stasi diese Briefe nie geöffnet, sonst hätte ich bestimmt davon gehört. Ich glaube, Rita hat nie begriffen, dass ihr Briefpartner hinter dem eisernen Vorhang wohnte. Über diese Briefkontakte kamen wir auch zu hochaktuellen Schallplatten von den Beatles und den Rolling Stones. Rita schickte mir auch Auszüge aus Illustrierten.

**Breshnew**: Im Oktober 1964 wurde der reformfreudige und mit Walter Ulbricht befreundete Chruschtschow durch den stockkonservativen Breschnew abgelöst. Breschnew waren jegliche Reformen, die über bloße Kosmetik hinausgingen suspekt. Das betraf natürlich auch die Wirtschaftsreformen in der DDR, was mir damals aber nicht klar war.

## Das elfte Schuljahr

**Tanzstunden:** Im elften Schuljahr gab es (für die Jungs) freiwillige Tanzstunden. Die wurden an der EOS für die Jungs der elften und die Mädchen der zehnten Klassen mit einem Tanzlehrerpaar organisiert. Ich kenne niemanden, der nicht teilgenommen hätte. Die Tanzstunden fanden in der Turnhalle statt. Alle saßen auf den Turnhallenbänken, die Mädchen auf der einen Seite, die Jungs auf der anderen. Wenn die Tanzlehrer zum Tanz aufforderten, rasten alle Jungs (außer mir) los um ihre Verehrte aufzufordern. Manche konnten nicht mehr bremsen und schlitterten unter die Mädchenbänke. Mir war das zu doof, außerdem rechnete ich mir wenige Chancen aus und war auch noch in ein Mädchen aus meiner Klasse verschossen. Trotzdem kam ich, infolge Damenwahl, auch zu einer recht hübschen Tanzstundendame.

**Studienbewerbung:** Am Ende der elften Klasse bewarb ich mich für ein Studium am Institut für Hochfrequenztechnik der TU Dresden. Es gab 80 Studienplätze für 800 Bewerber, von denen 200 zu einer Eignungsprüfung eingeladen wurden. Einige Fragen kann ich heute noch wiederholen:

- Sie sitzen in einem Boot, das in einem Schwimmbecken schwimmt. Im Boot befindet sich außerdem ein Bleiklotz. Den werfen Sie ins Wasser. Was macht der Wasserstand im Schwimmbecken? Steigt er, sinkt er oder bleibt er gleich?
- Sie befinden sich auf einem Schiff über der tiefsten Stelle des Meeres, etwa 11 km. Sie werfen eine Stahlkugel mit einer Masse von 9,81 kg über Bord. Wie tief sinkt diese Kugel?
- Kann man einen Satelliten so auf eine Umlaufbahn bringen, dass er immer über Berlin steht?
- Ein Satellit umkreist die Erde in Drehrichtung der Erde und auf einer exakten Kreisbahn in genau 24 Stunden. Dabei steht er wenigstens einmal über Berlin. Wie sieht seine Bahn aus, wenn man sie von der Erdoberfläche aus am gleichen Längengrad wie Berlin beobachtet?

Ich bekam jedenfalls eine Zulassung.

**Andere Bewerbungen:** Eine meiner Mitschülerinnen wollte Lehrerin werden. Ihre Bewerbung wurde angenommen, aber nicht für die von ihr gewünschte Kombination Hauptfach und Nebenfach, sondern für Staatsbürgerkunde und Nebenfach. So etwas nannte sich Umlenkung. Sie bewarb sich an einer anderen Hochschule und wurde abgelehnt, weil sie ja schon einen Studienplatz habe. Das passierte auch bei der nächsten Bewerbung. Da werde ich eben Unterstufenlehrer sagte sie sich, in der Unterstufe gibt es kein Fach Staatsbürgerkunde und bewarb sich am IfL Nossen. Da wurde sie wegen „Überqualifizierung" abgelehnt. Sie hatte Abitur. Das war an einem IfL nicht notwendig.  arbeitete sie ein Jahr als Hilfskraft in einem Kindergarten. Danach klappte es mit dem Studium am IfL Nossen, hatte sie doch nun den sozialen Status „Arbeiter". Später konnte sie einen Abschluss als Diplomlehrer[28] nachholen und nun auch Abiturienten unterrichten.

---

28  https://de.wikipedia.org/wiki/Diplomlehrer

Das hat sie mir so um 2000 herum bei einem Klassentreffen erzählt. Bis dahin wusste ich dass es bei der Studienbewerbung eine Umlenkung gab, aber ich hatte immer gedacht, es handelte sich dabei um einen Vorschlag, den man nicht annehmen musste. Dieses Beispiel ist eine besonders unsinnige Form von DDR-Unrecht. Wenn meine Mitschülerin sich diesem Druck gebeugt hätte, was für überzeugte DDR-Bürger hätte sie wohl erzogen?

Es ging auch umgekehrt. Einer meiner Mitschüler war Sohn eines Handwerkers ohne herausragende Noten, der unbedingt Medizin studieren wollte. Da hatte er so gut wie keine Chance. Also verpflichtete er sich für 25 Jahre als NVA-Offizier, mit der Maßgabe später als Militärarzt zu dienen. Als der September nach dem Abi näher kam, teilte ihm die NVA mit, dass er erst ein Jahr später eingezogen würde, da erst dann an der medizinischen Hochschule ein Studienplatz verfügbar sei. Da er wie wir alle einen Berufsabschluss hatte, arbeitet er ein Jahr in seinem Ausbildungsbetrieb. Der delegierte ihn nach diesem Jahr zum Studium, so dass er während der Studienzeit jeden Monat 50 Mark Unterstützung von seinem Ausbildungsbetrieb erhielt. Er bekam allerdings kein Stipendium, sondern einen deutlich höheren Sold als Offiziersschüler!

**Fahrschule:** Am Ende des Schuljahres machte ich die Fahrschule, Motorrad und Auto. Mit dem Auto und der Theorie kam ich klar, aber das Motorrad war ein Problem. Der Fahrschullehrer setzte voraus, dass jeder schon mal mit einem Motorrad oder wenigstens einem Moped gefahren war. Ich wusste aber weder, wie man das Ding startet, noch wie man die Gänge einlegte.

Bei der ersten Motorradfahrstunde durfte sich jeder Teilnehmer auf dem Hof der Fahrschule eine 125er RT[29] greifen. Dann brauste eine Fahrschülerin auf dem Hinterrad los und blieb zwischen Hofmauer und Torflügel stecken. Ein Zweiter schoss zum Tor hinaus, quer über die Straße und stieß fast gegen ein auf der

---

29 https://de.wikipedia.org/wiki/MZ_125

anderen Seite parkendes Auto. Der Fahrschullehrer stellte fest, dass wir da wohl doch erst mal auf den Übungsplatz müssten. „Alle mir folgen" rief er und fuhr los. Zum Glück nicht sehr schnell, denn ich hatte zwar irgendwie den ersten Gang eingelegt, kam aber mit dem Hochschalten nicht klar. Also hieß es, mit Vollgas dranbleiben. Irgendwie bewältigte ich alle Fahrstunden, fühlte mich aber in keiner Weise als sicherer Motorradfahrer.

Kurz nach meinem 18. Geburtstag war die praktische Prüfung. Ich wartete mit einem weiteren Fahrschüler vor dem Polizeipräsidium auf die Prüfer. Wir sollten jeder eine halbe Stunde mit dem Auto und dem Motorrad fahren, wobei ich vor der Prüfung mit dem Motorrad gewaltige Angst hatte. Nach einer knappen Stunde Wartezeit setzte sich mein Leidensgenosse ab. Nach ein paar weiteren Minuten kamen die Prüfer mit Auto, aber ohne Motorrad, doch noch an. Das Motorrad hatte einen Unfall. Sie waren sehr erstaunt, dass ich noch da war. Nach kurzer Beratung durfte ich mich ans Steuer setzen und zur Fahrschule fahren. Das dauerte höchstens fünf Minuten. An der Fahrschule angekommen, wurde mir mein Führerschein in die Hand gedrückt und die Prüfung war gelaufen. Ich hatte jetzt eine Fahrerlaubnis für PKW und Motorrad. Motorradfahren konnte ich aber immer noch nicht.

**Musterung:** Ebenfalls kurz nach meinem 18 Geburtstag, musste ich zur Musterung für die NVA (Nationale Volksarmee). Damals wurden zukünftige Studenten in der Regel nicht eingezogen, sondern absolvierten nach dem zweiten und vierten Semester einen jeweils vierwöchigen Militärlehrgang. Am Ende des zweiten Lehrgangs wurden sie vereidigt und damit war der Militärdienst gelaufen. Die Musterung nahm ich deshalb nicht sehr ernst.

Anders bei meinem Mitschüler Georg K. aus einer Parallelklasse. Bis dahin war er mir vor allem zur Tanzstundenzeit aufgefallen, weil er sich nur noch twistend über die Gänge bewegte. Jetzt fiel er auf, weil er den Dienst mit Waffe verweigerte. Trotzdem erhielt er die Zulassung für ein Architekturstudium und wurde <u>nicht</u> einberufen. Als er am Ende des ersten Studienjahres aber den obligatorischen Militärlehrgang verweigern wollte, machte man ihm klar dass seine Exmatrikulation die Folge wäre. Da hat er sich doch für die beiden vierwöchigen Lehrgänge entschieden.

**Ungarn:** In den Sommerferien nach der Elften machte ich mich mit zusammen mit zwei Klassenkameraden (Gunther H. und Eberhard P.) mit dem Fahrrad auf nach Ungarn. Mutter war entsetzt, aber unser Vater fand es gut. Da wären noch einige andere mitgefahren, aber nur wir drei konnten, weil wir schon 18 waren. Man brauchte damals noch eine persönliche Einladung um ein Visa zu bekommen. Die erhielten wir pro forma von einem ungarischen Monteur, der im Busdepot von Meißen neue ungarische Gelenkbusse in Betrieb nahm. Außerdem durfte man maximal 180 DDR-Mark in Forint umtauschen. Ein paar Mark auch noch für das Transitland Tschechoslowakei. Wir kamen mit den 180 Mark fünf Wochen aus, was letztendlich nur funktionierte, weil wir sehr oft eingeladen wurden und unser Zelt in Vorgärten und Hinterhöfen aufstellen durften.

In der Nähe von Siofok fanden wir einen kostengünstigen Zeltplatz. Dort waren wir sogar einmal in einem Weinkeller, wo wir eine große Karaffe Rotwein für recht wenig Geld bekamen. Auf unserem Tisch war ein Gestell mit einem Glasballon festgeschraubt, der unten ein Ventil hatte. Offensichtlich goss man den voll Wein und konnte dann seinen Becher gegen das Ventil drücken, um sich nachzuschenken. Kurz entschlossen wurde unsere Karaffe umgefüllt. Leider war das Ventil nicht in Ordnung. Es tropfte intensiv. Da das Gerät am Tisch festgeschraubt war, konnte man den Wein auch nicht wieder zurück gießen. Also zapften wir Becher für Becher wieder ab und gossen ihn in die Karaffe zurück. Einige Westdeutsche am Nachbartisch beobachteten das interessiert (es gab 1965 nur wenige Westdeutsche in Ungarn). erklärte einer seinen Tischgenossen, dass wir das machen um den Rotwein zu lüften!

Außerdem trafen wir in Siofok einen Nossener Schneidermeister, den Gunther gut kannte. Der Schneider fuhr uns in seinem Wartburg einmal rund um den Plattensee und zeigte uns alle Zeltplätze.

In Szeged wollten wir „unserem" Monteur guten Tag sagen und uns die vom englischen Nationaltheater gegebene „Westside Story" ansehen. Wir durften unser Zelt im Innenhof des Mietshauses, in dem unser Monteur wohnte, aufstellen. Unser Zelt war bald Mittelpunkt des Hoflebens und mehrere hübsche Ungarinnen interessierten sich für uns. Es gab (wie an vielen Orten in Ungarn) auch ein Thermalbad, in dem wir uns ausgiebig aalten. Gunther baggerte dort eine Ungarin an. Als wir weiterreisen wollten, erklärte Gunther, dass er noch einen Tag brauche, weil er eine Verabredung mit dieser Ungarin habe.

In Budapest hatten wir eine ungarische Germanistikstudentin mit Vornamen Erszebeth kennengelernt die uns zu sich nach Hause, in den Bahnhof von Hódmezővásárhelykotashipussta, eingeladen hatte. Ihr Vater war der Bahnhofsvorsteher. Wir könnten immer kommen, in ihrer Familie würden alle Deutsch sprechen. Nachdem Eberhard und ich festgestellt hatten, dass es bis nach Hódmezővásárhelykotashipussta nur vierzig Kilometer waren beschlossen wir, dann eben Erszebeth zu besuchen. Am Bahnhof angekommen, klingelten wir an der Wohnung des Bahnhofvorstehers. Eine Oma öffnete, erwiderte auf unser Deutsch vorgetragenes Anliegen etwas auf Ungarisch und knallte die Tür zu. Wir versuchten es in jeweils etwa einer Stunde Abstand noch zweimal, aber immer mit dem gleichen Ergebnis. Also leisteten wir uns in der Bahnhofskneipe eine Ansichtskarte und je ein Bier. Auf der Ansichtskarte wurden Grüße an Erszebeth hinterlassen. Dann machten wir uns auf den Rückweg nach Szeged.

Nach einiger Zeit bemerkten wir einen Ungarn auf einem alten Fahrrad, der uns offensichtlich überholen wollte. Das ging nun gegen unsere Ehre. Wir legten uns mächtig in die Pedale unserer Sporträder, aber der Kerl überholte uns doch! Nun sprang er vom Rad und rief auf Deutsch, wir sollen bitte anhalten. Es stellte sich heraus, dass es der Bruder von Erzsebeth war. Als er nach Hause kam, erzählte ihm seine Großmutter, dass sie von zwei Verrückten belästigt wurde. Dann hörte er von der Bahnhofskellnerin, dass zwei Ausländer eine Karte an seine Schwester geschrieben hätten. Da fiel ihm ein, das seine Schwester ihm von ein paar Deutschen erzählt hatte, die mit dem Fahrrad nach Ungarn gefahren waren. Da er kurz vorher zwei Radfahrer in Richtung Szeged starten sah, nahm er die Verfolgung auf. Wie sich herausstellte, war er mehrfacher Studentenmeister in diversen Leistungssportdisziplinen. Es wurde ein schöner Abend und wir übernachteten in einem Eisenbahnerwohnheim. Am nächsten Morgen gingen wir in der Theiss baden. Es gab ein höllisch scharfes Mittagessen und dann machten wir uns auf den Heimweg. Gunther war inzwischen ziemlich beunruhigt, Handys gab es ja noch lange nicht.

Dieser erste Aufenthalt in Ungarn war eine der schönsten Auslandsreisen, die ich in meinem Leben machte. Die Reise hatte aber noch ein unangenehmes Nachspiel. Einen Tag vor Heiligabend 1965 trafen sich die ehemaligen Skakluno-Mitglieder in einer Nossener Gaststätte. In Erinnerung an die Ungarnreise tranken wir Plattensee-Riesling. Als wir gerade zahlen wollten, erschien unser Schneidermeister, setzte sich zu uns an den Tisch und bestellte eine Batterie Riesling-Flaschen. Wahrscheinlich wollte ich meine Trinkfestigkeit beweisen, doch am Morgen des 24.12. war ich total am Boden. An den nächsten drei Tagen habe ich nur etwas dünnen Wermuttee getrunken. Speisen, auch alle Festspeisen rührte ich nicht an. Mein erstes Bier trank ich dann erst im Sommer 1966 und an herben Weißwein traute ich mich erst Jahre später wieder heran.

## Das zwölfte Schuljahr

**Telegrammzusteller:** Nachdem ich eine Fahrerlaubnis besaß, wollte ich natürlich fahren. Deshalb bewarb ich mich als Aushilfskraft bei der Post. Wochentags trug ich abends Telegramme aus. Dafür bekam ich einen F8-Lieferwagen[30]. Ich saß so tief, dass ich die Straße durch das Lenkrad hindurch beobachten musste. Meine Mitschüler sahen das Auto gelegentlich und behauptet, dass es fahrerlos durch die Stadt fuhr. Einmal, so etwa 21 Uhr, gab ich in einer Nebenstraße Vollgas. Als ich das Gas wegnahm, hatte das keinerlei Wirkung. Ich nahm den Gang raus und fuhr rechts ran. Während der Motor brüllte, öffnete ich die Motorhaube. Aus den sich öffnenden Fenstern der umliegenden Häuser wurde ebenfalls gebrüllt. Es handelte sich dabei um ziemlich giftige Kommentare. Polytechnisches Wackeln an diversen Gestängen löste das Problem, der Motor tuckerte wieder friedlich im Leerlauf.

**FDGB-Beitritt:** Unser Vater war, wie schon am Anfang dieses Buches festgestellt, ein überzeugter SED-Genosse. Der Unterricht in der sozialistischen Produktion und besonders die Berufsausbildung seit 1962 zeigten mir aber ein Arbeiterbild, das ziemlich von den Vorstellungen unseres Vaters abwich. Dazu kam, dass der Stiefvater eines meiner Klassenkameraden öfters mit in dem Zug saß, mit dem wir bei schlechtem Wetter in die Kreisstadt fuhren. Der war auch in der SED und wohl sogar NSW-Reisekader, hatte aber ziemlich abfällige Ansichten über die DDR. Einige der Parteigenossen unseres Vaters kamen mir auch nicht sehr überzeugt vor. Deshalb hatte ich damals keine Lust, in eine Partei von Opportunisten einzutreten.

Doch jetzt wurde ich regelmäßig agitiert, in die SED einzutreten. Um diesen Agitationen auszuweichen trat ich in den FDGB, den Gewerkschaftsbund der DDR, ein. Als Lehrling konnte ich das. Fortan gab ich kund, dass meine Mitgliedschaft in der Ge-

---

30  https://de.wikipedia.org/wiki/IFA_F8

werkschaft völlig ausreichend sei, meine Verbundenheit mit der Arbeiterklasse zu zeigen.

**Kahlschlagplenum:** Am 15. Dezember begann das 11. Plenum des ZK der SED[31]. Eigentlich sollte es um die Weiterentwicklung des NÖS gehen. Doch als Erich Honecker den Bericht des Politbüros vorträgt, wird das eine Anklage gegen die Künstler und Literaten der DDR. Zitat: *„Leider hat sich in den letzten Jahren eine neue Art von Literatur entwickelt, die im wesentlichen aus einer Mischung von Sexualität und Brutalität besteht. Ist es ein Wunder, wenn nach dieser Welle in Literatur, Film, Fernsehen und Zeitschriften manche Jugendlichen nicht mehr wissen, ob sie richtig oder falsch handeln, wenn sie dort ihre Vorbilder suchen?"*.

Die Beatplatten und Zeitungsausschnitte, die wir im Rahmen unserer Englisch-Korrespondenz erhielten, wurden jetzt vom Zoll beschlagnahmt. Schlagartig verschwand die Beatmusik im DDR-Rundfunk. Wir kommentierten das mit „Der Beat ist tot, es lebe Herbert Roth".

In der Folge wurden 12 von 14 im Jahr 1965 gedrehten Defa-Filmen verboten. Vor allem wurde aber das NÖS schrittweise aufgegeben und 1968 durch das Ökonomische System des Sozialismus (ÖSS) ersetzt.

**Russisch:** Am Anfang des zwölften Schuljahrs wurde Mjakijsnack durch einen Lehrer abgelöst, der Nacherzählungen liebte. Am Ende jeder Stunde gab es immer ein Nacherzählungsthema. Im Winterhalbjahr fuhren wir mit dem Zug zur Schule. Da saß auch Hannelore aus der A-Klasse drin, die beim gleichen Lehrer Russisch hatte und ihre Nacherzählung immer schriftlich vorbereitete. Wir hatten gleich in der ersten Stunde Russisch, also ließ ich mir im Zug diese Ausarbeitung geben und lernte sie auswendig. Bis zur Russischstunde konnte ich sie mir merken. Wenn der Lehrer fragte, wer die Nacherzählung drauf hatte, war mein Fin-

---

31 https://www.tagesspiegel.de/gesellschaft/das-ende-des-reformprozesses-5202352.html

ger oben. Das brachte mir viele Zusatz-Einsen. Leider schaffte ich bei der schriftlichen Prüfung an Ende des Schuljahres nur eine 4, weshalb ich zur mündlichen Prüfung dran war. Zum Glück fragte mich der Russischlehrer kurz vor dieser Prüfung, ob ich über das Leben Lenins Bescheid wüsste (жизнь лéнина). Also ab zu Hannelore und eine Ausarbeitung über das Leben Lenins ausgeborgt und auswendig gelernt. Zur Prüfung gab es ein Schwimmfest bei irgendwelchen grammatikalischen Feinheiten aber einen glänzenden Vortrag über das Leben Lenins. Gesamtnote: 3.

**Einberufung:** Als ich meine letzte mündliche Abi-Prüfung hinter mir hatte, wartete vor dem Prüfungsraum der Schuldirektor. Er teilte mir mit, dass es mit meinem Studium vorerst nichts würde, weil ich zunächst meinen Grundwehrdienst ableisten müsse und überreichte mir den Einberufungsbefehl. Das war so geregelt worden, um mich nicht von den Prüfungen abzulenken! Bei der Musterung hatte ich einen verlängerten Wehrdienst kategorisch abgelehnt. Daraufhin wurde ich gefragt, was denn mein Vater dazu sagen würde. Meine Antwort fiel etwas patzig aus und hat wahrscheinlich zu diesem Einberufungsbefehl geführt.

**Ungarn 2:** Nach dem Ende des Schuljahres wiederholte ich die Ungarnreise mit drei Klassenkameraden (Siegfried, Dietmar und Eberhard). Die Einladung war die alte, mit nachgebessertem Datum. Diesmal kamen wir nicht so gut mit dem Geld hin. Am Plattensee hatten sich die Preise drastisch erhöht, der Zeltplatz in Siofok war für uns unerschwinglich geworden, ebenso der Weinkeller. Auch die Gastfreundschaft hatte deutlich nachgelassen. 1965 brauchten wir nur zu erzählen, dass wir mit dem Fahrrad aus Deutschland kamen, um zum Übernachten und meistens auch zu Abendbrot und Frühstück eingeladen zu werden. Jetzt wurde meist gefragt, aus welchem Deutschland. Nach der Auskunft "DDR" ließ das Interesse fast immer deutlich nach.

Um Geld zu sparen nächtigten wir in Siofok nach Entrichtung der Kurtaxe ein paar Tage auf einem Hühnerhof, ansonsten wurde meist in irgendeinem Gebüsch schwarz gezeltet. Vor den Hotels bestaunten wir die westlichen Nobelkarossen. In Siofok entdeckte Dietmar einen Ford Mustang. Dieser Klassiker wurde 1964 in den USA das erste Mal gebaut. Total begeistert machte er mindestens zehn Fotos. Ich wusste nicht einmal, dass es so ein Auto gab. Dank Dietmars Begeisterung erkenne ich seitdem einen Ford Mustang aber schon von weitem. Außerdem stellte ich fest, dass fast in jedem US-Actionfilm auch ein Ford Mustang seinen Auftritt hat.

Jetzt gab es am Plattensee deutlich mehr West- als Ostdeutsche. In Budapest überstanden wir ein paar Nächte auf Parkbänken. Die Ernährungsgrundlage musste mit kleineren Diebstählen aufgebessert werden. Z.B. ließen wir in den frühen Morgenstunden von den vor den Läden stehenden, frisch angelieferten Waren Brot und Milch mitgehen. Einmal wollte Dietmar ein streunendes Huhn fangen, aber das Biest war schneller als er. Insgesamt war die erste Reise deutlich besser. Die zweite war aber auch nicht wirklich schlecht. Dietmar und Siegfried waren das erste Mal in Ungarn. Den beiden hatte die Reise sehr gefallen.

## Sonstige Ereignisse während der Oberschulzeit

**Mutters Hüftprobleme:** Nach längeren Wanderungen tat unserer Mutter schon immer die Hüfte weh. Die Schmerzen wurden zunehmend schlimmer und erwiesen sich als die Folge einer angeborenen Deformation der Hüftgelenke, die ihre Eltern nicht beachtet hatten. Angeblich hätte man schon damals so etwas im Kleinkindalter behandeln können.

Dann war eine Operation notwendig, bei der ein wesentlicher Muskel in der Hüfte durchtrennt wurde. Künstliche Gelenke gab es damals noch nicht. In der Folge waren die Schmerzen für einige Jahre erträglich, aber Mutter musste zum Gehen immer einen Stock, bei längeren Strecken eine Unterarmstütze benutzen. 1962 war Mutter eine der ersten DDR-Bürgerinnen, die ein künstliches Hüftgelenk bekamen. Das gute Stück war ein Import aus der

Schweiz. Mein West-Onkel wollte das kaum glauben. „Bei uns würde das keine gesetzliche Krankenkasse bezahlen. Privat müsste man wenigsten 100.000 DM hinblättern" war sein Kommentar. Der bei der ersten Operation durchtrennte Muskel hatte leider auch zur Folge, dass sie auch mit dem künstlichen Hüftgelenk einen Stock brauchte. Aber zumindest waren die Schmerzen jetzt erträglich, in guten Zeiten sogar ganz weg.

**Klassenfahrten:** Meine Oberschulklasse nutzte viele Ferien für eine Klassenfahrt in irgendeine Jugendherberge. Immer in Begleitung unseres Klassenlehrers. Es fehlten in der Regel nur sehr wenige Mitschüler. Bei einer winterlichen Klassenfahrt, wahrscheinlich in der zwölften, hatten wir Jungs unsere Ski mit. Bald nach der Ankunft versuchten wir unsere Abfahrtskünste an einen kleinen Hang. Auf halber Strecke gab es sogar eine Mini-Naturschanze. Nach einiger Zeit erschienen unsere Mädchen mit Schlitten und es galt (zumindest für mich) ordentlich anzugeben. Also vor dem Schanzenhügel in die Hocke gegangen und sich dann ordentlich gestreckt, um einen sehenswerten Sprung hinzulegen. Leider klappte es nicht so gut mit der Landung. Die Spitzen der Ski waren etwas weit unten und spießten in den Schnee. Ein ungewollter Salto-Mortale war die Folge. Das Gelächter der Mädchen klingt mir noch immer in den Ohren. Bei der gleichen Fahrt waren wir Jungs gegen Abend in der Dorfkneipe gelandet. Wir probierten das vom Wirt angepriesene Bockbier. Nach einiger Zeit erschienen auch die Mädchen mit unserem Klassenlehrer und tranken Wermutwein. Die Getränke waren ungewohnt stark und bald war die ganze Truppe ziemlich beschwipst. Zurück zur Jugendherberge ging es quer über ein tief verschneites Feld. Die Diskussionen, wer dabei wen vor dem Erfrieren gerettet hatte, hielten noch lange an.

**Der Musikkoffer:** An manchen Wochenenden gab es auch Kassenfeiern in irgendeiner Kneipe. Da musste unser Musikkoffer mit. Den hatte Siegfried konstruiert. Ich half auch etwas mit. Im Koffer war ein Tonbandgerät und ein ziemlich kräftiger Verstärker eingebaut. Damit man das Ding in einer Gaststätte anwerfen durfte, brauchte man eine amtliche Genehmigung der AWA (mit der heutigen GEMA vergleichbar) für die abgespielten Bänder. Die durften höchstens 40% westliche Titel enthalten. Natürlich hatten wir die genehmigten Bänder immer mit, aber nie abgespielt. Nach solchen Feten übernachtete ich meistens auf dem Wohnzimmersofa von Siegfrieds Eltern. Manchmal musste auch der Lumpensammler herhalten. So wurde der letzte Bus, der etwa um Mitternacht abfuhr, genannt.

Im Sommer fuhren die Nossener aus unserer Klasse in der Regel mit dem Fahrrad nach Hause. Dabei wäre ich einmal fast ertrunken. Wir waren in stockdunkler Nacht über den Zaun des auf halber Strecke liegenden Freibades Miltitz geklettert, um uns zu erfrischen. Ich sprang vom drei-Meter-Turm und machte ein paar kräftige Schwimmstöße, um schnell wieder aufzutauchen. Statt aufzutauchen stieß ich gegen eine Wand. Also die Richtung gewechselt und weiter geschwommen. Wieder eine Wand! Wo war eigentlich oben? Zum Glück fiel mir ein, das Problem dem natürlichen Auftrieb zu überlassen. Also stellte ich das Schwimmen ganz ein und tatsächlich plätscherte ich alsbald an der Wasseroberfläche.

Einmal waren wir ohne Fahrrad bei einer Klassenfete in der Kreisstadt. Die Stimmung war so gut, dass wir beschlossen, den Lumpensammler sausen zu lassen und mit dem Taxi nach Hause zu fahren. Was wir damals noch nicht wussten, Taxis waren spät abends höchstens mit Vorbestellung zu haben. Also mussten wir 22 Kilometer laufen.

**Schach in Nossen:** In der Nossener BSG Lokomotive gab es auch eine Schach-Jugendmannschaft, die in der Bezirksliga spielte. Manchmal nahm ich als Gast an den Trainingsabenden teil. Einmal fehlte ein Spieler für ein Ausscheidungsspiel in der Bezirksliga. Ich wurde gefragt, ob ich mitfahren wolle. Ich willigte ein und erfuhr zu meiner Überraschung, dass ich am ersten Brett spielen sollte. „Wieso denn das?" fragte ich. „Da habe ich doch nicht die geringste Chance!". „Gegen den am gegnerischen ersten Brett hat niemand von uns eine Chance. Da dich keiner kennt, musst du dich opfern!" war die Antwort. Als das Spiel begann, verlor ich sehr schnell einen Bauern. Zu meiner größten Verblüffung fing mein Gegner nun an, alles abzutauschen, was sich ohne Nachteil abtauschen ließ. So eine Strategie war mir neu, aber natürlich machte sie den einen gewonnenen Bauern zu einem immer größeren Vorteil. Es blieb nicht bei diesem Bauerngewinn. Nach relativ kurzer Zeit (wir waren beide noch lange nicht in Zeitnot) hatte mein Gegner außer dem König zwei Springer und ich zwei Bauern. Nach einiger Überlegung kam ich zu dem Schluss, dass die zwei Springer meine Bauern nicht aufhalten könnten. Also ließ ich meine Bauern losmarschieren. Mein Gegner überlegte jetzt bei jedem Zug mehrere Minuten. Die übrigen Schachspieler hatten inzwischen ihre Spiele beendet und standen um uns herum. Als ich einen meiner Bauern in eine Dame umwandelte, war der Jubel in unserer Mannschaft groß. Ich, das "Bauernopfer", hatte den unbesiegbaren Gegner besiegt!

**Skatklub Nossen und die ABF:** Wir vier Nossener in unserer Klasse spielten Skat, wenn wir mit dem Zug zur EOS fuhren und auch, wenn wir in Meißen auf den Zug nach Nossen warten mussten. Wir waren nach einiger Zeit so gut, dass man ein Null-Spiel nicht mehr gewinnen konnte. Deshalb hatten wir den Skakluno (Skat-Klub Nossen) mit uns als einzigen Mitgliedern, und mit vier Mitgliedsausweisen gegründet. Zwei Mitglieder des Skakluno hatten sich für ein Studium in der UdSSR qualifiziert und waren deshalb ab der elften Klasse an der ABF[32] in Halle. Dort wurde der Russischunterricht sehr intensiv betrieben. Mit meinen dürftigen Russischkenntnissen kam ich trotz meiner Mathe-Leistungen für ein Studium in der UdSSR gar nicht erst in Be-

---

32  https://de.wikipedia.org/wiki/Arbeiter-und-Bauern-Fakultät, siehe dort Auslandsstudium

tracht. Der Ausfall von 50 Prozent aller Mitglieder des Skakluno war dessen Ende.

**Schulzeltlager:** In den Sommerferien gab es ein Schulzeltlager in Glowe auf Rügen. Da standen sich immer zwei Zweimannzelte gegenüber, zwischen denen ein Überzelt gespannt war. Unter dem Überzelt stand ein Propangaskocher. Ich gehörte oft zum Auf- oder Abbau-Kommando. Da konnte man etwas länger bleiben und mit dem LKW mitfahren. Die andere Strecke fuhr ich in zwei Tagen mit dem Fahrrad. Übernachtet wurde in einer Jugendherberge.

Es gab immer ungeheure Mengen von Mücken. Auf dem Zeltplatz rösteten wir deshalb Kiefernzapfen, die wir in alten Konservendosen auf den Gaskocher stellten. Der Qualm hielt alle Mücken fern.

Einmal wollte ich mit einem Klassenkameraden zu einer in der Ferne zu sehenden Boje schwimmen. Als wir zu der Einsicht kamen, dass die Boje zu weit draußen war, konnten wir den Strand kaum noch sehen. Als wir den Strand wieder erreicht hatten, war meine Haut blau, mit orangefarbenem Mustern. Außerdem zitterte ich wie Espenlaub und klapperte mit den Zähnen. Wir legten uns in den glühend heißen Sand, aber erst nach etwa zwei Stunden ging es uns wieder gut.

**Kultur:** Mein Bruder und ich hatten ein Schüleranrecht im Stadttheater der Kreisstadt. Das konnte man an der Schule buchen und es war spottbillig. Theater wurde in der DDR gefördert, obwohl die Künstler fast immer ziemlich systemkritisch waren und ihre Inszenierungen entsprechend auslegten. Nachdem ich die Fahrerlaubnis gemacht hatte, durften wir in der Zwölften mit Vaters Trabbi ins Theater fahren.

**Noch einmal bei der Post:** Nach dem Erhalt meines Einberufungsbefehls, machte ich den Nebenjob bei der Post zu meinem Hauptberuf. Jetzt fuhr ich Pakete aus. Das war ziemlich lukrativ, weil man 50 Pfennige kassieren musste und fast immer eine Mark bekam. Für mich war verblüffend, dass es einige Kunden gab, die mindestens zweimal in der Woche ein großes Westpaket erhielten. Offensichtlich konnten die bei ihren Westverwandten den Eindruck aufrechterhalten, dass sie ohne diese Pakete am Hungertuch nagen müssten.

Im September hatte ich einem Fahrschulauto die Vorfahrt genommen. Dieses Vorkommnis sollte in einer Brigadeversammlung ausgewertet und öffentlich mit einem Stempel geahndet werden. In der DDR gab es keine Punkte in Flensburg. Vielmehr hatte jeder Fahrerlaubnisbesitzer eine Stempelkarte, auf der Platz für fünf Stempel war. Beim fünften Stempel gab es Fahrverbot. Jeder neue Stempel verlängerte die Gültigkeit der alten Einträge. Erst zwei Jahre nach dem letzten Stempel konnte man eine neue, jungfräuliche Stempelkarte beantragen. Kurz entschlossen kündigte ich meinen Job, war deshalb nicht bei der Brigadeversammlung und fasste keinen Stempel ab.

## Die NVA

Anfang Oktober 1966 lieferte mich mein Vater mit einem bis auf etwas Unterwäsche und ein paar Waschutensilien leeren Koffer am Hauptbahnhof Meißen ab. Von dort sollte es mit dem Zug ins GAR 31 gehen. Dort angekommen, durften sich alle komplett ausziehen und erst einmal ordentlich duschen. Frisch gesäubert ging es ans Fassen der Ausrüstung. Die Zivilklamotten kamen in den Koffer. Auf einer Banderole am Ärmel der Uniformjacke stand: „Grenztruppen der DDR". Erst da war mir klar, dass ich jetzt zu den Grenztruppen der DDR gehörte und bald darauf, dass GAR die Abkürzung für **G**renz**a**usbildungs**r**egiment war.

Als alle Rekruten neu eingekleidet waren, wurde angetreten. Etwa 30 Mann, darunter auch ich, durften erst vor- und dann seitlich wegtreten. Während die übrigen einem halben Jahr stressiger Ausbildung entgegensahen, wurden wir auf einen LKW verladen. Nach einer gefühlt endlosen Fahrt landeten wir in einem Grenzregiment in Berlin Pankow, wo wir die nächsten anderthalb Jahre zubrachten.

Wir gehörten jetzt zur Stabskompanie und waren Funker, Hundeführer, Fernschreiber, Kraftfahrer, Köche und wie in meinem Fall Signalzaunspezialisten.

Zuerst nächtigte ich in der Kaserne in einem Acht-Mann-Zimmer mit vier Doppelstockbetten. Gegen Ende der Dienstzeit war es ein Vier-Mann-Zimmer mit zwei Doppelstockbetten. Es gab einen Spind pro Nase (etwa 40 cm breit, 50 cm tief. 1,80 m hoch) mit genauen Vorschriften was wo und wie zu liegen hatte, einen Tisch und acht Stühle.

Außerdem hatten wir immer einen verbotenen Tauchsieder. Verboten war der Tauchsieder wegen der Brandgefahr. Notwendig war er, weil man sich eben mal einen schwarzen Tee oder einen Kaffee kochen wollte. Im Speisesaal gab es außer an Sonn- und Feiertagen nur Malzkaffee und Kräutertee. Wer keinen

Tauchsieder hatte, baute sich ein Ufo[33]. Zur Gasmaske (offiziell Truppenschutzmaske) gab es kleine, runde Blechschachteln, in denen sich runde Kunststofffolien befanden. Die wurden in die Innenseite der Gasmaske vor die Augengläser gelegt und sollten das Beschlagen derselben verhindern. Um ein Ufo zu bauen, wurde ein zweiadriges Kabel mit Stecker, eine der Blechschachteln, eine der enthaltenen Folien und ein Plastik-Druckknopf der Atomschutzkleidung gebraucht. Deckel und Boden der Schachtel mit dazwischengelegter Folie wurden mit dem Druckknopf verbunden und zwischen Folie und Deckel bzw. Folie und Boden der Blechschachtel je eine Ader des Kabels eingeklemmt. Mit dieser Konstruktion brachte man eine Tasse Wasser in Sekundenschnelle zum Kochen. Das war allerdings ziemlich gefährlich und noch verbotener als ein Tauchsieder. Man konnte das Ufo aber besser verstecken.

Ausgang und Urlaub gab es selten und Zivil war nicht erlaubt. Im Ausgang mussten sich die meisten daran halten, hatten doch die wenigsten Bekannte in Berlin, bei denen sie sich umziehen konnten. Wohlweislich wurden keine Berliner zur Bewachung der Berliner Grenze herangezogen. Im Urlaub gab es wahrscheinlich keinen, der sich an das Zivilverbot gehalten hat.

---

33 https://de.wikipedia.org/wiki/Atomino_(Kocher)

## Schießbefehl

Die Gesamtanzahl der Todesopfer an der Berliner Mauer[34] liegt bei mindestens 140. Zur Zeit meiner Einbeziehung kannte ich offiziell nur den Fall Reinhold Huhn. Das war ein Grenzsoldat, der 1962 von einem Westberliner Fluchthelfer erschossen wurde. Dieser Todesfall wurde von den DDR-Medien gründlich ausgewertet. Andere Opfer gab es in den DDR-Medien praktisch nicht. Aber man hörte schon davon, waren doch nicht alle Sachsen vom Westfernsehen ausgeschlossen. Westrundfunk gab es natürlich auch, doch da hörte man als Jugendlicher eher Beat-Sendungen.

Meine Dienstaufgaben führten mich fast täglich an die Grenze. Da musste ich immer meine Maschinenpistole (Typ Kalaschnikow, heute eher als AK47 bekannt) mitnehmen und beim Betreten des Grenzgebiets ein volles Magazin (30 Schuss) einsetzen. Die Waffenbenutzung war uns „Nichtposten" nur zur Selbstverteidigung erlaubt. Und es sollte sich keine Patrone im Lauf befinden, weil angeblich schon das Geräusch des Durchladens eine extrem abschreckende Wirkung hätte. Im Falle einer Grenzverletzung sollten wir die Waffe keinesfalls einsetzen, weil das die von den eigentlichen Grenzposten trainierten Abläufe durcheinanderbringen würde. Bei den Grenzposten sah das anders aus. Wenn sich ein Grenzverletzer nicht durch Zurufe stoppen ließ, sollten sie zunächst Warnschüsse abgeben und wenn auch das nicht half, den Grenzverletzer mit gezielten Schüssen stoppen. Es gab also einen Schießbefehl, zumindest für die Grenzposten.

Von diversen Schießübungen war jedem klar, dass man mit einer Kalaschnikow auf größere Entfernung niemandem ins Bein schießen kann. Schießt man mit dem Ding auf jemanden, kann das immer tödlich enden. Wer nicht töten will, muss unbedingt einige Meter daneben halten. Zum Glück kam ich nie in eine Situ-

---

34  https://de.wikipedia.org/wiki/Todesopfer_an_der_Berliner_Mauer

ation, in der ich laut Befehlslage hätte schießen müssen. Das traf auch für die meisten Grenzposten zu. In meinem Grenzabschnitt gab es während meiner Dienstzeit nur einen Fluchtversuch, und der wurde ohne gezielte Schüsse verhindert.

Nach der Wiedervereinigung kam es zu Mauerschützenprozessen. Dabei wurden sowohl Personen aus der Staatsführung als auch Grenzsoldaten angeklagt. Die gegen Personen aus der Staatsführung verhängten Urteile waren mir eigentlich zu niedrig, sind doch die Toten an der innerdeutschen Grenze die Folge von deren Anweisungen.

Zu denken gab mir ein Prozess, in dem es darum ging, dass ein Posten auf Anweisung seines Postenführers zweimal auf einen Flüchtling schoss. Da er nicht traf, schoss der Postenführer. Dessen Schüsse trafen. Ob der Posten möglicherweise mit Absicht daneben hielt, kam nicht zur Sprache. Der Posten erhielt wegen Beihilfe eine Bewährungsstrafe. Sinngemäß kam immer heraus, dass die Schüsse völkerrechtswidrig waren und deshalb die Befehlslage keine Entschuldigung für den Schützen war.

Interessanterweise wurde mir bei der NVA folgendes beigebracht: *Befehle, die gegen Völkerrecht verstoßen, darf man nicht ausführen.* Nach Möglichkeit solle man stattdessen den Befehlsgeber verhaften. Man hätte also im Notfall nicht daneben schießen müssen, sondern einfach gar nicht zu schießen brauchen. Nur wussten wir eben nicht, dass es völkerrechtswidrig war, auf einen Grenzverletzer zu schießen. Und ob im Falle eines Falles die DDR-Justiz eine solche Befehlsverweigerung als rechtens anerkannt hätte, ist äußerst zweifelhaft. Mir schien es damals einfach untragbar für den Tod eines Menschen verantwortlich zu werden, der nur die DDR verlassen wollte.

Der Schießbefehl an der innerdeutschen Grenze und die (nur an der grünen Grenze) verlegten Personenminen gehören zu den düstersten Seiten der DDR-Geschichte. Außer den Todesopfern an der Grenze wurden aber auch hunderttausende Jugendliche im Alter von 18 bis 19 Jahren in den Zwang gebracht, zu entscheiden wie sie den Schießbefehl mit ihrem Gewissen vereinbaren konnten.

## Grundausbildung

Der NVA-Dienst begann mit 4 Wochen militärischer Ausbildung. Hauptsächlich lernten wir das Marschieren und die zugehörigen Kommandos. Wir erhielten unser persönliches Schießeisen und schossen auch einmal damit. Vor allem wurde das Ding ständig geputzt. Natürlich lernten wir auch das Bauen der Betten und das korrekte Einräumen unseres Spindes. Nach der Ausbildung sollte es uns nicht zu langweilig werden, weshalb wir immer bis etwa 21:00 Uhr mit allen möglichen Aufräumarbeiten beschäftigt waren.

Die größte Strapaze war eine abschließende Übung. Wir marschierten eine gefühlt riesige Strecke mit Teil1 und Teil 2[35], Schutzausrüstung, Maschinenpistole, Munition und jeder Menge anderem Klimbim. Mehrmals wollte ich einfach irgendwo liegen bleiben, aber meine besser konditionierten Mitstreiter nahmen mich in die Mitte und schleiften mich weiter. Interessanterweise konnte ich nach einiger Zeit immer wieder von selbst laufen. Es war eine wichtige Erfahrung in meinem Leben: Wenn du denkst jetzt bist du völlig am Ende, dann ist das noch lange nicht der Fall.

Mitten im Wald gab es Atomalarm, dass hieß volle Schutzausrüstung anlegen und weitermarschieren. Ich schwitzte wie ein Schwein, die Sichtgläser meiner Maske beschlugen von innen und ich war blind. Ich kämpfte mich durch irgendwelches Gestrüpp und pfiff letztendlich (zumindest theoretisch) auf mein Leben. Ich riss mir die Maske und den Rest der Schutzausrüstung herunter und fand mich in einer Fichtenschonung wieder. Es war herrlich. Ich konnte frische Luft atmen! Danach schüttete ich aus jedem der

---

35  http://nva.bizhat.com/nvastur1.htm

zur Schutzausrüstung gehörigen Handschuhe gefühlt etwa einen Liter Schweiß aus!

Nach vier Wochen erfolgte die Vereidigung. Die konnte nun stattfinden, da wir inzwischen die Exerzierausbildung abgeschlossen hatten.

Jetzt erst erfuhr ich, dass ich zum Signalzauntrupp gehörte. Bei der Musterung hatte man mich als Nachrichtensoldat gemustert. Der Signalzauntrupp hatte wenigstens mit Elektrotechnik zu tun und war außerdem für die Wartung des Grenzmeldenetzes zuständig.

## Die Grenze

Die Grenze in Berlin war wie folgt aufgebaut: Zuerst gab es einen Grenzzaun. Die daran angebrachten Schilder wiesen darauf hin, dass hier das Grenzgebiet beginnt und das Übersteigen des Zauns tödliche Konsequenzen haben kann. Der Grenzzaun war ein etwa 1,5 Meter hoher Streckmetallzaun. Danach folgte in mehr oder weniger großem Abstand der Signalzaun. Das war ein mit Schwachstrom geladener Drahtzaun, etwa 1,8 Meter hoch. Berührten sich zwei Zaundrähte oder wurde ein Zaundraht durchschnitten, gab es ein Alarmsignal auf dem nächsten Postenturm. An einigen Stellen wurden auch Scheinwerfer eingeschaltet, die den entsprechenden Abschnitt des Signalzauns beleuchteten.

Zwischen Grenzzaun und Signalzaun gab es noch Signalgeräte. Das waren kurze, senkrecht in die Erde gerammte Abschussrohre für Leuchtmunition, die mit einem Stolperdraht verbunden waren. Stolperte man über den Draht, wurde die Leuchtpatrone abgeschossen. Andere Selbstschussanlagen oder Minen gab es im Bereich unseres Grenzregiments nicht. Die Signalgeräte konnten einen höchsten verletzen, wenn man in dem Moment, in dem man sie auslöste, gerade seinen Hintern über dem Abschussrohr hatte. Wenn wir nachts Fehler am Signalzaun beheben mussten, lösten wir zum Spaß immer alle uns bekannten Signalgeräte aus.

Zusätzlich gab es an manchen Stellen Hundelaufanlagen. Eine solche Anlage bestand aus einem straff gespannten Stahlseil und einer Hundehütte. Am Stahlseil war eine Rolle mit einer Hundeleine befestigt und an der Leine ein Hund. Diese Hunde waren halb verwildert und ziemlich unberechenbar. Wenn Sie von den Dackellenkern gefüttert wurden, benutzten diese immer eine lange Stange, um den Hundenapf auszutauschen. Dackellenker war der Spitzname für Hundeführer

Unmittelbar hinter dem Signalzaun gab es eine reichlich zwei Meter breite Betonpiste für motorisierte Grenzstreifen. Danach folgte ein Sandstreifen, um die Spuren eines Grenzverletzers festzustellen. Hinter diesem Sandstreifen gab es die rot/weise Linie, die mit rot/weisen Holzpflöcken gekennzeichnet war. Angeblich durften die Grenzposten auf alle uniformierten Personen, die diese Linie unangemeldet überschritten, ohne Warnruf schießen.

Danach folgte in mehr oder weniger großem Abstand der Hinterlandzaun, das war ein etwa drei Meter hoher Streckmetallzaun. Die Postentürme befanden sich zwischen der Betonpiste und dem Hinterlandzaun. Sie waren so angeordnet, dass man den jeweils nächsten Postenturm sehen konnte.

Etwa zwei Meter hinter dem Hinterlandzaun folgte die eigentliche Mauer. Die war ungefähr 3 Meter hoch und von Asbestbetonrohren gekrönt. Diese Rohre hatten mindestens 30 Zentimeter Durchmesser und waren sehr glatt. Selbst wenn man hoch genug sprang um die Oberkante zu fassen, konnte man sich nicht festhalten.

Das Ganze wurde in der DDR-Propaganda als „Antifaschistischer Schutzwall" bezeichnet. Man sieht, die DDR hatte es sich etwas kosten lassen, ihre Bürger vor den Umtrieben der Westberliner Faschisten zu schützen. Während meiner 1,5 Jahre Grenzdienst ist es tatsächlich einmal zu einem nächtlichen Grenzdurchbruch von der anderen Seite gekommen. Das hat man aber erst am Morgen anhand der Spuren im Sandstreifen festgestellt. Der

Grenzabschnitt, für den das Grenzregiment zuständig war, hatte eine geschätzte Länge von 20 km.

## Der Signalzauntrupp

Der Signalzauntrupp hatte dort, wo es noch keinen Signalzaun gab, einen solchen zu bauen. Außerdem musste er den bestehenden Signalzaun vorbeugend warten und Störungen beseitigen. Ferner hatte er für die Funktion des Grenzmeldenetzes zu sorgen.

Nach der Grundausbildung teilte uns unser Truppführer mit, dass wir zunächst die fast im gesamten Grenzabschnitt ausgefallenen Signalzäune wieder in einen funktionsfähigen Zustand zu versetzen hätten. Ich fand es damals seltsam, dass an einem etwa 20 km langen Grenzabschnitt jede Menge Signalzäune ausgefallen waren, ohne dass dies jemanden ernsthaft aufregte. Heute weiß ich dass die Meldungen über ausgefallene Signalzäune DDR-typisch wahrscheinlich nie über unseren Regimentskommandeur hinausgelangt waren.

Unser Truppführer wusste nicht, wie der Signalzaun funktionierte. Auf den Postentürmen befanden sich mehrere schwarze Kunststoffkästen. Jeder Kasten hatte vier Signallampen. Eine solche Signallampe leuchtete, wenn ein Signalzaunabschnitt ausgelöst hatte. Zu jeder Signallampe gehörte ein Knopf, mit dem das Alarmsignal zurückgesetzt werden konnte. Ab und zu kam eine Streife vorbei, die den Zaunalarm zu Kontrollzwecken auslöste. Der Signalzaun war gestört, wenn es keinen Alarm gab oder wenn sich der Alarm nicht zurücksetzen ließ. Wenn es am Schaltkasten lag, musste der Kasten zu Reparatur eingeschickt werden, was nach Aussage des Truppführers einige Monate dauerte.

Ich schnappte mir einen solchen Kasten und analysierte dessen Innenleben. Da gab es einen Trafo, vier Dioden für eine Zwei-Weg-Gleichrichtung, vier Relais, vier Kondensatoren und vier Widerstände. Die Kondensatoren verhinderten das Flattern der Relaiskontakte. Die Relaisspule war über die zwei Drähte des Signalzauns, einen Kontakt des Relais und einem vorgeschalteten Widerstand mit der Gleichspannung verbunden. Berührten sich die Drähte, fiel das Relais ab. Der Vorwiderstand verhinderte einen Kurzschluss. Das Relais fiel natürlich auch ab, wenn ein Draht des Signalzauns unterbrochen wurde. Ein im Stromkreis liegender Relaiskontakt sorgte dafür dass es nicht wieder einschaltete, wenn es einmal abgefallen war. Der Rücksetzknopf überbrückte den Kontakt. Alles sehr einfach. Wenn es am Kasten lag, war meistens eine der Dioden ausgefallen. Dann machte ich aus der Zweiweggleichrichtung eine Einweggleichrichtung. Manchmal war auch der Transformator durchgebrannt. Dann musste eben der Transformator eines intakten Kastens den Kasten mit dem ausgefallenen Transformator mitversorgen.

## Mein Dienstauto

Motor: 6-Zylinder-Ottomotor, Hubraum 2,4 l (2407 cm³)
Leistung: 65 PS bei 3500/min
Verbrauch: Lt. Datenblatt 24 l / 100 km, praktisch eher
35 l / 100 km
Höchstgeschwindigkeit: 95 km/h

Das sind die Daten meines Dienstfahrzeugs, eines P2M[36]. Als Heizung hatte er eine Klappe über dem Getriebe, durch die während der Fahrt vom Getriebe erwärmte Luft ins Innere des Autos strömte. Wenn es wirklich kalt war, praktisch keine Heizung. Das Getriebe war ein gerade-verzahntes, nicht synchronisiertes 4-Gang-Schaltgetriebe. Mit Gelände-Untersetzung und Differentialsperre. Das Schalten war eine echte Kunst. Nur mit genau dosiertem Zwischengas konnte man den Gang wechseln. Infolge des Gewichts von etwa zwei Tonnen lag das Fahrzeug wie ein Brett auf der Straße. Eine „Saltowende" (Vollbremsung und Lenkrad einschlagen, wenn sich das daraufhin schleudernde Auto um 180 Grad gedreht hatte, gegenlenken und Vollgas) war kein Problem.

---

36  https://de.wikipedia.org/wiki/IFA_P2M

In allen Berliner Grenzregimentern gab es einen P2M als Kommandeursfahrzeug. Der Kommandeur unseres Regiments bevorzugte aber einen zivilen, grün gespritzten Wartburg Coupe. Wenn ich mit meinem P2M in ein anderes Grenzregiment fuhr, stürzte jedes Mal die Wache heraus und baute Männchen!

Nach einem halben Jahr wurde mir noch ein Trabant Kübel[37] zugeteilt. Anstelle der Stoßstangen hatte der je ein Eisenrohr. Vier Mann konnten ihn dort anpacken und hochheben. Der Trabbi war im Winter deutlich besser als der P2M, weil er eine Benzin-Zusatzheizung hatte. Als ich mich im Winter wieder einmal in den Trabbi schwingen wollte, durfte ich den Fuhrpark nicht verlassen. O-Ton: „Das Benzinkontingent dieses Fahrzeugs ist verbraucht. Es bleibt bis zum nächsten Jahr hier stehen!" Also musste ich wieder den praktisch ungeheizten P2M nehmen. Der brauchte zwar viermal so viel Sprit wie der Trabbi, hatte aber noch Kontingent. War eben Planwirtschaft.

Wenn ein Auto im Fuhrpark abgestellt wurde, musste man es auftanken. Einmal war ich mit dem P2M schon auf Reserve. Nachdem ich ihn aufgetankt und abgestellt hatte, erhielt ich kurz darauf einen Anruf aus dem Fuhrpark: „Unter deinem P2M ist eine große Benzinpfütze". Es war tatsächlich so. Wo kam das Benzin her? Der P2M hatte einen 70-Liter-Tank unter der hinteren Sitzbank und einen 30-Liter-Reservetank unter dem Fahrersitz. Das Benzin kam vom Reservetank. Hatte der ein Loch? Also den Deckel vom Reservetank abgeschraubt, um zu sehen wie viel da noch drin war. Zu meiner Verblüffung war der Reservetank randvoll und lief über! Eine Benzinquelle im P2M? Des Rätsels Lösung war, dass der Hahn zum Umschalten auf Reserve in der Mitte stand und deshalb das Benzin aus dem höher liegenden Haupttank in den Reservetank floss. Nebenbei, einen P2M kann man heute für 420 EUR pro Tag[38] für gewerbliche Zwecke mieten.

---

37  http://p601a.de/trabant_kuebel_meinebilder.html
38  http://www.film-autos.com/fundus/details.php?id=89

## Beitritt zur SED

Ein zusammen mit mir eingezogener Fernschreiber hat mich davon überzeugt, dass man eine Änderung der konkreten Parteipolitik nur als Mitglied bewirken könne, weshalb ich während meiner NVA-Dienstzeit in die SED eintrat. Die Praxis zeigte aber, dass man eigentlich keinen bzw. extrem wenig Einfluss hatte. Mitglied in der SED zu sein brachte, im Gegensatz zur verbreiteten Meinung, auch keine Vorteile bei der beruflichen Kariere. Zumindest nicht, wenn man nicht seine Ellenbogen gebrauchte und sich bei seinen Vorgesetzten anbiederte. Selbst dann war man besser in einer der anderen Blockparteien aufgehoben. Blockparteien waren die SED, die Demokratische Bauernpartei Deutschlands (DBD), die Nationaldemokratische Partei Deutschlands (NDPD), die Liberaldemokratische Partei Deutschlands (LDPD) und die CDU. Besonders förderlich für die Kariere war nach meiner Erfahrung die Mitgliedschaft in der LDPD, ausreichend Opportunismus vorausgesetzt. Da die anderen im Vergleich mit der SED sehr wenige Mitglieder hatten, war die Chance, einen lukrativen Posten zu bekommen, deutlich größer als in der SED. Etwa 10 Jahre später erklärte ein Kollege in der Harlass-Gießerei, dass er jetzt in die LDPD eintreten wolle. Dann würde er Bürgermeister und könnte sich ein Eigenheim zulegen. Bürgermeister in einer Kleinstadt war er nach wenigen Monaten. Ein Haus hatte er auch bald. Wie auch immer, mir hat die SED-Mitgliedschaft wenig genutzt. Ich wäre zwar ohne diese Mitgliedschaft kaum Forschungsstudent geworden, aber sehr wahrscheinlich hätte ich meinen Doktor auch als wissenschaftlicher Mitarbeiter machen können. Zu meiner Zeit als Hochschullehrer gab es immer einige Diplomanden, die man gern noch als wissenschaftliche Mitarbeiter behalten hätte. Waren sie in der SED, bot man ihnen ein Forschungsstudium an, sonst eben eine Stelle als wissenschaftlicher Mitarbeiter. Aus meiner Seminargruppe sind auch zwei Nicht-SED-Mitglieder wissenschaftliche Mitarbeiter geworden. Als wissenschaftlicher Mitarbeiter hätte ich infolge wesentlich umfangreicherer Lehraufgaben wenigstens ein Jahr länger bis zur Abgabe der Dissertation gebraucht, aber das Salär wäre auch mehr als doppelt so hoch gewesen. Außerdem hätten mir die Jahre als wissenschaftlicher Assistent Rentenpunkte eingebracht, während das Forschungsstudium in der BRD nicht auf die Rente angerechnet wird.

## Von der Beschwerde zur Auszeichnung

Meine Aufgabe während des Grundwehrdienstes war vor allem die Beseitigung von Störungen am Signalzaun und im Grenzmeldenetz. Entlang des Signalzaunes waren mehradrige Erdkabel verlegt, die in wasserdichten Verteilern endeten. Das Grenzmeldenetz war mit Freileitungen realisiert. Im Sommer gab es wenig zu tun. Da ich mich am besten mit der von uns zu wartenden Technik auskannte, hatte ich bald eine Sonderstellung. So konnte ich nach eigenem Gutdünken notwendige Wartungsarbeiten festlegen. Um den vom Spieß ständig verteilten Arbeiten zu entgehen, begab ich mich oft selbst bei weniger schönem Wetter mit noch einem Signalzauntruppmitglied zwecks „Wartungsarbeiten" an die Grenze. Mit Hilfe von zwei Sprechfunkgeräten klingelten wir dann die Verteiler der Signalzaunkabel ab. Die ermittelten Verbindungen trug ich in ein A5-Heft ein. Bei schönem Wetter gesuchten wir uns gern auch nur ein von den Postentürmen nicht einsehbares Plätzchen um uns dort zu sonnen. Im dritten Diensthalbjahr war die gesamte Verdrahtung des Grenzabschnitts in meinem Heft verzeichnet. Andere Unterlagen gab es nicht.

Störungen traten gehäuft im Spätherbst und Winter auf, letztendlich bei Mistwetter. Besonders unangenehm war es, wenn man dann mit Hilfe von Steigeisen auf die hölzernen Telefonmasten klettern musste, um das Grenzmeldenetz instand zu setzen. Oft half dann mein Heft mit dem Verdrahtungsplan, mit dessen Hilfe wir den defekten Abschnitt des Grenzmeldenetzes auf freie Adern der Signalzaunkabel umleiteten.

Zu Beginn des dritten Diensthalbjahres traten die Störungen so häufig auf, dass ich manchmal überhaupt nicht mehr zum Schlafen kam. Deshalb erklärte ich dem OvD (Offizier vom Dienst), dass ich zu müde sei, um noch Auto fahren zu können. Kein Problem, wir wurden mit dem Einsatz-LKW an die Grenze gefahren. Auf die Abholung konnten wir lange warten. Wenn wir abgeholt wurden, dann nur um uns an einer anderen Störungsstelle abzusetzen. Nach mehreren Wiederholungen sind wir mit Maschinenpistole und Dienstuniform in die nächste Straßenbahn gesprungen und in die Kaserne zurückgefahren. Ich war nie wieder zu müde, um selbst zu fahren! Jetzt begab ich mich auf den Beschwerdeweg. Mein Kompaniechef erklärte mir, dass eine Beschwerde zunächst bei dem unmittelbaren Vorgesetzten erfolgen muss. Nur wenn der die Beschwerde nicht zufriedenstellend behandle, könne man sich bei dessen Vorgesetzten beschweren.

Also ging meine Beschwerde zuerst an den Signalzauntruppführer, dann an den Zugführer, den Kompaniechef und zuletzt an den Regimentskommandeur. Der gab mir einen Termin für eine Anhörung. Anschließend wurden in den Grenzkompanien Freiwillige mit guten E-Technikkenntnissen als Verstärkung für den Signalzauntrupp gesucht. Nachdem wir diese Verstärkung hatten, lief der Dienst bald wieder normal.

Bis dahin hatte ich keinerlei Belobigungen erhalten, noch nicht einmal einen Sonderausgang. Jetzt, wo der Stress vorbei war, gab es Sonderausgang, das Fotografieren vor der Truppenfahne, eine Eintragung in das Ehrenbuch des Grenzregiments und sogar das Leistungsabzeichen der Grenztruppen[39]. Sonderurlaub oder eine Prämie wären mir lieber gewesen.

## Sonstige Episoden

**Ein „Staatsfeind" im Signalzauntrupp:** Eines Tages verschwand einer der zum Signalzauntrupp gehörigen Soldaten.

---

39 https://de.wikipedia.org/wiki/Leistungsabzeichen_der_Grenztruppen

Nach einiger Zeit wurde eine Versammlung der Stabskompanie (zu der auch der Signalzauntrupp gehörte) einberufen. Ein Vertreter der Staatsanwaltschaft teilte mit, dass der verschwundene Soldat seine Verwandten mit Informationen versorgt habe, wie man die Grenze überwinden könne und sich deshalb in Untersuchungshaft befinde. Als Mitglied des Signalzauntrupps wusste er auf jeden Fall, wie man den Signalzaun ohne Alarm auszulösen überqueren konnte. Aber außer dem Signalzaun gab es ja noch eine Menge weiterer Hindernisse. Ich bezweifle dass er wirklich brauchbare Informationen an seine Verwandten weitergeben konnte. Eher vermute ich, dass er mit seinen Signalzaunkenntnissen angegeben hatte und ein IM ihn angeschwärzt hat. Wir hörten nie wieder etwas von diesem Soldaten.

**Saufen in der NVA:** Alkohol in der Kaserne war streng verboten. Deshalb blühte der Schmuggel von hochprozentigem Alkohol. Eine 0,7-Literflasche war ein Rohr. Bei Gelagen in der Stube war ein Rohr pro Person völlig normal. In meinem Umfeld zum Glück nicht, dazu wäre ich auch zu geizig gewesen. Es gehörte zu meinen dienstlichen Aufgaben, die Akkus der Funkgeräte auf den B-Stellen der Grenze zu warten, weshalb immer wenigstens ein Kanister mit destilliertem Wasser in meinem Auto stand. Ich hatte eine kleine Kneipe gefunden, in der ich auf dem Weg zur Grenze einen 10-Liter Kanister mit Totenkopfsymbol und der Aufschrift *Aqua-Destillata* abgab und auf dem Rückweg mit Bier gefüllt wieder abholte. Im Werkstattkeller des Signalzauntrupps reichte der ein paar Tage (wir waren vier Mann), der Unteroffizier wusste nichts vom Bierkanister. Rohre schmuggelte ich nur für einen Küchenbullen. Dafür stand dann am Wochenende immer ein großer Teller mit Kuchen und eine sehr große Kanne mit Bohnenkaffee in unserem Zimmer.

**Sparen vom Sold:** Außer kostenloser Unterkunft, Uniform und Verpflegung gab es 120 Mark Sold pro Monat und für jeden Tag an dem man mindestens 8 Stunden an der Grenze war noch 1,50 Mark Zuschlag. Machte zusammen etwa 190 Mark im Monat von denen höchstens 30 Mark für Zusatzverpflegung und Bier abgingen. So sparte ich in den anderthalb Jahren mehr als 2000 Mark.

**Erlernen des Motorradfahrens:** Eines Tages teilte mir der Fuhrparkchef mit, dass ich das Alarmkrad besetzen sollte. Mein Einwand, dass ich zwar eine Motorradfahrerlaubnis habe, aber eigentlich nicht fahren könne, fand taube Ohren. Das Alarmkrad war eine 250er MZ[40] mit Beiwagenübersetzung. D.h. sie war etwas langsamer, zog aber umso mehr an.

Schon zwei Tage danach gab es Alarm und das halbe Grenzregiment rückte aus. Ich war dem Regimentskommandeur zugeordnet, der auf dem Beifahrersitz eines Kübelwagens an der Spitze der Kolonne fuhr. Ab und zu musste ich rechts neben den Kübelwagen fahren, um Befehle entgegenzunehmen. Die bestanden immer darin, auf das Schlussfahrzeug zu warten, zu erfragen wie viele Fahrzeuge inzwischen liegengeblieben waren, dann wieder ganz nach vorn zu fahren und dem Regimentskommandeur Meldung zu machen. ging es ins Gelände. Jetzt war ich dem Oberoffizier Nachrichten unterstellt, der den Wald mit Feldkabeln überziehen ließ. Ich musste ihn mit dem Krad an die verschiedensten Baustellen fahren. Meistens ging es über völlig verschlammte Feld- und Waldwege. Zunächst versuchte ich den größten Pfützen auszuweichen, was mich zum Schleudern brachte. Das gefiel meinem Hintermann überhaupt nicht. Der saß nämlich freihändig hinter mir, weil er ein A2-großes Sperrholzbrett mit einem Messtischblatt in den Händen hielt. Ich fand heraus dass es besser war, wenn man mitten durch die Pfützen und Schlammlöcher fuhr. Einmal ging es durch einen Hohlweg. Hinter einer Kurve lag eine Fichte quer über den Weg. Ich peilte eine Lücke zwischen zwei Ästen an, duckte mich und kam gut durch. Ein wütendes Gebrüll erinnerte mich daran, dass ich an meinen Sozius hätte denken sollen.

---

40  https://de.wikipedia.org/wiki/MZ_ES_175/250/300

Als das Regiment abzog sollte ich mit einem Kollegen aus dem Signalzauntrupp die verlegten Feldkabel bewachen. Wir blieben mit dem Motorrad allein im Wald zurück. Dann hat man uns vergessen. Wir verpflegten uns im nächsten Dorf und übten Geländefahren. Zum Glück war es warmes Herbstwetter. Nach drei Tagen wurden wir doch noch abgeholt und ich konnte jetzt Motorrad fahren, sogar im Gelände.

**Am Ende des Wehrdienstes** wurde mir angetragen, noch 18 Monate als Unteroffizier zu dienen. Ich sollte sogar den Unteroffizierssold rückwirkend erhalten. Da ich endlich mein Studium beginnen wollte, lehnte ich dankend ab. Als ich den von mir in mühevoller Kleinarbeit erstellten Verdrahtungsplan des Grenzabschnitts meinem Zugführer zur Weitergabe an meinen Nachfolger übergeben wollte, war der entsetzt. "So etwas darf es gar nicht geben!" rief er aus. Um sich und vielleicht auch mir großen Ärger zu ersparen, verzichtete er auf eine Meldung des Vorfalls und warf meine Aufzeichnungen in die Kiste mit zu vernichtenden Dokumenten!

# Schichtarbeit im Kabelwerk

Wieder Zivilist, galt es die Zeit bis zum Studium zu überbrücken. Aber zunächst brauchte ich einen neuen fahrbaren Untersatz. An Auto und Motorrad gewöhnt, war das Fahrrad nun doch eher ein Notbehelf. Von meiner Arbeit bei der Post und meinem Wehrsold hatte ich so viel gespart, dass ich mir eine neue MZ ES 150[41] kaufen konnte. Die kam 2285 Mark und wenn es gerade eine gab, konnte man sie ohne Anmeldung erwerben. Mutter war entsetzt, als sie die Neuanschaffung sah. Sie hatte sich ein Moped vorgestellt. Die MZ war ihr zu gefährlich. Mein Nossener Schulkamerad, schon im elften Schuljahr stolzer Besitzer eines Mopeds Simson Star[42] (1200 Mark, 60 km/h), kam vorbei. Er wollte natürlich Probefahren, was ich großzügig genehmigte. Wie von seinem Moped gewohnt, stieg er auf, gab Vollgas und ließ die Kupplung schnappen. Worauf die MZ sich auf das Hinterrad stellte und in Vaters Steingarten landete. Da Mutter das gesehen hatte, wurde ihre Sorge noch größer.

Dann fing ich im Kabelwerk als Maschinenhelfer im Dreischichtbetrieb an. Ich arbeitete am Dreileiter. Dort wurden drei vordrallierte Sektoradern zu einem dicken Kabel zusammen gedreht. Eine Sektorader war ein Seil aus vielen einzelnen Aluminiumdrähten, das mit einer Walze einen Querschnitt in Form eines 120 Grad-Kreissektors erhalten hatte. Vordralliert bedeutete, dass die Sektorader in sich gewunden war. Diese Sektoradern waren mit mehreren Lagen Papier umwickelt. In die Lücken zwischen den Adern kam noch ein Papierstrick und um das nun runde dreiadrige Kabel wurden nochmals Papierstreifen gewickelt. Das fertige Kabel lief in einen Bottich von etwa 4 Metern Durchmesser, der später mit Öl gefüllt wurde. Danach schickte man Strom durch das Kabel, damit es schön warm wurde und möglichst viel Öl aufsaugte. Nach der Tränkung mit Öl wurde ein Bleimantel

---

41 https://de.wikipedia.org/wiki/MZ_ES_125/150
42 https://de.wikipedia.org/wiki/Simson_Star

aufgebracht. Anschliessend wurde das Kabel zum Schutz des Bleimantels mit Jutebändern umwickelt, darauf kamen Stahlbänder zur Bewehrung, nochmals Jute und zuletzt Teer. Fertig war das Starkstrom-Erdkabel.

Bei der Arbeit am Dreileiter gab es immer zwei bis drei Stunden ohne Stress. Man musste nur aufpassen, ob eine Rolle mit Papierband oder Papierstrick alle wurde und diese möglichst bei laufender Maschine ersetzen. Nur wenn die Rollen mit den Sektoradern ausgetauscht werden mussten, wurde es hektisch. Die Dinger wogen etwa 5 Tonnen und mussten mit Hilfe des Hallenkrans ausgewechselt werden. Damit man die Norm erfüllte, musste das sehr schnell gehen.

In der Nachtschicht (22 bis 6 Uhr) schlief ich in der stressfreien Zeit nach Mitternacht manchmal ein. Dann wurde der Hallenlärm immer leiser und kurz bevor ich vom Hocker fiel, schreckte ich wegen der plötzlichen Stille hoch und der ganze Lärm war wieder da.

Natürlich bewältigte ich den Arbeitsweg immer mit meinem neuen Motorrad. Damals gab es für Schichtarbeiter die 42-Stunden-Woche, weshalb man nur in der Frühschicht am Sonnabend sechs Stunden arbeiten musste. In der Normalschicht gab es die 48-Stundenwoche, d.h. Sonnabend war ein ganz normaler Arbeitstag. Für die Schichtarbeiter gab es Sonnabends keine Akkordarbeit. Stattdessen war Maschinen putzen angesagt. Ansonsten waren das ein paar ereignislose Monate.

## Noch einmal Ungarn

1968 wiederholten wir die Ungarnfahrt von 1966. Diesmal brauchte man keine persönliche Einladung mehr. Dietmar fuhr auf einer älteren Sport-AWO[43], wir anderen auf 150er MZs. Schon in der Slowakei gab Dietmars AWO den Geist auf. Er stellte sie unter und fuhr als Sozius weiter. In Prag und am Plattensee konsumierten wir die neuesten Beatles-Filme. In der DDR wurden Beatles-Filme nie gezeigt. In Prag staunten wir außerdem über die Volksaufläufe um diverse, auf improvisierten Bühnen auftretende Redner. Leider verstanden wir nicht, um was es eigentlich ging (Prager Frühling[44]!). Von der Aufbruchstimmung in der ČSSR hatten wir fast nichts mitbekommen.

Geld war wieder äußerst knapp. Schwarzzelten und kleine Diebstähle (Milchbullen, Feldfrüchte) mussten wieder das Budget aufbessern. Bulle ist die sächsische Bezeichnung für Flasche. Deshalb gibt es in Sachsen Milchbullen, also Bullen die Milch geben. Wenn wir irgendwo unser Zelt aufgestellt hatten, machten wir unsere Ausflüge nur mit zwei Motorrädern, um Benzinkosten zu sparen.

Besonders am Plattensee wurde uns bewusst, dass wir im Ausland mit unserer DDR-Mark Deutsche zweiter Klasse waren. Während wir uns keine Gaststätte mehr leisten konnten schwammen die BRD-Bürger, von denen es jetzt am Plattensee nur so wimmelte, im Geld. Die bekamen für eine D-Mark fünf mal so viele Forint wie wir für eine DDR-Mark und konnten umtauschen so viel sie wollten. Von der ungarischen Gastfreundschaft, die uns 1965 so begeistert hatte, war nicht mehr viel zu merken.

Auf dem Rückweg flüchteten wir in Brno vor einem Gewitterguss in eine Kneipe, wo wir auch gleich etwas essen wollten. Für die Durchreise konnte man extra Kronen eintauschen, die für die kurze Zeit ausreichten. An unserem Tisch saßen einige heftig

---

43 https://de.wikipedia.org/wiki/AWO_425
44 https://de.wikipedia.org/wiki/Prager_Frühling

diskutierende Arbeiter, von denen einer ständig mit der Faust auf sein rotes Parteibuch haute. Wir sollten an der Diskussion teilnehmen, was wegen der fehlenden Sprachkenntnisse nicht recht klappte. Auch das angebotene Bier wollten wir wegen der Motorräder nicht trinken. Als sie uns aber noch eine Übernachtung anboten, ließen wir uns einladen. Nach einigen Bieren wurde gezahlt. Unsere Gastgeber holten ihrerseits Motorräder aus einem Seitenweg und uns blieb nichts anderes übrig als mit unseren Motorrädern hinterher zu fahren. Wir landeten in einem kleinen Dorf, wurden mit Maisbrei und Eiern mit sehr viel Speck bewirtet und dann in den Weinkeller geführt. Infolge des vielen Specks überlebten wir die ausführliche Verkostung. Jeder bekam auch noch eine anderthalb-Literflasche vom Wein seiner Wahl abgefüllt.

Letzte Station war eine Übernachtung auf einem Zeltplatz in Prag. Am nächsten Tag war das Geld alle, die Tanks waren voll, aber alle Ausfallstraßen waren gesperrt. Gerade hatte die Besetzung durch die Warschauer-Pakt-Truppen begonnen. Mit Orientierung an der Himmelsrichtung und Benutzung von Feldwegen und Nebenstraßen sind wir mit den letzten Tropfen Sprit in Bad Schandau gelandet.

# Das Studium in Dresden

Wie bereits berichtet, hatte ich eine Zulassung für das Studienjahr 1966/67 erhalten. Infolge des NVA-Intermezzos war die Zulassung auch für das Studienjahr 1968/1969 gültig. So begann ich mein Studium in der Seminargruppe HF2/68, die trotz ihrer herausragenden Rolle leider nicht im Internet zu finden ist. Bei der feierlichen Immatrikulation im Hörsaal I/90 des Barkhausenbaus (hatte etwa 500 Plätze) erfuhren ich und ein paar hundert weitere Studenten, das wir infolge der dritten Hochschulreform alle an der Sektion Informationstechnik studieren würden. Unser zukünftiger Arbeitsplatz würde ausnahmslos das Elektronikzentrum oberes Elbtal sein.

Mit der dritten Hochschulreform vom Sommer 1968 wurden in der DDR an allen Hochschulen und Universitäten nahezu einheitliche Strukturen eingeführt. Im Verlauf dieser Hochschulreform wurden die bestehenden Institutsstrukturen vollständig aufgelöst, und als größere Einheiten wurden *Sektionen* eingeführt, etwa vergleichbar mit den US-amerikanischen Departement-Strukturen.

Das Elektronikzentrum oberes Elbtal war wohl eine Idee im Kontext des neuen ökonomischen Systems. Da man dazu nichts im Internet findet, war wohl nicht ein einzelner Betrieb, sondern eine Konzentration von Elektronikbetrieben im oberen Elbtal gemeint, die es letztendlich noch heute gibt. Der Idee eines riesigen Elektronikbetriebs kam am ehesten das Kombinat Robotron[45] nahe, in dem später mehrere meiner Mitstudenten Arbeit fanden.

Jeder Seminargruppe war ein Seminargruppenberater zugeordnet. Praktika und Seminare fanden immer im Rahmen der Seminargruppe statt. In den Vorlesungen war (bis auf einige fakultative Veranstaltungen) natürlich auch die ganze Seminargruppe vertreten. Die Grundlagenvorlesungen (Mathematik, Physik, Elektrotechnik, Chemie, technische Mechanik) gab es allerdings in

---

45  http://de.wikipedia.org/wiki/Kombinat_Robotron

riesigen Hörsälen, so dass man sich dort nicht immer mit allen Seminargruppenmitgliedern zusammenfand.

## Das Stipendium

Das Grundstipendium[46] betrug damals 190 Mark. Wenn die Eltern viel verdienten, bekam man weniger. In den 80ern wurde das Stipendium vom Einkommen der Eltern unabhängig und betrug 200 Mark. Als unser Vater eine Gehaltserhöhung bekam, erhielt ich nur noch 180 Mark. Ab dem zweiten Studienjahr wurde ich Schwerverdiener. Zum Grundstipendium kamen noch 80 Mark Leistungsstipendium. Außerdem hatte ich eine Stelle als Hilfsassistent (nennt sich jetzt wohl Hilfswissenschaftler) ergattert, die nochmals 80 Mark einbrachte. Zusammen 340 Mark. Nachfolgend ein paar typische Preise:

| | |
|---|---|
| etwa 300 | ein Anzug |
| 0.15 | ATA, ein Scheuermittel |
| 1,54 | 1 Liter Benzin (88 Oktan, Gemisch), mein Motorrad brauchte etwa 3 bis 4 Liter auf 100 km. |
| 4.80 | 100 g bittere Schokolade |
| 0,05 | Brötchen (50 g) |
| 2,40 | 250g Butter |
| 0,42 | Club-Cola, 033 Liter |
| etwa 50,00 | Dederon-Hemd, Dederon war die DDR-Version von Perlon bzw. Nylon |
| 0,02 | ein Kilometer bei der Deutschen Reichsbahn in der 2. Klasse für Schüler und Studenten oder bei Arbeiterrückfahrkarten, kein D-Zug (sonst 0,08). |
| 0,20 | eine Fahrt mit S-Bahn, U-Bahn und Straßenbahn, unabhängig von der Streckenlänge. Die Straßenbahn war in einigen Städten noch billiger. |
| 0,08 | eine KWh Strom(im Wohnheim 0,00!) |

---

46  http://www.ddr-schulrecht.de/Schulrechtssammlung - DDR-Dateien/pdf/1962-c.pdf

| | |
|---|---|
| 12,10 | Eterna-Langspielplatte mit klassischer Musik |
| 16,10 | Amiga-Langspielpatte mit Schlagern |
| 0,10 bis 0,15 | eine Tageszeitung |
| 0,12 | 100g einfache Rotwurst |
| Etwa 6000 | Farbfernseher Colortron, (1987) |
| 19,00 | Fahrkarte der Deutschen Reichsbahn über 200 Kilometer im D-Zug, zweite Klasse |
| 14,50 | preiswerte Flasche DDR-Weinbrand, 32%, 0,7 Liter |
| 18,00 | Eine Flasche Rotkäppchen-Sekt, 0,7 Liter |
| 3,75 | 0,25 Liter Schlagsahne |
| 0,34 | 0,5 Liter Vollmilch, 2,2% Fettgehalt |
| ab 6,00 | eine Flasche Wein, 0,7 Liter |
| 18,00 | eine 0,8-Liter-Dose Ananasscheiben |
| 0,33 | 0,33-Liter-Flasche helles Bier, in der Gaststätte 0,50! Kein Wunder, dass man Probleme hatte, einen freien Platz zu finden. |
| 66,00 | Hin- und Rückflug Berlin–Prag mit Interflug. Flugkarten musste man Monate vorher im Reisebüro bestellen |
| 26,00 | 250g Kaffee Jakobs Krönung, gab es im im Delikatladen[47] aus Gestattungsproduktion |
| 8,75 | 125g DDR-Kaffee, nichts für Studenten! Eine 125 Gramm-Tüte Spitzenkaffee Rondo kostete übrigens 10 Mark |
| etwa 1,20 | eine Kinokarte, der Preis variierte je nach Filmlänge und Platz |
| 10,00 | Wohnheim-Monatsmiete. Strom, Wasser, Heizung und Bettwäsche war inklusive |
| etwa 25,00 | Monatsmiete für 40-m²-Altbauwohnung mit Ofenheizung. Einen Wasserzähler gab es nur fürs ganze Haus, die Wasserkosten wurden anteilig auf alle Mieter umgelegt. |

---

47  https://de.wikipedia.org/wiki/Delikatladen

| | |
|---|---|
| Etwa 70,00 | Monatsmiete für eine 60-m²-Neubauwohnung inklusive Heizung |
| 0,60 | Mensaessen (Mittag), in der Abendmensa konnte man auch für 10 Pfennige Kartoffeln mit Soße abfassen. |
| 1900 | Moped Simson S51 Elektronik, kann man jetzt für etwa 3500 € erstehen. |
| 2700 | Motorrad MZ TS 150, mit Rückenwind schaffte die schon mal 120 km/h |
| etwa 8900 | PKW Trabant 601, Standardausführung |
| etwa 23000 | PKW Wartburg 353 |
| etwa 2300 | Praktica B200 mit Standardobjektiv, war um 1985 die beste Kleinbildspiegelreflexkamera der DDR. So eine besitze ich noch, im digitalen Zeitalter wird sie aber nicht mehr genutzt. |
| Etwa 3000 | Waschvollautomat VA 861, genau den hatten wir später auch. Zu meinen Studentenzeiten gab es den noch nicht. |
| 7,50 | Studenten-Monatsnetzkarte für Nahverkehr (Straßenbahn, Bus, S-Bahn, Fähren und Seilbahn), manche Studenten fuhren immer schwarz und hielten 5,20 Mark passend bereit (0,20 Nachzahlung und 5,00 Strafe). Wenn man sofort zahlte, wurden keine Personalien festgehalten, d.h. es gab auch keine Meldung an die Hochschule. In der Regel wurde man höchstens einmal pro Quartal erwischt. |
| 1,05 | 285 g Tempolinsen |
| 0,20 | eine Tütensuppe |
| 0,93 | 1,5 Kg Mischbrot |
| 3,20 | 20 Zigaretten mit Filter (z.B. F6 oder Cabinet). 20 Zigaretten ohne Filter (z.B. Caro) kamen die Hälfte. Eine Schachtel Priboi aus dem Russenmagazin 0,10 Mark! Da war aber nur wenig, dafür sehr starker Tabak drin. |

0,55          1 Kg Zucker

Nebenbei, man brauchte keinen Preisvergleich. Die staatlich festgelegten Preise[48] galten bis zur Währungsunion am 18. Mai 1990 für alle Läden. Mit 340 Mark pro Monat kam man sogar mit einem Motorrad gut über die Runden, solange man auf Sekt und Ananas verzichtete. In jeder größeren Stadt mit einer Kaserne der Roten Armee gab es ein Magazin, das auch für DDR-Zivilisten zugängig war. Eine beliebte Adresse für Studenten, konnte man dort doch sehr preiswert und gut essen. Noch beliebter war in Dresden eine Pferdegaststätte. Zwei Pferdebeefsteaks mit Bratkartoffeln bekam man dort für 1,50 Mark

## Das Wohnheimleben

Einige aus Dresden oder naher Umgebung stammende Studenten wohnten bei ihren Eltern. Wenige fanden eine private Unterkunft in einem möblierten Zimmer. Die meisten lebten in Wohnheimen. Einzelzimmer im Wohnheim gab es meines Wissens nicht. Mit einem Zweimannzimmer hatte man das große Los gezogen, aber auch ein Viermannzimmer war noch gut. Das Wohnheimleben führte auch dazu, dass man öfters spontan als Gruppe auf ein paar Bier in eine Gaststätte zog. Das konnte man sich leisten, kostete doch ein Bier in einer Gaststätte nur geringfügig mehr, als wenn man es im Laden gekauft hätte. Es war aber nicht immer einfach, einen Platz zu finden. Gab es doch mehrere tausend Studenten, aber nur einige zehn Gaststätten. Die HO-Gaststätte „Picknick" am Fucik-Platz hieß bei den Studenten „Dreckiger Löffel". Aber ein großes Bier kostete dort nur 40 Pfennig.

**Alte Villa beim Zoo:** Mein erster Wohnheimplatz im Herbst 1968 war in einer alten Villa in der Nähe vom Zoo. Aus der Sicht von heute war es eher eine WG. Hier gab es eine einfache Gemeinschaftsküche und ebenso einfache Waschgelegenheiten und

---

48  https://de.wikipedia.org/wiki/Einzelhandelsverkaufspreis

WCs. Für deren Sauberhaltung hatten die Bewohner des Wohnheims (wie in allen Wohnheimen) selbst zu sorgen. Ich war in einem Viermann-Zimmer untergekommen. Alle Zimmer im Wohnheim waren mit Kachelöfen ausgestattet, die man selber heizen musste. Genügend Kohlen waren immer im Keller. Die Monatsmiete von 10 DDR-Mark waren für jeden Wohnheimplatz fällig und völlig unabhängig vom verfügbaren Luxus und der Anzahl der Betten im Zimmer. Viele der Erstsemester fanden nur ein Bett in Notunterkünften auf Dachböden oder in umfunktionierten Turnhallen. Einige der Neuen begaben sich auf die Jagd nach Privatunterkünften, andere fanden einen freigewordenen Wohnheimplatz, weil besonders im ersten Studienjahr immer viele Studenten das Handtuch warfen. Nach einigen Monaten hatte sich die Lage jedes Mal entspannt. Die Nachbarvilla war ein Mädchenwohnheim. Da gab es immer mal Entblößer-Alarm. Wir stürzten dann los, aber der Entblößer hatte nie auf uns gewartet.

**Günzpalast:** Man hatte als Bewerber für einen Wohnheimplatz kaum Einfluss darauf, in welchem Wohnheim man wohnte. Das wurde angewiesen. Der größte Teil meiner Seminargruppe wohnte im sogenannten Günzpalast. Das war nicht viel anders als in unserer Villa, nur viel größer und mit Fernheizung. Später landete auch ich im Günzpalast. Vorteil des Wohnheimlebens war, dass man immer informiert war und zusammen lernte. Deshalb waren auch unsere bei Muttern und in Privatzimmern untergebrachten Mitstreiter öfters im Wohnheim zu finden. Ich war immer ein fauler Student, der zwar jede Vorlesung besuchte, aber nicht viel mitschrieb. Ich hielt nichts von langen Prüfungsvorbereitungen, sondern lag lieber auf dem Bett und las das neueste von mir erstandene Buch (kein Fachbuch, die lieh ich immer aus). Meine paukenden Mitbewohner scheuchten mich dann öfters auf: „Wenn du schon alles drauf hast, kannst du uns dann mal das hier erklären?". Beim Erklären wurde mir dann oft klar, dass ich es auch nicht richtig verstanden hatte. Ohne Unterkunft im

Wohnheim hätte ich wohl bei vielen Prüfungen schlechter abgeschnitten.

**Prager Straße:** Als fest stand, dass ich mein Studium als Forschungsstudent fortsetzen würde, bekam ich einen neuen Wohnheimplatz in der Prager Straße zugewiesen. Da standen drei von vornherein als Wohnheime konzipierte Hochhäuser gegenüber dem Papierkorb von Robotron. So wurde das Rundkino an der Prager Straße von den Dresdnern genannt. Alles Zweimannzimmer ohne Balkon mit einer Küche und Sanitäranlagen für die ganze Etage. Als Raumteiler hatte ich einen Forschungsstudenten, der in Ilmenau Bionik studiert hatte.

**Wundtstraße:** Zuletzt zog ich in eines der damals gerade neu gebauten Wohnheime in der Wundtstraße um. Das waren auch Hochhäuser. Auf jeder Etage gab es drei Wohneinheiten, die jeweils eigene Sanitärräume und mehrere Zwei- und Viermannzimmer hatten. Die Viermannzimmer hatten auch einen Balkon. Für die gesamte Etage gab es einen Fernsehraum und eine Küche. Da ich als Etagenverantwortlicher eingesetzt wurde, hatte ich ein Zweimannzimmer für mich allein. In meiner Wohneinheit waren weitere Forschungsstudenten untergebracht, in den beiden anderen Studentinnen aus der UdSSR. Die hatten die Angewohnheit, in der Küche Töpfe mit Unterwäsche zu kochen und die gelegentlich zu vergessen. Der Brandgeruch hielt sich dann immer viele Tage.

## Die Hochschullehrer und die Studienfächer

Es folgt die Auflistung der wichtigsten Vorlesungen mit den zugehörigen Hochschullehrern.

**Elektrotechnik** – *Lunze[49]:* liebevoll Papa Lunze genannt.

**Halbleiterelektronik** – *Möschwitzer:* war damals eine Koryphäe auf diesem Gebiet.

---

49  http://de.wikipedia.org/wiki/Klaus_Lunze

**Lineare Netzwerke** – *Vielhauer*[50]: Prof. Vielhauer war später mein Doktorvater.

**Kommunikationstechnik** – *Wiegmann:* Dieses Fach kam dem nahe, was ich ursprünglich studieren wollte. Prof. Wiegmann wurde 1969 Dekan der neugegründeten Fakultät für Datenverarbeitung.

**Telefontechnik** – *Krocker:* Ob dieses Fach genau so hieß, weiß ich nicht mehr. Prof. Krocker war damals Sektionsdirektor.

**Studentensport:** Sport war Pflichtfach. Inhaltlich gab es Wahl- und Pflichtsport. Um am Wahlsport teilzunehmen, musste man einen Test machen. Hatte man den bestanden, durfte man am Wahlsport teilnehmen. Ich hatte auf den Test verzichtet und musste deshalb am Pflichtsport teilnehmen. Die Sportstätten der Uni reichten aber für die Massen der Studenten nicht aus. Als ich das erste Mal zum Sport kam, durften wir uns in einer Baracke umziehen, dann gab es Dauerlauf kreuz und quer durchs Unigelände. Nach kurzer Zeit hatte ich die Nase voll. Ich holte den Test nach und musste feststellen, dass nahezu alle Wahlsportarten ausgebucht waren. Mein Bruder war schneller gewesen und hatte sich einen Platz beim Rudern auf der Elbe gesichert. So kam es, dass ich bei den Judoka landete, weil nur dort noch etwas frei war. Der Test musste übrigens in jedem Jahr wiederholt werden.

**Physik** -*Recknagel*: In Physik waren die Seminare berüchtigt. Die meisten Übungsaufgaben lasen sich etwa so: "Das Schiff ist 100 m lang. Der Kapitän ist 30 Jahre alt. Seine Mütze ist grün. Wie viel PS hat die Schiffsmaschine?" Es gab immer einige Aufgaben, für die keiner einen Lösungsansatz fand. Deshalb waren die Seminare auch immer von allen besucht. Bei den Vorlesungen musste man rechtzeitig kommen. Wenn einer der legendären Versuche angesetzt war, kamen die älteren Semester, um sich das Spektakel nochmals anzusehen. Außer den Sitzreihen waren dann auch alle Gänge besetzt. Ferner hatte Prof. Recknagel die

---

50 https://de.wikipedia.org/wiki/Peter_Vielhauer

Angewohnheit, Studenten namentlich aufzurufen und ihre Meinung zu einem Vorlesungsthema einzuholen. Es gab das hartnäckige Gerücht, dass ein beim Aufruf nicht anwesender Student besonders schwierige Fragen bei der mündlichen Abschlussprüfung beantworten müsste. Dazu ein Studentenwitz:

*Frage:* was ist der Unterschied zwischen dem Auto von Prof. Recknagel und einem Zyklotron?

*Antwort:* Es gibt keinen Unterschied. Beide beschleunigen kleinste physikalische Größen.

**Chemie:** Der Chemiehörsaal war extrem steil, jede Bankreihe war etwa einen Meter höher als die vorherige. Da die E-Technik-Studenten nichts mit Chemie am Hut hatten, wurde in den oberen Bankreihen der größte Blödsinn veranstaltet. Wenigstens einmal pro Vorlesung flüchtete der Professor aus dem Hörsaal. Seine Assistentin ermahnte das Publikum und holte ihn dann wieder zurück.

**Technisches Zeichnen:** Hier konnte man eine Befreiungsprüfung machen. Auf Grund meiner Kenntnisse aus der Berufsausbildung bestand ich diese Prüfung mit der Note 3.

**Russisch:** Nachdem ich schon 8 Jahre Russisch gelernt hatte, kamen jetzt noch vier Semester dazu. Man konnte das Verfahren abkürzen, wenn man einen Fachtext hinreichend gut aus dem Russischen ins Deutsche übersetzte In meinem Fall ging es dabei um ein rechentechnisches Problem, das mir zu diesem Zeitpunkt noch nicht geläufig war, weshalb ich z.B. statt dem Begriff Zweierkomplement die ziemlich irreführende wörtliche Übersetzung aus dem Russischen verwendete. Den Inhalt meiner Übersetzung verstand ich erst viel später, als wir die dazu passende Vorlesung hatten. Meinen Prüfer hat das aber nicht gestört. Ich schloss die Prüfung mit der Note 2 ab und die Russischausbildung war vorzeitig beendet. Nach nunmehr neun Jahren Unterricht reichten meine Kenntnisse noch immer nicht aus, um mich auf Russisch zu unterhalten.

**Mathematik-***Lehmann:* Prof. N. J. Lehmann[51] schaffte es in kürzester Zeit, alle Tafeln vollzuschreiben. Um alles mitzuschreiben, hatte man voll zu tun. Man konnte es auch nicht später abschreiben, weil ein extra dafür abgestellter Mitarbeiter immer eine Tafel abwischte, damit die Schreibwut von N.J. nicht gebremst wurde.

N. J. war etwas rundlich, weshalb er erklärte, dass man sich in einem gewissen Alter entscheiden müsse, ob man den Hosenbund über oder unter dem Bauch trägt. Er trug ihn mit Hilfe von Hosenträgern unter dem Bauch.

Störungen in der Vorlesung konnte er überhaupt nicht leiden. Einmal flitzte er trotz seiner Korpulenz quer über mehrere Bankreihen. Er hielt erst bei einem quatschenden Studenten an. Dem nahm er den Studentenausweis ab und verwies ihn aus dem Hörsaal. Ein andermal ließ er einem Studenten von seinem Assistenten eine Tasse Kaffee servieren. Dazu gab er folgenden Kommentar ab: „Den Kaffee spendiere ich ihnen. Ich konnte es einfach nicht mit ansehen, wie sie ihr Pausenbrot so trocken herunterwürgen".

Jürgen aus unserer Seminargruppe schaffte es, Prof. Lehmann sprachlos zu machen. Jürgen: „Herr Professor, das was sie gerade angeschrieben haben ist falsch." N. J. Lehmann: „Wenn sie es besser können, kommen sie an die Tafel und rechnen sie vor." Und Jürgen hatte Recht!

In einer seiner Vorlesungen stellte Prof. Lehmann auch den unter seiner Leitung entwickelten Kleinrechner D4a[52] vor. Der war mit 211 Transistoren bestückt und konnte 140 Operationen pro Sekunde ausführen. Der Großrechner R300, mit dem ich zu dieser Zeit schon Bekanntschaft gemacht hatte, war mit 18500 Transistoren bestückt und schaffte 4000 Operationen pro Sekunde. Die Leistungsfähigkeit des D4a stellte N. J. Lehmann in dieser Vorlesung aber nicht richtig heraus. Wie ich erst viel später her-

---

51  http://de.wikipedia.org/wiki/Nikolaus_Joachim_Lehmann
52  http://rechentechnik.foerderverein-tsd.de/d4a/index.html

ausfand, hatte er 1964 den D4a mit dem Kleinrechenautomat LGP 21[53] der amerikanischen Firma "General Precision, Inc." verglichen. Der LGP 21 war zur damaligen Zeit der modernste Kleinrechenautomat der USA und als einziger überhaupt mit dem D4a vergleichbar.

**Prüfungsdesaster:** Die Vorlesung von Prof. Wiegmann entsprach genau dem, was mich bewogen hatte, mich am Institut für Hochfrequenztechnik zu bewerben. Die mündliche Prüfung zu dieser Vorlesung fand gemeinsam mit der für die Vorlesung Telefontechnik von Prof. E. Krocker statt und war ein Reinfall. Ich kam zunächst bei Prof. Wiegmann mit Fragen zur Fernsehübertragung dran, die ich mit einer Eins absolvierte. Bei Prof. Krocker durfte man eine Frage aus einem Zettelkasten ziehen. Bei meiner Frage ging es um verdeckte Kennziffern. Ich hatte da zwar ein gewisse Ahnung, wollte aber meine Eins bei Prof. Wiegmann nicht gefährden. Deshalb fragte ich, ob ich eine andere Frage ziehen dürfe. Die war eigentlich noch schlechter. Es ging darum, wie viel länger eine Telefonfreileitung zwischen zwei Telefonmasten sein müsse als der Abstand zwischen diesen Masten, damit die Telefonleitung bei großer Kälte nicht reißt. Noch eine Karte zu ziehen war mir nun doch zu kess. Also beantwortete ich die Frage so gut es ging und bekam eine Drei. Fazit von Prof. Krocker: (1+5+3)/3 = 3! Wenn er mir gesagt hätte, dass für die nicht beantwortete Frage eine Fünf berechnet wird, hätte ich niemals eine neue Frage gezogen!

**Speziellere Vorlesungen** kamen erst nach diesen Fächern, häufig mit viel Mathematik und meist mit umfangreichem Praktikum. Auch die Praktika waren meistens sehr anspruchsvoll. Z.B. mussten wir bei einem Versuch ein Signal über eine Leitung übertragen, auf der ein weißes Rauschen mit dem hundertfachen Pegel des Nutzsignals lag.

---

53 https://www.technikum29.de/de/rechnertechnik/lgp21.php

## Sonstige Ereignisse

**Schichtstudium:** Das wurde eingeführt, als wir das vierten Studienjahr begannen. Die Vorlesungen bzw. Seminare und Praktika begannen um 7:00 Uhr und endeten um 20:00 Uhr. Die höheren Semester hatten vormittags Seminare und Praktika und nachmittags Vorlesungen, die jüngeren umgekehrt. In der Regel gab es dazwischen keine größeren Pausen (die Planung erfolgte mit Hilfe des sektionseigenen Großrechners). An einem total ausgebuchten Tag hatten wir abends eine Marxismus-Leninismus-Vorlesung, bei der ich fast immer einschlief.

**Die militärische Ausbildung:** Ich glaubte die Semesterferien genießen zu können, während die ungedienten Mitstudenten im Militärlager schwitzten. Falsch gedacht! Alle Gedienten wurden auch eingekleidet (es gab nur die Dienstuniform, und die auch noch in uralter Ausführung) und mussten eine Woche früher (ohne Zivilkleidung!) als die Ungedienten eintreffen. Ein paar Ungediente waren auch dabei. Die hatten einen gelben Streifen auf ihren Soldatenschulterstücken, weshalb wir sie Postgefreite nannten. Gefreiter ist der nächste Dienstgrad nach Soldat. In der NVA wurde man gewöhnlich zu Beginn des dritten Diensthalbjahres Gefreiter. Wenige auch schon nach dem 1. Halbjahr, das waren dann sogenannte Treibhausgefreite. In jedem Fall hatten sie einen silbernen Streifen auf dem Schulterstück. Ein gelber Streifen konnte nur etwas mit der Post zu tun haben. Im Militärlager Seeligenstädt angekommen, wurden jeweils 16 Mann ihrem Kompaniechef zugeteilt. Unserer war ein ziemlich junger Hauptmann, der uns eine Woche lang schliff. War sehr anstrengend und überhaupt nicht nach meinem Geschmack. Am Ende der Woche gab er dann bekannt, wer Gruppenführer und wer Zugführer würde. Zu meiner größten Verblüffung wurde ich Zugführer.

Als Zugführer war ich in regelmäßigem Abstand diensthabender Zugführer und als solcher dafür zuständig, die Kompanie zum Dienst und natürlich zum Essen zu führen. Der Dienst fand oft auf Abraumhalden, Hinterlassenschaften der Uranförderung, statt. Die Halden waren etwa fünf Kilometer vom Ausbildungslager entfernt. Außerdem musste ich mir oft Kenntnisse zu militärischen Dingen aneignen und diese dann im Kompanieunterricht weitergeben (z.B. Arten von Minen und deren Aufbau und Wirkung). Ich erwarb in diesen zwei Lehrgängen mehr militärische Kenntnisse als während meines gesamten Grundwehrdienstes.

Bis dahin hatte ich immer Hemmungen, wenn ich vor einer größeren Gruppe auftreten musste. Schon in der Schule an die Tafel zu müssen, war mir ein Horror. Außerdem redete ich in solchen Fällen zu leise. Wenn man eine in Marschordnung angetretene Kompanie kommandiert muss man aber regelrecht brüllen damit alle die Kommandos verstehen. Und in den Unterrichtsstunden gab es auch kein Mikrofon.

Für mich bestand der Nutzen dieser Lehrgänge vor allem darin, dass ich danach keine Probleme mehr damit hatte, vor einem größeren Auditorium aufzutreten. Nicht so gut war, dass ich ziemlich frustriert war. Immerhin hatte ich bereits 18 Monate hinter mir und nun noch einmal 10 Wochen vor mir, während meine Untergebenen mit insgesamt 8 Wochen davonkommen sollten. Das traf auf alle gedienten Ausbilder zu und hat dazu geführt, dass die Ausbilder es ihren Untergebenen nicht leichter als unbedingt nötig machten. Das war wahrscheinlich so beabsichtigt. Vermutlich aus dem gleichen Grund, waren unsere untergebenen Studenten aus anderen Sektionen (bei mir waren es Lehrerstudenten), mit denen wir höchstwahrscheinlich später nichts zu tun hatten.

Erwähnenswert war noch der Ausgang. Den gab es nur für uns Ausbilder. Wir hatten aber nur die Dienstuniform, die in den fünf Wochen auch nicht gewechselt wurde. An den Wochenenden begaben wir uns zum Tanz in das nächste Dorf, was mit einigen Kilometern Fußmarsch verbunden war. Obwohl wir vermutlich ziemlich muffelten, hatten wir große Chancen bei den Dorfschönheiten. Aus meiner Seminargruppe hat sich nur Peter, der

Gewichtheber und Judoka war, getraut die auch zu nutzen. Wir anderen zogen uns im Pulk zurück, da wir nicht auf Prügel von der männlichen Dorfjugend scharf waren.

Mein Bruder hatte übrigens das Pech, wegen eines Nierensteins nicht am zweiten Lehrgang teilnehmen zu können. Da er nun nicht vereidigt war, wurde er viele Jahre später zu einem dreimonatigen Lehrgang als Mot-Schütze nach Marienberg einberufen. Hatte ihm offensichtlich sogar Spaß gemacht, zumindest erzählt er immer gern von seinen Erlebnissen in Marienberg.

## Die Seminargruppe

Die Seminargruppe war gleichzeitig eine FDJ-Gruppe. In der HF2/68 gab es eine eigene Parteigruppe mit 8 Mitgliedern. Der FDJ-Sekretär (auch als Seminargruppensekretär, abgekürzt als Semsek bezeichnet) und der Parteigruppenorganisator (abgekürzt PGO) wurden zu Beginn des Studiums zunächst kommissarisch eingesetzt. Der Semsek blieb es bis zum Ende des Studiums, vermutlich weil es keiner sonst machen wollte.

Unsere erste FDJ-Versammlung wurde aber nicht vom eingesetzten Semsek einberufen, sondern von Peter. Sie fand auch nicht in einem leeren Seminarraum statt, sondern in einer Kneipe. Als wir unseren Kater überwunden hatten, stellten wir fest, dass wir (im Suff?) den Beschluss gefasst hatten, als Seminargruppe jedes Semester 500 Mark Solidaritätsspende abzuliefern. Peter stammte aus einem Leipziger Handwerksbetrieb und hatte Probleme mit seinen Eltern, weil die mit der SED nichts am Hut hatten. Peter aber war als überzeugter Sozialist in die SED eingetreten. Schon bald stellte Peter seine Qualitäten anlässlich eines angeordneten Arbeitseinsatzes unter Beweis. Bei dem Arbeitseinsatz ging darum, irgendwelche Gräben auszuheben. Der Erlös der Arbeit sollte als Solidaritätsspende verwendet werden. Da es für fünf Mann eine Schaufel gab, war die Produktivität ziemlich gering. Nach Bekanntgabe des Erlöses rechnete Peter aus, dass wir einen Stundenlohn von etwa 10 Pfennig erwirtschaftet hatten. Am nächsten

Sonnabend sollte ein zweiter Solidaritätseinsatz stattfinden. Peter entwarf einen Beschluss der FDJ-Gruppe, dass wir an diesem Einsatz nicht teilnehmen. Grund: „Wir haben den Klassenauftrag, unser Studium mit bestmöglichen Ergebnissen abzuschließen. Deshalb können wir unsere Zeit nicht mit solch unproduktiven Arbeitseinsätzen verplempern". Es wurde noch auf unsere Spendenverpflichtung hingewiesen und bemerkt, dass wir diese aus selbstorganisierten Arbeitseinsätzen finanzieren werden, bei denen ein ordentlicher Stundenlohn erwirtschaftet würde. Der Beschluss wurde einstimmig angenommen, und bei der zentralen FDJ-Leitung abgegeben. PGO (das war inzwischen Peter) und Semsek (der *nicht* in der SED war) mussten bei der Sektionsparteileitung antanzen und sollten den Beschluss zurückdrehen. Das wollten und konnten sie aber nicht tun. Bei den nachfolgend von uns selbst organisierten Arbeitseinsätzen befreiten wir meistens gegen Objektlohn Neubauten vom Baumüll. Das brachte Stundenlöhne von 10 bis 15 Mark. Beliebt waren auch Einsätze in der Brauerei. Da gab es auch noch einen Kasten "Haustrunk" pro Person. In die zugehörigen Flaschen war die Bezeichnung "Haustrunk" geätzt. Wie überklebten diese Beschriftung mit abgeweichten Bieretiketten und gaben die leeren Haustrunkflaschen als Pfandflaschen zurück. Das brachte 30 Pfennig pro Flasche! Auch nach Entrichtung unserer Solidaritätsspende war die Seminargruppenkasse noch gut gefüllt.

Um die Kassenüberschüsse etwas abzubauen, organisierten wir öfters Ausflüge in die sächsische Schweiz. Manfred war ein begeisterter Bergsteiger, der fast an jedem Türrahmen den er durchquerte schnell einen Klimmzug mache. Dabei hielt er sich nur mit den Fingerspitzen fest. Einmal zeigte er uns einen Einstieg der Schwierigkeitsstufe 7. Keiner von uns ist an der senkrechten Wand nur einen halben Meter hochgekommen. Meistens ging er mit uns leichte Wege. Die schaffte man auch ohne Ausrüstung und manchmal konnte man sich sogar in ein Gipfelbuch eintragen. Meist wurde in Bergsteigerquartieren für 50 Pfennig pro

Nase übernachtet. In der Nähe dieser Quartiere gab es immer eine Gaststätte, in der wir uns ein aus der Seminargruppenkasse finanziertes 60-Liter-Fass Bier anstechen ließen. Danach konnte sich an unserem gemieteten Zapfhahn jeder ein Bier einschenken, solange der Vorrat reichte. Das artete oft in ziemliche Besäufnisse aus, machte uns aber zu einer verschworenen Gemeinschaft.

Bei allen Ausflügen der Seminargruppe wurde ausgiebig gesungen. Da nicht alle die Texte auswendig kannten, wurden die Liedtexte auf Lochkarte erfasst und mit Hilfe des sektionseigenen Großrechners R300 von mir im Rahmen meiner Hilfsassistententätigkeit heimlich ausgedruckt. Anfang der siebziger Jahre war die Kopiertechnik nicht mit den heutigen Möglichkeiten vergleichbar. Kopierer wie wir sie heute kennen, waren gerade erst im Kommen und in der DDR nicht verfügbar. Der Zugang zu den wenigen Kopiermöglichkeiten in der DDR war streng reglementiert. Das wurde mit den beschränkten Ressourcen erklärt. Vermutlich wollte man aber vor allem verhindern, dass ein DDR-Kritiker schnell mal ein paar tausend Flugblätter produzieren konnte.

## Hilfsassistent und R300

Viele Studenten besserten sich ihre Finanzen mit Nebenjobs auf. Besonders lukrativ war es, nachts auf dem Güterbahnhof Waggons mit Gemüse und Südfrüchten auszuladen. Es gab Objektlohn, das brachte bei ordentlichem Einsatz ziemlich viel pro Stunde. Um einen solchen Job zu bekommen, musste man aber bei den Verteilern der Jobs bekannt sein. Einmal beteiligte ich mich durch die Vermittlung eines Studenten aus meiner Seminargruppe am Entladen eines Waggons Bananen. Hat sich zwar gelohnt, war aber auch sehr anstrengend. Ich bewarb mich danach lieber als Hilfsassistent, um zwei Fliegen mit einer Klappe zu schlagen (etwas lernen und etwas dazuverdienen). Zunächst sollte ich für einen regulären Assistenten namens G. Meyer lange Zahlenlisten auf ein Lochband übertragen. Das erfolgte mit einer

Schreibmaschine, die bei jedem Tastenanschlag nicht nur ein Zeichen auf das Papier druckte, sondern zusätzlich eine Lochkombination in einen Papierstreifen stanzte, die genau der gedrückten Taste entsprach (inklusive der Taste zum Umschalten zwischen Groß und Kleinschreibung). Nachdem ich damit fertig war, beschwerte ich mich bei G. Meyer. Ich wollte keine stupide Arbeit, sondern auch etwas lernen. Daraufhin drückte der mir einen Ablaufplan zur digitalen Berechnung einer komplexen Differentialgleichung und ein dünnes Heft mit dem Titel „ALGOL - Programmierung mit Variante für R300[54]" von K.-H. Bachmann in die Hand. Mit Hilfe dieses Hefts sollte ich den als Ablaufplan beschriebenen Algorithmus programmieren!

In der folgenden Woche lies ich die meisten Vorlesungen sausen und studierte Algol60[55]. Ich war platt. Bisher war mir bekannt, dass eine elektronische Rechenmaschine nur mit Nullen und Einsen umgehen kann. Wie das in der Praxis gehandhabt wurde, war mir völlig unklar. Jetzt stellte ich fest, dass dieser R300 scheinbar Englisch verstand und die Zahlen, die er las oder ausgab, ganz gewöhnliche Dezimalzahlen waren! Natürlich war dafür nicht die Hardware des R300 zuständig, sondern die an der Akademie der Wissenschaften entwickelte Software. Der R300 war an der IBM 1401 orientiert, hatte aber einen wesentlich größeren Adressraum. Damals war ich der Meinung, das es sich um eine reine DDR-Entwicklung handelte. 45 Jahre später hat mir ein ehemaliger Forschungsdirektor des Kombinats Robotron erklärt, dass man bei der Hardwareentwicklung viel Wert auf die Kompatibilität mit IBM-Rechnern gelegt habe, weil die sozusagen Welt-Standard waren. Es wurden aber keine Lizenzen verletzt, worauf man sehr stolz war.

Ein Betriebssystem gab es bei den Rechnern der R300-Generation nicht. Ein Programm wurde vom Bediener in den Arbeits-

---

54  http://www.robotrontechnik.de/index.htm?/html/computer/r300.htm
55  https://de.wikipedia.org/wiki/Algol_60

speicher geladen und gestartet. Wenn das Programm fertig war, kam das nächste dran. Es gab auch keinen Bildschirm, sondern eine Schreibmaschine. Nach dem Start eines Programms konnte das Programm einen Text auf der Schreibmaschine ausgeben und dann auf die Antwort warten. Dazu tippte der Bediener die Antwort ein. Die Taste für eine neue Zeile signalisierte dem Programm das Eingabeende. Deshalb hat noch heute die Enter-Taste auf jeder Computertastatur das Symbol für neue Zeile/Wagenrücklauf: Pfeil nach unten (neue Zeile) und dann nach links (Zeilenanfang bzw. Wagenrücklauf).

Mein erstes Programm durfte ich selbst ausprobieren. Dafür waren nachts um 3:00 Uhr fünf Minuten Rechenzeit für mich in einem Industrierechenzentrum reserviert. Den Quelltext hatte ich in ein Lochband gestanzt. Als es losging durfte ich überdimensionale Filzpantoffeln über meine Straßenschuhe ziehen und in den Rechnerraum (geschätzt 160 Quadratmeter) schlurfen. Der Bediener (im Fachjargon: der Operator) stellte als erstes eine Schachuhr auf fünf Minuten vor zwölf. Anschließend tippte er auf dem beeindruckenden Bedienpult herum, um den Algol-Compiler zu starten. Mit der Bedienschreibmaschine erklärte er dann dem Compiler, dass er den Quelltext vom Lochband lesen müsse. Ein paar Sekunden nach dem Lesen des Lochbandes druckte der Schnelldrucker ein Fehlerprotokoll und ich konnte wieder gehen. Schon bald stellte ich fest, dass die Schachuhr von gewaltiger Bedeutung war. Wenn das Plättchen fiel, drückte der Operator die Stopptaste, auch wenn in der nächsten Sekunde das Ergebnis ausgedruckt worden wäre!

Etwa ein Jahr danach hatte unsere Sektion einen eigenen R300 (ein der Sektion vom Kombinat Robotron geschenktes Funktionsmuster). Der wurde in zwei Schichten von Montag bis Freitag betrieben. In der Nacht und an den Wochenenden durften speziell geschulte Uni-Angehörige (nannten sich Sonderschichtleiter) den R300 als überdimensionalen PC nutzen. Im letzten Studienjahr (1971/72) gehörte auch ich zu diesem erlesenen Kreis, weil ich mein Ingenieurpraktikum an der Uni, unter der Regie von Assistent G. Meyer absolviert hatte. Ich schrieb in diesem Praktikum ein Assemblerunterprogramm, das es den Algol-Programmierern ermöglichte eine Kurvenschar am Schnelldrucker auszugeben. Das war mit den Sprachmitteln von Algol nicht zu schaffen.

Wie auch immer, diese Hilfsassistententätigkeit und das Ingenieurpraktikum führten dazu, aus einem Hardwaremann einen Softwaremann zu machen und prägten meine spätere berufliche Laufbahn entscheidend.

## Sozialistische Lernhilfe

Im letzten Studienjahr bekamen wir einen neuen, afrikanischen Kommilitonen mit einem exotischen Namen. Gasim war sein Vorname. Er war von der kommunistischen Partei Sudans zu einem Studium nach China geschickt worden, kam dort aber absolut nicht mit der chinesischen Sprache klar. Da inzwischen eine Welle der Repression gegen die kommunistische Partei im Sudan lief, war eine Rückkehr in den Sudan nicht möglich, weshalb er in der DDR landete. Sein Deutsch war passabel, aber seine sonstigen fachlichen Kenntnisse katastrophal. Oft zitiert wurde seine Antwort auf die Frage: "Gasim, warum warst du nicht in der Physikvorlesung?" "Es war zu früh und zu kalt!". Ich erhielt den Parteiauftrag, ihn beim Lernen zu unterstützen.

Wir trafen uns regelmäßig in seinem Zimmer im Ausländerwohnheim. Ausländerwohnheime waren typisch in der DDR. Ausländer waren sowieso eher selten in der DDR. Meistens waren sie zum Studium oder zum Arbeiten da. Sie wurden fast immer in separaten Gebäuden untergebracht. Zum Beispiel gab es in Karl-Marx-Stadt ein Hochhaus in dem Ungarische Gastarbeiter wohnten. Das Haus wurde deshalb von der Bevölkerung Paprikaturm genannt. Zu privaten Kontakten mit in der DDR ansässigen Ausländern kam es eher selten. Vielleicht tut man sich auch deshalb heute im Osten so schwer mit Einwanderern. In Gasims Zimmer gab es zuerst Tee aus Sudanmalven. Dann beschäftigten wir uns mit den Grundlagen der Elektrotechnik. Nach einiger Zeit kamen seine Kumpels dazu und es wurde gekocht und aufgetafelt. Meistens gab es Reis und eine extrem scharfe Soße. Man langte in die Reisschüssel, formte einen kleinen Kloß und tunkte den in die Soße. Dann kam er in den Mund.

Über das Ohm'sche Gesetz sind wir nie hinausgekommen. Die Prüfungen hat er natürlich nicht bestanden. Weshalb er aus unserer Seminargruppe verschwand. Danach verloren wir ihn aus den Augen. Einer meiner Studienkollegen hat ihn aber 1977 in der Mensa der TU getroffen. Da hatte er gerade seinen Abschluss als HS-Ingenieur und sollte in den Sudan zurück.

## Der 8. Parteitag der SED

Auf diesem Parteitag im Juni 1971 trat Walter Ulbricht zurück und Erich Honecker übernahm die Macht. Das war das endgültige Ende. Jetzt ersetzte die „Einheit von Wirtschafts- und Sozialpolitik[56]" das Neue Ökonomische System der Planung und Leitung. Insbesondere sollten die Löhne und Gehälter steigen und der Wohnungsbau forciert werden, was auch tatsächlich passierte. Aber um das zu finanzieren, wurden leider die Investitionen, auch die in Forschung und Entwicklung, erheblich reduziert.

## Freundin

An festen Freundinnen hat es mir immer etwas gefehlt. Das lag wohl an meiner immensen Schüchternheit. Zu meiner einzigen Freundin während des Studiums kam ich, weil Sie mich am Hauptbahnhof angesprochen hatte und den Weg zum Zwinger suchte. Sie hatte lange schwarze Haare und gefiel mir sehr. Deshalb verdingte ich mich als Stadtführer. Sie war aus Eisenhüttenstadt und arbeitete als Sekretärin im Stahlwerk. Dank meines Mo-

---

56  https://de.wikipedia.org/wiki/Einheit_von_Wirtschafts-
_und_Sozialpolitik

torrads besuchte ich sie gelegentlich in Eisenhüttenstadt. Einmal verbrachten wir auch einen Zelturlaub in Mecklenburg.

Eine ziemliche Pleite war ein Besuch in Nossen. Da hatte sie sich gerade die Haare blond gefärbt, was man deutlich sah, weil die Originalfarbe am Scheitel zu sehen war (die Haare sollten wieder schwarz werden). Meine Eltern waren entsetzt, was sie mir beim nächsten Besuch ohne Freundin ausführlich klar machten. Ich erklärte daraufhin: „Wenn ich das nächste Mal eine Freundin mitbringe, braucht ihr nicht zu diskutieren. Das ist dann nämlich die, die ich heirate". Das passierte dann etwa 10 Jahre später. Die neue Freundin hieß Gudrun und meine Eltern hatten auch diesmal Bedenken, dass wir zueinander passten. Diskutiert haben sie aber nicht mehr, weil sie froh waren dass ich nun wahrscheinlich doch nicht als ewiger Junggeselle enden würde.

## Absolventenvermittlung

Noch vor der Diplomarbeit kam die Absolventenvermittlung. Die DDR-Betriebe hatten ihren Bedarf an Absolventen gemeldet. In der Absolventenvermittlung konnte man diese Liste einsehen und sich eine der angebotenen Stellen reservieren. Die besten Studenten zuerst, die schlechtesten zuletzt. Ich wollte eine Stelle in Forschung und Entwicklung, aber die Liste enthielt keine einzige Stelle dieser Art. Damals war mir nicht bewusst, das dies eine Auswirkung des 8. Parteitages der SED war. Ich vertagte meine Entscheidung erst mal.

Kurz danach lud mich Professor Vielhauer zu einem Gespräch ein. Hier muss ich einfügen, dass es gegen Ende des Studiums Versuche mit programmiertem Unterricht, dem Lehrsystem REGEL[57] gab. Dazu gehörte ein Lehrkabinett mit 32 an den sektionseigenen R300 angeschlossenen, einfachen Terminals. Die Terminals hatten zur Ausgabe einige Ziffernanzeigeröhren und zehn

---

57  http://elearn.inf.tu-dresden.de/history/ba.pdf, Seite 62, 5.6 Lehrsystem
    REGEL der TU Dresden

feste Hinweistexte, von denen je einer aktiviert werden konnte. Dazu gab es noch eine numerische Tastatur mit ein paar Sondertasten und eine 24-polige Steckbuchse. Jeder Student erhielt einen dazu passenden Stecker, der ihn am R300 identifizierte. Das Lehrmaterial lag als Buch vor. Nachdem man einen Abschnitt studiert hatte, galt es Kontrollfragen zu beantworten. Nach der Eingabe der Antwort, ging es zu dem jetzt angezeigten Abschnitt des Lehrmaterials. Bei uns nahmen einige Seminargruppen an der entsprechenden Vorlesung teil, die übrigen erarbeiteten den Stoff im Lehrkabinett. Ziel war ein Vergleich der erreichten Leistungen

Prof. Vielhauer teilte mir nun mit, dass der Betrieb des vom R300 gesteuerten Lehrkabinetts zu teuer sei. Deshalb sollte in den Zeiten, in denen der R300 durch die Steuerung des Lehrkabinetts blockiert war, zusätzlich ein Assemblerpraktikum durchgeführt werden. Das wiederum sei nicht einfach, da der R300 für so etwas eigentlich nicht geeignet sei. Dieses Problem zu lösen, wäre meine Aufgabe, wenn ich mich für ein dreijähriges Forschungsstudium entscheiden würde. Das zu erwartende Stipendium war ziemlich mickrig im Vergleich zu einem Ingenieursgehalt, aber die Aufgabe fand ich sehr spannend. Die Aussicht, mich vielleicht später als Doktor bezeichnen zu können, gefiel mir auch. Und es war eine Forschungs- und Entwicklungsaufgabe! Also sagte ich zu.

Aus heutiger Sicht gesehen hätte ich nachfragen sollen, ob ich die Aufgabe auch im Rahmen einer Anstellung als wissenschaftlicher Assistent erledigen könnte. Das hätte ein Jahr länger gedauert weil die Belastung mit Lehraufgaben hoch war. Dafür hätte es mir aber auch ein wesentlich höheres Gehalt (etwa 800 Mark) eingebracht. Vor allem wären es aber Beitragsjahre zur Rentenversicherung in der BRD geworden. Das Forschungsstudium wird in der BRD als Ausbildung bewertet und erzeugt drei beitragsfreie und deshalb nicht auf die Rentenansprüche anrechenbare Jahre. Das Stipendium betrug übrigens 300 Mark im ersten, 350 Mark im zweiten und 400 Mark im dritten Jahr. Im ersten Jahr gab es kein Leistungsstipendium, war doch das neue Stipendium deutlich höher als das Grundstipendium. Das Hilfsassistentengeld fiel auch weg, war ich doch jetzt selbst eine Art wissenschaftlicher Mitarbeiter. Für mich war das finanziell ein Rückschritt. Da ich im zweiten Jahr wieder Leistungsstipendium bezog, glich sich das aber aus.

Übrigens war ich nicht der einzige, der mit den angebotenen Stellen unzufrieden war. Einer davon war Ralf, der gegen Ende des Studiums seine Bereitschaft erklärt hatte, Kandidat der SED zu werden. Als er dann vollwertiges Mitglied werden sollte, erklärte Ralf, dass er es sich anders überlegt habe. Darüber war der Sektionsparteisekretär stinksauer. Ralf bewarb sich als Bordfunker bei der Seereederei der DDR. Dazu musste er zunächst einen Lehrgang an der Seefahrtschule absolvieren. Die Seefahrtschule forderte bei der SED-Kreisleitung der TU eine Beurteilung an. Deren Anfertigung wurde an die Sektionsparteileitung und von der an die SED-Mitglieder der Seminargruppe delegiert. Wir SED-Mitglieder der Seminargruppe verfassten eine positive Beurteilung, an deren Ende stand: „Wir sind überzeugt, dass Ralf die DDR im Ausland jederzeit würdig vertreten wird."

Einige Zeit später meldete sich Ralf bei mir und zeigte mir wütend seine bei der Seefahrtschule eingegangene Beurteilung der TU-Dresden. Die stimmte mit unserer überein, nur beim letzten Satz war das Wort „jederzeit" durch das Wort „nicht" ersetzt. Ich meldete mich beim Parteisekretär an und beschwerte mich, dass diese Änderung ohne Absprache mit unserer Seminargruppe erfolgt sei. Sein Kommentar war: „Die hätten ihn ja trotzdem nehmen können!". Ich war stinksauer über so viel Ignoranz. Hat aber nichts genützt, Ralf konnte die Seefahrt vergessen.

In unserer Seminargruppe war auch ein Syrer, Nabil Harfouch. Seine Freundin Corinna war auch Kandidat der SED. Bei ihr war es genau umgekehrt. Als sie Mitglied werden wollte, wurde ihr nahegelegt auf die Heirat mit diesem Ausländer zu verzichten. Nabil war damals Träger der Herder-Medaille, Mitglied der Songgruppe der TUD und sprach akzentfrei Deutsch. Da Corinna nicht verzichten wollte, wurde sie nicht in die SED aufgenommen. Nabil ist heute Professor in Toronto[58], Corinna eine bekannte Schauspielerin.

Schlechte Erfahrungen machte auch ein anderer Mitstudent. Im ersten Studienjahr wurde er von der Sektion in einem offiziellen Brief zu einem persönlichen Gespräch eingeladen. Wie sich herausstellte, ging es um eine Verpflichtung als inoffizieller Mitarbeiter bei der Stasi. Es folgten noch weitere Treffen mit Stasi-Mitarbeitern, aber da er nicht von der Verpflichtung zu überzeugen war, endete diese Geschichte zunächst ohne weitere Folgen. Im Gegensatz zu mir, der ich bis zum Zeitpunkt der Vermittlung gar nicht wusste dass es ein Forschungsstudium gab, hatte er sich frühzeitig für ein solches beworben und es wurde ihm auf Grund seiner sehr guten Leistungen auch in Aussicht gestellt. Zum Zeitpunkt der Absolventenvermittlung wollte er wissen, wie es mit dem Forschungsstudium weitergeht und erfuhr, dass das Forschungsstudium in Folge des 8. Parteitags abgeschafft sei, was ganz offensichtlich nicht stimmte. Auch eine Alternative, z.B. als wissenschaftlicher Mitarbeiter an der TU, gab es für ihn nicht.

## Das Ende das Studiums

**Reserveoffizier:** Am Ende des Studiums wurde ich zum Leutnant der Reserve ernannt, was wohl mit meiner Funktion als Zugführer im studentischen Ausbildungslager zusammenhing. Ich nahm das damals so hin, obwohl ich diese Ernennung vermutlich auch hätte ablehnen können. Zunächst hatte das keine weiteren Auswirkungen. Die ließen noch einige Jahre auf sich warten.

**Abschlussfeier:** Unsere gut gefüllte Seminargruppenkasse erforderte eine ausgiebige Abschlussfeier. Solche Feiern waren gerade mal wieder als bürgerlicher Unsinn nicht gern gesehen. Noch schlimmer war das Anbringen von Gedenktafeln an öffent-

---

58  https://www.crossknowledge.com/de/experts/nabil-harfoush/

lichen Orten. Trotzdem gibt es eine Gedenktafel für unsere Seminargruppe an der Keppmühle, die wurde aber erst ein Jahr später angebracht.

Es war klar, dass wir eine ordentliche Abschlussfeier brauchten, aber wir wollten auch nicht unangenehm auffallen. Also etwas weiter entfernt von Dresden feiern. Unser Parteigruppensekretär Peter B. handelte mit dem Bürgermeister von Weesenstein aus, dass wir drei Nächte in zwei Kellergewölben des Schlosses Weesenstein hausen durften. Im Gegenzug verpflichteten wir uns, quer durch den Schlosspark einen Graben zu schaufeln, der für eine neue Wasserleitung dringlich benötigt wurde.

Eines der Kellergewölbe wurde mit Luftmatratzen ausgestattet, das andere erhielt einige Bänke, einen Grill, und ein großes Fass Bier. Wenn das alle war, wurde eine Kommission in die Dorfkneipe geschickt, die das nächste Fass zum Schloss hinauf rollte. Insgesamt waren es wohl fünf Fässer. Natürlich hatten wir auch wieder neue Bierkrüge. Die konnte man nicht verwechseln, weil jeder einen individuellen Text hatte. Auf meinem Krug stand: „Bevor du nicht im Sattel sitzt, sollst du keine Sporen geben". Auf dem Krug von Nabil stand: „Eine Qual für seine Seel' ist ein Ritt auf dem Kamel".

In der Dorfkneipe ließen wir uns wie immer einen eigenen Zapfhahn zuteilen. Jeden Abend überwanden wir unsere beliebten Lieder singend und unsere Bierkrüge schwenkend den Höhenunterschied zwischen Schloss und Dorfkneipe.

Im Schloss selbst hatten wir einen Gang entdeckt, in dem man vom Schlosskeller in die Museumsräume und die Schlosskapelle gelangte. Im Museum liehen wir uns die kurfürstlichen Trinkgefäße aus. Um Mitternacht ging es mit gefüllten Trinkgefäßen in die (damals nicht aktive) Schlosskapelle, in der Ralf von der Kanzel Reden hielt. Die Inhalte dieser Reden waren an diesem Ort vermutlich ungewöhnlich.

Am letzten Tag hoben wir dann den Graben durch den Schlosspark aus, was zu einem Dankschreiben der Bürgermeisters an die TU führte. So kam es, dass unsere Seminargruppe anlässlich des Studienabschlusses nicht durch bürgerlichen Unsinn auffiel, sondern durch gemeinnützige Aktivitäten.

Es gab auch noch eine Abschlussfeier in einer Dresdner Gaststätte, an der auch der „Anhang" teilnehmen sollte. Da ich keinen Anhang hatte und befürchtete, dass es ohne Anhang nicht sehr vergnüglich für mich werden würde, drückte ich mich. Erst viel später erfuhr ich, dass auch dieser Abend mit intensiven Gesängen und gewaltigem Bierkonsum verlief, was den meisten eingeladenen Damen sehr missfiel. Deshalb wurde damals beschlossen: „Nie wieder Seminargruppenfeiern mit Anhang". Das ist auch noch heute, bei jedem der etwa aller zwei Jahre stattfindenden Treffen, der Fall.

## Abschlussurlaub

Mein Studienkollege Klaus und ich hatten vor, den Abschluss des Studiums mit einer besonderen Urlaubsreise zu feiern. Wir wollten mit dem Motorrad in den Kaukasus. Es schlossen sich noch zwei Kommilitonen (Wolf und Holger) aus anderen Seminargruppen an. Bei Holger waren wir skeptisch, weil er mit einem Troll[59] fahren wollte. Nachdem wir festgestellt hatten, dass der Troll mit dem gleichen Motor wie unsere MZs ausgerüstet war und Holger uns versicherte, dass sein Troll 120 km/h schafft, waren wir einverstanden.

Zunächst versuchten wir die Reise über das Reisebüro der DDR[60] zu organisieren. Es gab in der DDR nur ein Reisebüro mit Filialen in den Bezirksstätten. Im Reisebüro Dresden war man skeptisch. In den Kaukasus würden zwar Individualreisen mit Auto organisiert, aber mit Motorrad habe es das noch nicht gege-

---

59  https://de.wikipedia.org/wiki/IWL_Troll
60  http://research.uni-leipzig.de/fernstud/Zeitzeugen/zz177.htm

ben. Man wolle es aber versuchen. Etwas später teilte man uns mit, dass unsere Reise nicht vom Reisebüro organisiert werden könne.

Individualreisen nach Ländern wie Ungarn, Rumänien und Bulgarien konnte man auch ohne Reisebüro machen, indem man bei der Polizei einen Antrag stellte. Und man konnte zwei Zielländer und die zugehörigen Transitländer beantragen. Allerdings musste der Rückweg über die gleichen Transitländer erfolgen. Also beantragten wir eine Reise nach Bulgarien und Ungarn mit Transit über Polen, UdSSR (den Teil der heute Ukraine heißt) und Rumänien. In die ČSSR konnte man ohne Visum, einfach nur mit Personalausweis fahren. Das wollten wir ausnutzen und versuchen von Ungarn über die ČSSR zurückzufahren.

Klaus hatte sich extra für diese Reise eine neue 150er MZ angeschafft. Zwei Wochen vor Reisebeginn hatte er einen Motorschaden. Die Werkstatt stellte fest, dass der Kolbenboden durchgebrannt sei, was nur infolge eines Materialfehlers passiert sein könne. Eindeutig ein Garantiefall, es werde ein neuer Zylinder und ein neuer Kolben gebraucht. Beides sei aber nicht zu beschaffen. Wir ließen uns das von der Werkstatt schriftlich geben, Klaus stieg auf den Sozius meiner Maschine und wir fuhren nach Zschopau zum MZ-Kundendienst. Dort erklärte man uns, dass alle verfügbaren Teile dieser Art für die laufende Produktion gebraucht würden. Davon etwas abzuzweigen gefährde die Planerfüllung. Wir erklärten, dass es sich um einen Garantiefall handele und wir hier nicht ohne die Ersatzteile wieder gehen würden. Das war etwa um elf. Wir nahmen auf zwei Stühlen Platz und warteten. Um vier wurden wir aufgefordert, den Raum zu verlassen, da der Kundendienst Feierabend mache. Nicht ohne die Ersatzteile, war unsere Antwort. Nach einer weiteren Stunde wurden uns die Ersatzteile ausgehändigt, nicht ohne den Hinweis, dass wir nun daran schuld seien, dass ein Motorrad weniger als geplant produziert würde.

Als wir auf der Autobahn in Richtung Osten starteten, fuhren wir zunächst nur 80 km/h, weil die Werkstatt von Klaus das für die ersten 300 km/h dringlich empfohlen hatte. Nach einiger Zeit stellten wir fest, Holger war weg. Wir fuhren auf den nächsten Parkplatz und warteten. Als Holger auftauchte, schimpfte er fürchterlich: „Ihr wolltet doch bloß 80 fahren! Mein Tacho zeigte die ganze Zeit 120!". Wir machten ihm klar, dass er die Anzeige seines Tachos ignorieren müsse, wenn wir unsere Reise zusammen fortsetzen wollten. Das hat er dann in den nächsten Wochen auch getan.

**Polen:** Wolf hatte beim Start einen riesigen Koffer auf seinem Motorrad. Auf unsere Einwände, dass er damit nicht ordentlich fahren könne, erwiderte er: „Wegen Klaus können wir ja zunächst sowieso nicht schnell fahren. Und gleich nach der Grenze werde ich den los!" Der Koffer war voller alter Klamotten, die Wolf auf der polnischen Seite von Görlitz samt Koffer auf einem Hinterhof einem älteren Polen verkaufte. Ich fragte den Herrn, ob sich das denn lohne und erhielt als Antwort: „Ist der Handel noch so klein, bringt er doch mehr als Arbeit ein". Damals leuchtete mir das nicht ein, nach 1990 fand ich heraus, dass er Recht hatte. Allerdings mit einer Einschränkung, man muss auch Talent zum Handeln haben!

Bei der Ausreise nach Polen wurde uns übrigens eine „Zählkarte" ausgehändigt. Die sollten wir gut aufbewahren, weil wir sie bei der Einreise wieder benötigen würden.

Einmal fragten wir bei einem Bauernhof nach dem Weg. Der Hofbesitzer sprach deutsch und lud uns zum Tee ein. Der wurde vom Samowar abgezapft. Das ist eigentlich nur ein beheizter Warmwasserkessel, auf dem aber ein kleines Kännchen mit Teesud steht. Man gießt etwas Sud in sein Glas und füllt es mit heißem Wasser auf. Es war der wohlschmeckendste schwarze Tee, den ich bis dahin getrunken hatte. Leider fand ich bis heute nicht heraus, wie man einen solchen Sud zubereitet.

Mir war aufgefallen, dass nach der Grenze die Gebäude oft einen verwahrlosten Eindruck machten, während weiter im Osten die Gebäude gut in Schuss waren. Ich befragte unseren Gastgeber und erhielt folgende Erklärung: "In den ehemals deutschen Gebieten im Westen wohnen vor allem die aus den polnischen Ostgebieten vertriebenen Polen. Die haben Angst, dass diese Gebiete vielleicht doch einmal wieder Deutsch werden, und sie dann abermals vertrieben werden. Deshalb investieren Sie auch nicht in ihre Häuser."

Auf dem Weg zum nächsten Zeltplatz hatte Holger ein Problem. Die Lichtmaschine seines Trolls zeigte einen Fehler an. Am Zeltplatz angekommen, schraubte ich zunächst das Motorgehäuse auf und stellte ein gewaltiges Kontaktfeuer am Kollektor der Lichtmaschine fest. Bei genauerer Betrachtung zeigte sich, dass zu jedem Kontakt am Kollektor genau ein Draht führte. Diese Drähte waren zum Teil etwas geknickt und einer war ab. „Da bin ich mal mit dem Schraubenzieher reingekommen" erklärte Holger. Ich feilte mit einer Schlüsselfeile aus meinem Werkzeugkasten eine Kerbe in den entsprechenden Kollektorkontakt und bog den abgefallenen Draht in die Kerbe. Mit einem Hammer und einem Schraubenzieher als Umformwerkzeug stemmte ich die Kerbe zu. Ein Probestart zeigte, die Batterie wurde wieder geladen, das Kontaktfeuer war weg. Die Notreparatur hat die gesamte Reise überstanden. Wieso ein fehlender Kontakt am Kollektor zum Ausfall der gesamten Lichtmaschine führte, kann ich mir bis heute nicht erklären. Nach meiner Ansicht hätte das nur zu einer Leistungsminderung führen sollen.

Ansonsten ist mir Krakau sehr positiv in Erinnerung geblieben.

**Ukraine:** Wir hatten gehört, dass man deutlich vor 18 Uhr an der Grenze zur UdSSR sein müsse, da die um 18 Uhr dichtgemacht würde. Wir wollten nach Lwow (ehemals Lemberg) und kamen halb vier am Grenzübergang an. Erst nach einigem hin und her durften wir passieren. Wir hatten nicht daran gedacht, dass hinter der Grenze Moskauer Zeit war. D.h. dort war es halb sechs. Wir mussten etwa 2 Stunden warten. Dann bekamen wir einen Propusk (пропуск = Ausweiskarte) auf dem unsere persönlichen Daten mit kyrillischen Buchstaben vermerkt waren. Insbesondere war der Karte zu entnehmen, dass wir am übernächsten Tag wieder ausreisen müssten. Zunächst suchten wir in Lwow einen Zeltplatz auf. Wir mieteten einen sehr preiswerten Bungalow, weil es inzwischen ziemlich spät war. Die Frage nach unserem nächsten Reiseziel beantworteten wir zu Testzwecken mit Krim, was ohne weiteres akzeptiert wurde. Der Bungalow enthielt einen Tisch, vier Stühle und vier Metallbetten. Anstelle eines Federbodens hatte jedes Bett etwa hundert Spiralfedern, die ohne eine seitliche Befestigung zwischen Fuß- und Kopfende gespannt waren. Wenn man sich mit Schwung in so ein Bett fallen ließ, wurde man fast bis zur Decke geschleudert.

Am nächsten Tag war eine Ortsbesichtigung angesagt. Lange Zeit standen wir an einer größeren Kreuzung ohne Ampeln und versuchten hinter die Vorfahrtsregel zu kommen. Auf Nachfrage erklärte man uns: „Ist doch ganz einfach, der Schnellere hat Vorfahrt". Später besichtigten wir den Flughafen. Vor dem Flughafengebäude kampierten einige hundert Leute, die auf einen Flug warteten. Im Flughafengebäude verblüfften uns die Preise. Ein Flug nach Simferopol (Сімферополь – wichtigste Stadt auf der Krim) kam hin und zurück umgerechnet nicht einmal 30 DDR-Mark. Wir wollten das genau wissen und fragten am Schalter nach einem Ticket. Man schickte uns zum „Kommandant für Touristen". Der erwies sich als deutschsprechende Kommandantin. Die bestätigte uns den Preis und bot uns Tickets für den nächsten Flug an. Wir zeigten ihr unsere Propusks mit Ausreisedatum am nächsten Tag, das hat sie aber nicht erschüttert. Wir erwarben trotzdem keine Tickets, weil wir unsere Motorräder nicht unbeaufsichtigt zurücklassen wollten.

**Zuckereinkauf:** Selbstbedienungsläden gab es nicht. Man musste alles verlangen. Zucker hieß auf Russisch cáxap. Also

Sachar verlangt, das Ergebnis war aber völliges Unverständnis. Ich versuchte Sachaaar, Sacher, Saachr, Saaacher, alles ohne Erfolg. rief ich verzweifelt: „Zucker". Die Antwort war: „Ah, Zuckoor" und ich erhielt eine Tüte, auf der „Цукор" (Zukor) stand, offensichtlich das ukrainische Wort für Zucker.

**Umleitung:** An jeder großen Kreuzung gab es einen Posten der Verkehrspolizei. An einer Kreuzung bogen wir rechts ab. Der Verkehrspolizist kam aus seinem Häuschen gestürzt und hielt mich, der etwas zurückgefallen war, an. Die anderen hatten das bemerkt und kamen zurück. Wir sollten geradeaus fahren. Wir zeigten auf unserer Straßenkarte, dass der Weg über die rechtsabbiegende Straße deutlich kürzer war. Aber geradeaus, das sei eine Spezialstraße für Touristen meinte der Posten. Nach langer Diskussion ließ er uns dann doch rechts abbiegen. Nach etwa einem Kilometer verschwand der Asphalt und die Straße wurde zu einer breiten Spur schwarzer Erde, die von gewaltigen Spurrinnen durchzogen war. Die waren mehr als einen halben Meter tief. Eine halbe Stunde später bogen wir am grinsenden Verkehrsposten vorbei auf die Spezialstraße für Touristen ab.

**Zelten am Straßenrand:** Die Landstraßen in der Ukraine liefen größtenteils schnurgerade durch die Steppe. Man fuhr und fuhr und hatte nicht den Eindruck, dass man vom Fleck kam. Als es mitten in der Steppe finster wurde, stellten wir einfach unser Zelt in gehöriger Entfernung von der Straße auf. Nach etwa einer Stunde kam ein Polizeiauto und hielt an. Uns war ziemlich unbehaglich, bestimmt gab es jetzt ein Problem wegen Schwarzzelten. Die Polizisten guckten aber nur ein Weilchen und fuhren dann kommentarlos weiter. Wie mir später erklärt wurde, meldet jeder Verkehrsposten die vorbeikommenden Touristen an der nächsten Kreuzung an. Wenn man dort überfällig war, wurde eine Streife zur Klärung des Sachverhalts losgeschickt.

**Tanken:** Die spärlichen Tankstellen waren auch gewöhnungsbedürftig. Es gab keine Mischsäulen, sondern nur blanken Sprit für 5 Kopeken (etwa 10 DDR-Pfennige). Auf unsere Frage nach Öl wurden wir auf einige Hähne verwiesen, an denen verschieden Sorten *Масло* (Maslo = Butter, Öl) kostenlos abgezapft werden konnten. Welches für unsere Motoren gut war, konnten wir nur raten. Wir nahmen eine dünnflüssige Sorte und fügten noch einen reichlichen Schluck extra mitgeführtes Molybdändisulfid zu. Das Benzin musste man übrigens zuerst bezahlen, dann bekam man eine Zapfsäule zugewiesen. Zunächst kam nichts aus der Zapfsäule. Dann drückte der Mann im Kassenhäuschen einen Knopf und es ging los. Wenn der Tank voll war, lief das Benzin weiter, bis die bezahlte Menge heraus war. Wahrscheinlich konnte man den Benzinfluss irgendwie abstellen, wie das ging bekamen wir aber nicht heraus.

**Vorführung 250er MZ:** Die Zeltplätze waren eingezäunt und gut bewacht. Einmal warteten am Tor zwei Jugendliche auf uns und führten uns stolz ihre 250er MZ vor. Die hatte keine Batterie mehr und musste immer „angerannt" werden.

**Grenzübergang:** Als wir an der rumänischen Grenze ankamen, wurde es spannend. Wir waren zwei Tage überfällig und mussten wieder warten. Die Wartezeit konnten wir uns in der Kantine verkürzen. Außerdem waren da vier westdeutsche Studenten, deren Auto gerade auseinandergenommen wurde. Die staunten, dass unser Gepäck nicht kontrolliert wurde und stöhnten über die Preise in den Gaststätten. Wir hatten damit gute Erfahrungen gemacht. Wie sich herausstellte, erhielten wir für unser DDR-Mark doppelt so viele Rubel wie die Westdeutschen für ihre D-Mark. Dafür hatten sie für wenige D-Märker originale Balalaikas im Devisenshop gekauft, die für uns unerschwinglich waren. Wir hätten sie aber ohnehin kaum transportieren können. Eine Балалайка ist ein typisch russisches Zupfinstrument mit drei Saiten und einen dreieckigen Resonanzkörper. Nach etwa zwei Stunden bekamen wir unsere Papiere wieder und konnten ohne Kontrolle weiterfahren. Ein paar Jahre später traf ich begeisterte Bergwanderer, die angeblich mehrmals mit einem Transitvisa über die Ukraine nach Rumänien gefahren sind und in der Ukraine einen dreiwöchigen Abstecher mit Zug und Bus in den Kaukasus machten. Während meines Forschungsstudiums ist mir ein etwas älterer Kollege begegnet, der viele Jahre mit seiner Familie in Dubna gewohnt und gearbeitet hat. In Dubna befindet sich noch heute das weltweit anerkannte Vereinigte Institut für Kernforschung[61], bestehend aus sieben Instituten mit 5000 Mitarbeitern, davon 1200 Wissenschaftler und 2000 Ingenieure. Dieser Kollege sagte mir, dass so etwas oft funktioniert. Wenn man aber mal an einen misslaunigen Kontrolleur gerate. würde man schlechte Erfahrungen mit der russischen Bürokratie machen. Vier Wochen Kartoffelschälen wären mindestens angesagt.

Rumänien: Nach der russischen bzw. ukrainischen Ausreisekontrolle kam die rumänische Einreisekontrolle. Die Kontrolleure hatten Probleme mit der Länge unserer Haare. Beatniks waren unerwünscht, ein Haarschnitt war angesagt. Nach unserem Protest und der Begutachtung durch einen Vorgesetzten wurde unsere Haarlänge als gerade noch tragbar eingestuft und wir durften ungeschoren einreisen.

Bereits im ersten Dorf fielen Hühner und Schweine auf, die unbekümmert auf der Hauptstraße herumliefen. Auf Landstraßen war die Höchstgeschwindigkeit für Zweiradfahrzeuge 60 km/h. PKW durften 90 km/h fahren. Einmal brausten wir mit 100 Sachen über eine von einem Polizisten bewachte Kreuzung. Der rannte zu seinem Dienstmoped, blieb dann aber stehen und winkte ab.

Zunächst ging es durch die südliche Bukowina. Als wir uns am Straßenrand ein Süppchen kochten, kamen einige Zigeunerwagen vorbei. Zwei hübsche Zigeunerinnen sprangen ab und wollten Geld von uns. Es stellte sich dann heraus, dass es nur um Kleingeld ging, das als Schmuck dienen sollte. Nachdem wir sie mit DDR-Pfennigen, polnischen Groschen und russischen Kopeken ausgestattet hatten zogen sie glücklich ab. Auch hier wurde es finster, bevor wir in die Nähe eines Zeltplatzes kamen. Wir ent-

---

61  https://de.wikipedia.org/wiki/Vereinigtes_Institut_für_Kernforschung

deckten einen einsamen Eigenheim-Neubau und hielten an. Da im Erdgeschoss ein Haufen Stroh herumlag, beschlossen wir, dort zu übernachten. Nach einiger Zeit erschien ein Rumäne, dem das neue Haus offensichtlich gehörte. Er wohnte in der Nähe in einer mit Baumstämmen abgedeckten Erdgrube! Nachdem wir dort zu einem Tee eingeladen waren, übergab er uns einen Leuchter mit offenen Kerzen und zeigte uns mit Händen und Füßen, dass wir vorsichtig sein sollten um nicht sein neues Haus abzubrennen. Wenn das keine Gastfreundschaft war!

An der rumänischen Schwarzmeerküste gab es beeindruckende Bettenburgen von Neckermann, Nachtklubs mit Rausschmeißern, die nur Devisenbesitzer reinließen und Nesselquallen beeindruckender Größe.

**Bulgarien:** Da klapperten wir damals nur die Schwarzmeerküste bis Burgas ab.

Die Bulgaren sammelten an den Klippen im Meer Berge von Miesmuscheln. Am Strand lagen überall rußige Bleche herum, die wurden über ein offenes Feuer gelegt und die Muscheln darauf geschüttet. Wenn es den Muscheln zu heiß wurde, klappten sie auf. Dann wurde gewartet, bis sie etwas schrumpelig wurden. Nun waren sie bereit, aus der Schale geschlürft zu werden. Das machten wir natürlich nach. Schmeckte nicht schlecht, allerdings knirschten die Zähne beim Essen vom enthaltenen Sand. Wie ich heute weiß, muss man die Muscheln eigentlich ein paar Tage in klares Wasser legen, damit sie nicht mehr knirschen.

Einmal halfen wir einem Fischer, sein Boot an den Strand zu ziehen. Zum Dank erhielten wir etwa fünfzig zwanzig Zentimeter lange, auf eine Schnur gefädelte Fische. Könnten Sardinen gewesen sein. Wir stellten eine Pfanne mit Öl auf unseren Benzinkocher. Als das Öl heiß genug schien, kamen die ersten vier Fische hinein. Offensichtlich war das Öl aber zu heiß. Es gab eine riesige Verpuffung, bei der zum Glück niemand verletzt wurde und unsere Fische waren in Sekundenschnelle verkohlt. Zum Glück hatten wir ja noch mehr davon.

Östlich vom bekannten Sonnenstrand gab es eine Steilküste, die touristisch völlig unerschlossen war. Wir erkundeten die Gegend mit unseren Motorrädern. Bei einer Quer-Feld-Ein-Fahrt verhedderte ich mich in einem Brombeergestrüpp, so dass ich mit Abstand der letzte war. Als es einen halsbrecherischen, unbefestigten Weg an der Steilküste entlang ging und ich vorsichtig um eine Kehre fuhr, kam Holger den Abhang herauf gekrochen. „Wo ist denn dein Roller?" fragte ich. Antwort: „Der liegt dort unten und brennt!". Die anderen beiden hatten uns inzwischen vermisst und kamen zurück. Eine genauere Inspektion der Lage zeigte, dass es zwar sehr steil abwärts ging und mindestens 100 Meter weiter unten von der Brandung umtoste Klippen zu sehen waren. Der Roller lag aber nur zwei Meter tiefer auf einem Felsvorsprung und qualmte vor sich hin. Nachdem er längere Zeit weder explodierte war noch richtig brannte, wagten wir uns hinunter. Ein alter, unter der Sitzbank deponierter Öllappen war auf den heißen Auspuff gerutscht und qualmte vor sich hin. Mit vereinten Kräften wurde der Roller auf den Weg zurückbefördert und das verbogene vordere Schutzblech notdürftig gerichtet.

**Ungarn:** Auf dem Rückweg nach Ungarn ging es wieder durch Rumänien. In Bukarest waren Zerstörungen vom letzten Erdbeben zu besichtigen. In Sibiu machten wir bei einer Tante von Holger Station, die schon über vierzig Jahre hier lebte. Bei dieser Tante aß ich zum ersten Mal im Leben Oliven. Bei einer Führung durch den Ort klaute ich eine riesige, pelzige Birne von einem Baum. Leider war sie völlig ungenießbar. Mit einer Eisensäge hätte man sie eventuell schneiden können. Viel später fand ich heraus, dass es sich um eine unreife Quitte handelte.

In Ungarn wollten wir uns nicht lange aufhalten. Ich kam zum zweiten Mal nach Hódmezővásárhelykotashipussta, stattete aber dem Bahnhof und Erzsebeth keinen Besuch ab. Auf einer Kreuzung in einer kleineren Stadt wurden wir von einem Polizisten mit Dreiseitensperrung und heftigem Winken zum Linksabbiegen genötigt, obwohl wir eigentlich geradeaus fahren wollten.

Kurz nach der Kreuzung hielt uns eine Streife an, die eine saftige Strafe wegen verbotenem Linksabbiegen kassieren wollte. Wir waren total sauer und verlangten einem Vorgesetzten. Nach längerer Diskussion durften wir ohne zu Löhnen weiterfahren.

Spannend wurde es am Grenzübergang zur ČSSR, denn eigentlich hätten wir über die Ukraine zurückgemusst. Uns wurden unsere Reisedokumente abgenommen und wir mussten etwa zwei Stunden warten. Dann kam der Grenzbeamte zurück, erklärte uns, wo wir DDR-Mark in Kronen tauschen könnten und händigte uns unsere Unterlagen wieder aus.

ČSSR: Hier machten wir zunächst in der Tatra Station. Nachdem wir von einer Hochgebirgstour zurückkamen, stellten wir fest, dass unsere Kognak-Flasche weg war. Meine Mitfahrer hatten das nicht benötigte Geld (DDR-Mark, Zloty, Rubel, Lei, Lewa und Forint) in Brieftaschen in ihren Koffern verstaut. Eine genauere Prüfung zeigte, dass diese Brieftaschen auch weg waren. Ich hatte solches Geld auch im Koffer, aber in eine alte Zeitung eingewickelt. Diese Zeitung war mitsamt Geld noch da. Dafür fehlte meine braune Natoplane, die ich 1968 für 50 DDR-Mark von Dietmar erstanden hatte. Natoplane war der DDR-Spitzname für leichte Nylonregenmäntel, die sehr beliebt waren und nur als private Westimporte in die DDR kamen. Die Dinger waren auch ganz praktisch, da relativ wasserdicht und auf die Größe eines dicken Briefumschlags zusammenfaltbar. Offensichtlich waren sie wie die DDR-Dederonerzeugnisse auch ziemlich unverwüstlich, denn man kann sie noch heute als Nostalgie-Stücke bei eBay für etwa 50 EUR erstehen.

Ebenfalls spannend war die Einreise in die DDR. In die ČSSR konnte man damals einfach mit dem Personalausweis einreisen. Bei der DDR-Einreisekontrolle zeigten wir unsere Personalausweise vor und behaupteten wir hätten einen mehrtägigen Ausflug in die Tatra gemacht. Das wollte man uns zwar nicht abnehmen, weil in keinem unserer Ausweise ein neuerer Ausreisestempel zu finden war, aber letztendlich hat man uns durchgelassen. Rein statistisch müsste es seit diesem Tag vier DDR-Bürger weniger gegeben haben, hatten wir doch unsere Zählkarten nicht wieder abgegeben. Bevor wir uns trennten, übernachteten wir bei meinen Eltern in Nossen. Kurz von Nossen gab übrigens meine Notreparatur an der Lichtmaschine des Trolls den Geist auf. Der volle Akku reichte aber noch für die Heimfahrt von Holger.

## Das Forschungsstudium

Das Forschungsstudium begann zu der Zeit, in der meine Mitstudenten ihre Diplomarbeit anfingen. Damals wurde die Diplomaufgabe pünktlich nach der Zeugnisausgabe (als Hochschulingenieur) ausgehändigt und man hatte einen einzuhaltenden Abgabetermin. Forschungsstudenten mussten keine Diplomarbeit schreiben, da sie möglichst schnell zu ihrem Abschluss kommen sollten. Ich hatte mir auf Empfehlung eines älteren Kollegen zur Einarbeitung vorgenommen, zunächst die Übersetzungszeiten des R300-Assemblers drastisch zu kürzen. Der R300-Assembler nannte sich MOPS, was für **m**aschinen**o**rientierte **P**rogrammier**s**prache stand. Er benutzte mehrere Magnetbänder als Arbeitsspeicher. Ich wollte den Assembler beschleunigen, indem statt der Magnetbänder die vorhandenen Trommelspeicher verwendet werden sollten. Trommelspeicher waren die Vorläufer der heutigen Festplatten. Nach vier Wochen hatte  ich ein Magnetband mit der Aufschrift „Trommel-MOPS" erstellt, das statt des bisherigen MOPS-Magnetbandes verwendet werden konnte. Mein Trommel-MOPS war am Ende etwa dreimal schneller als der originale MOPS-Assembler. Meine Mitstudenten hatten derweil an ihrer Diplomarbeit geschwitzt.

Schwitzen ist ein gutes Stichwort. Es war ein heißer Sommer und an einem besonders heißen Tag wollte ich gegen Abend mit einigen der „schwitzenden" Diplomanden ein Bier trinken gehen. Alles war voll, aber in einem Weinkeller in der Nähe des Bahnhofs Neustadt fanden wir noch einen Tisch. Bier gab es nicht, aber jemand ließ ein paar Flaschen eisgekühlten Wermutwein anfahren. Dummerweise trank ich das Zeug gegen den Durst und stellt bald fest, dass ich lieber zu Selterswasser übergehen sollte. Doch trotz  des Endes der Alkoholzufuhr wurde ich immer betrunkener. Ich legte einen Schein auf den Tisch und machte mich auf den Heimweg. Danach war ein totaler Filmriss angesagt. Das ist mir weder vorher noch jemals nachher passiert.

Der „Trommelmops" war deutlich vor dem Abgabetermin für die Diplomarbeiten fertig. Also schrieb ich kurzerhand meine Aktivitäten zum Trommel-MOPS auf und reichte sie als Diplomarbeit ein. Die Annahme wurde verweigert, weil ein Forschungsstudent keine Diplomarbeit einreichen müsse. In den entsprechenden Bestimmungen stand aber nicht dass ein Forschungsstudent keine Diplomarbeit einreichen darf. Meiner Meinung nach wurde das an der TU Dresden so gehandhabt, um zu verhindern dass Forschungsstudenten vorzeitig das Forschungsstudium abbrachen. Hätten sie mit ihrem Diplom doch ein ungleich höheres Einkommen bekommen können und der eine oder andere war ja vielleicht plötzlich auf ein höheres Einkommen angewiesen (Familie, Kinder).

## Ein öffentlicher Tadel

Kurz nachdem ich als Forschungsstudent bestätigt wurde, kam von der Wohnheimverwaltung ein Brief. Der enthielt die Anweisung aus dem Günzpalast in ein Wohnheim an der Prager Straße umzuziehen. Das war eine deutliche Verbesserung. Zweimannzimmer und zentrale Lage! Leider hatte ich mich kurz vorher von einem Pressefritzen zu einem Probe-Abonnement für irgendeine Zeitschrift überreden lassen. Die Zeitschrift ist vermutlich immer im Günzpalast angekommen und hat dort Abnehmer gefunden. Da sie nie bei mir ankam, hatte ich das Probe-Abonnement völlig vergessen. Nach der Probezeit wurde ein reguläres Abo daraus und alsbald gab es einen Beschwerdebrief an die Uni, weil ich das Abo nicht bezahlt hatte. In der Folge fragte mich der Sektionsparteisekretär, warum ich die geforderte Stellungnahme zu meinem unbezahlten Abo nicht abgegeben habe. Auf meine Feststellung, dass ich nicht wisse wovon die Rede ist, entgegnete er: „Das kannst du auch nicht, die Aufforderung ist an deine alte Adresse gegangen, weil du dich nicht ordnungsgemäß bei der Universitätsverwaltung umgemeldet hast. Mein Argument war, dass ich mich bei der Verwaltung wohl nicht ummelden müsse, wenn ich auf Anweisung eben dieser Verwaltung umgezogen sei. Das fand keine Billigung. Ergebnis war ein öffentliche Tadel (4-wöchiger Aushang in Foyer des Barkhausenbaus) wegen Schädigung des Ansehens der TU (Abo nicht bezahlt) und Verstoß gegen die Studienordnung (Umzug nicht bei der Verwaltung gemeldet). Dieser öffentliche Tadel wurde auch in meiner Kaderakte vermerkt.

Apropos Unrecht in der DDR, es war mir damals nicht bewusst, aber die Kaderakte ist dafür ein Beispiel. Wenn man die Arbeitsstelle wechselte, ging auch die Kaderakte mit zur neuen Arbeitsstelle. Es gab kein Einsichtsrecht. Deshalb konnte man sich auch nicht über irgendwelche Einträge in der Kaderakte beschweren. Es wurden dort nicht nur dienstliche Vorgänge eingetragen, sondern auch private Dinge wie Hobbys, Westverwandte, politische Ansichten und Zugehörigkeit zu Organisationen und Parteien. Ich glaube, dass der öffentliche Tadel die Retourkutsche für meine Beschwerde über die Änderung unserer Beurteilung von Ralf war (siehe Abschnitt Absolventenvermittlung). Manche Funktionäre wie unser Sektionsparteisekretär mussten sich und anderen ständig ihre Macht beweisen.

## Sonstige Episoden

**Englisch oder Russisch:** Das Gesetzblatt über das Forschungsstudium verlangte eine Sprachkundigenprüfung 2a in einer Weltsprache. Für SED-Mitglieder hieß das Russisch. Im zweiten Forschungsstudienjahr meldete ich mich trotzdem für Englisch an. Ich dachte, für meine Softwareorientierung wäre das besser als Russisch und vor allem, es wäre leichter als Russisch. Letzteres war ein schwerer Irrtum. Für den Englischkurs gab es nur etwa 20 Teilnehmer, für den Russischkurs einige hundert. Das wirkte sich auf die Anforderungen aus. Bei der ersten Unterrichtsstunde gab es zwei Überraschungen:

- Mein Bruder war auch im Lehrgang, aber bereits das zweite Mal!

- Bei einer einführenden Übersetzung Englisch-Deutsch konnte ich zwar alle Wörter des zu übersetzenden Satzes nachschlagen, aber was es auf Deutsch bedeutet, konnte ich nicht einmal erahnen! Soweit zu einfacher als Russisch.

Die Prüfung am Ende des einjährigen Kurses bestand aus einem schriftlichen und einem mündlichen Teil. Der schriftliche kam zuerst. Als es Zeit zur Abgabe war, hatte ich noch nicht einmal die Hälfte geschafft. Also gab ich nichts ab, sondern fragte nach, ob ich den Lehrgang ein zweites Mal besuchen könne. Mein Bruder hat das auch so gehandhabt!

Schon im ersten Lehrgang wurde, wenn niemand etwas wusste, immer mein Bruder gefragt. Im zweiten Lehrgang übernahm ich diese Expertenstelle. Wenn ich nichts wusste, kam wieder mein Bruder an die Reihe. Diesmal bestanden wir beide. Wurde zumindest bei mir auch Zeit, der Abgabetermin für die Dissertation war bereits in Sicht.

**Mikroprozessoren:** Die DDR hatte schon einmal den Anschluss in der Entwicklung verpasst, weil Prof. Hans Frühauf als Experte auf dem Gebiet der Röhrentechnik die westliche Erfindung des Transistors als Irrweg erklärt hatte. „Diese Dinger bestehen aus lauter Dreckeffekten und lassen sich deshalb auch nicht ordentlich berechnen. Die Zukunft liegt bei Miniaturröhren!" war seine Lehrmeinung.

Bei den integrierten Schaltkreisen war damals die KME10-Baureihe aktuell. So ein Schaltkreis war etwa 5 mm breit, 15 mm lang und mit 14 Beinen ausgestattet. Innen drin waren höchstens zehn Transistoren. Diesmal bremste die Lehrmeinung die Entwicklung hochintegrierter Schaltkreise. Deutlich höhere Integrationsgrade als bei der KME10-Baureihe hätten keine Zukunft, weil so hohe Integrationsgrade nur für stark spezialisierte Schaltkreise erforderlich wären. Da so spezialisierte Schaltkreise aber nur in geringen Stückzahlen gebraucht würden, lohne sich die Entwicklung solcher Schaltkreise nicht.

Ein Doktorand aus meinem Studienjahrgang befasste sich in seiner Dissertation mit dem Thema rechnergesteuerte Telefonvermittlungen. Schnell kam er zu der Erkenntnis, dass ein Großrechner dafür ungeeignet sei. Bei einem Ausfall der CPU wäre die komplette Vermittlung außer Betrieb. So eine Telefonzentrale müsse modular aus tausenden Kleinstrechnern aufgebaut werden. Um das Prinzip zu demonstrieren wollte er einige der gerade im Westen aufgekommenen 8-Bit-Mikrorechner des Typs Intel 8080 verwenden. Mit dieser Idee hatte er sich gegen die herrschende Lehrmeinung gestellt. Mit der Argumentation, das für rechnergesteuerte Telefonvermittlungen ja Millionen von Kleinstrechnern benötigt würden, konnte er die Beschaffung einiger dieser Mikrocontroller durchsetzen. Als dann 1980 in der DDR die ersten Z80-Mikrocontroller unter der Bezeichnung U880[62] nachgebaut wurden, war er so ziemlich der einzige DDR-Bürger, der Erfahrung mit der Programmierung dieser Dinger hatte. Deshalb war er später maßgeblich an der Entwicklung der ersten Bürocomputer der DDR beteiligt.

**Ski-Lehrgang:** Einmal gab es einen Aushang, dass TU-Angehörige einen Ski-Lehrgang in Johanngeorgenstadt unter Leitung der TU-Sportlehrer machen könnten. Die Unterkunft war in den dortigen Ferienheimen der TU, der Preis war lächerlich niedrig. Ich bewarb mich rechtzeitig mit einigen anderen Forschungsstudenten. Die Anreise erfolgte mit Bussen. Am Anreisetag war von Schnee nichts zu sehen. Die meisten Lehrgangsteilnehmer hatten gar keine Ski mit, ich als alter Optimist schon. Leider verging mein Optimismus bald, weil auch in den höheren Lagen des Erzgebirges nichts von Schnee zu sehen war. Auch in Johanngeorgenstadt gab es kein bisschen Schnee.

Am nächsten Morgen aber lag der Schnee etwa 80 Zentimeter hoch. Alle die keine Ski hatten, stürmten zur Ski-Ausleihstation. Nach dem Frühstück mussten Abfahrtslaufinteressenten an ei-

---

62  https://de.wikipedia.org/wiki/MME_U880

nem Hügel neben der Unterkunft ihre Fähigkeiten vorführen. Ich wurde zum Abfahrtslauf zugelassen.

Zum Lernen zogen wir an einen Hang, an dem die Sportlehrer einen Minilift installierten. Schon bald fuhren wir in kühnen Schwüngen abwärts. Geschneit hat es in den nächsten Tagen nicht mehr und es war schönster Sonnenschein, weshalb die Hänge bald extrem verharscht waren. Das ist meinen Ski schlecht bekommen. Es waren sogenannte Schichtenski ohne Stahlkanten. Die Abfahrtsläufe an den verharschten Hängen hatten die Kanten meiner Ski so abgerundet, dass ich zuletzt kaum noch anhalten konnte.

**Meine spätere Schwägerin taucht auf**: Mein Bruder hatte inzwischen eine feste Bindung zu einer Freundin und suchte nach einer gemeinsamen Bleibe. Da er gute Verbindungen hatte, wurde ihm von der studentischen Wohnraumvermittlung eine Dachwohnung in einem mehrstöckigen Altbau angeboten. Die war in etwa so beschaffen wie die, in die ich einige Jahre später zusammen mit Gudrun einzog. Ich riet den beiden zu: „Als Intelligenzler bekommt ihr in absehbarer Zeit nichts besseres!". Mein Bruder und seine Freundin zogen dort ein. Wie immer hatte mein Bruder Glück. Im Dachgeschoss gab es noch zwei Wohnungen. Die wurden nach und nach leer gezogen und wegen Baufälligkeit nicht wieder vermietet. Mein Bruder vereinnahmte diese beiden Wohnungen und hatte dann für seine inzwischen dreiköpfige Familie außergewöhnlich viel Platz.

**Ein Uraniavortrag:** Ich bekam von der Sektions-FDJ-Leitung den Auftrag, zusammen mit einer wissenschaftlichen Assistentin einen Uraniavortrag[63] zu organisieren. Termin, Titel (Geschichte und Geschichtsbewusstsein) und der Referent stand schon fest. Wir mussten nur noch einen Raum besorgen und die Veranstaltung publik machen. Letzteres war nicht so einfach, gab es doch

---

63  http://de.wikipedia.org/wiki/Gesellschaft_zur_Verbreitung_wissensch
aftlicher_Kenntnisse

praktisch keine Möglichkeit kurzfristig eine größere Menge ansprechender Plakate herzustellen. Also malten wir etwa zwanzig A4-Einladungen per Hand und hängten sie an diversen Schautafeln aus.

Wir waren die einzigen Besucher der Veranstaltung. Zehn Minuten nach Veranstaltungsbeginn wollte sich der Referent verabschieden. Ich bot ihm an, seine Quittung für den gehaltenen Vortrag zu unterschreiben, wenn wir drei uns noch zu einem Bier zusammensetzten und er uns den Inhalt seines Vortrags in gemütlicher Runde und in Kurzfassung zu Gehör brächte. Gesagt, getan. Der Referent brachte uns eine Menge überzeugender Beispiele, dass man Ereignisse der Gegenwart viel besser versteht und sogar mit ganz anderen Augen sieht, wenn man die zugehörigen geschichtlichen Hintergründe kennt. Leider habe ich alle diese Beispiele vergessen, aber seit diesem Gespräch interessiere ich mich viel mehr für Geschichte.

**Besuch aus Russland:** Das war in der Zeit, in der ich mit Horst in einem Zweimannzimmer an der Prager Straße wohnte. Horst hatte in Ilmenau Bionik studiert und die Seh-Nerven von Karpfen und Stallhasen untersucht. In Dresden wollte er nach diesen Untersuchungen die OCR[64]-Software auf Basis neuronaler Netze erfinden und damit promovieren.

In dieser Zeit kam eine Komsomol-Delegation an unsere Sektion. Horst und ich mussten die betreuen. Es waren ausschießlich männliche Studenten aus Leningrad, die von ihrem Professor begleitet wurden. Als ich die Truppe einmal in ihrer Unterkunft im Günzpalast abholte, wollte der Professor ein „Buggl-ejsn" von mir. Nachdem ich begriffen hatte, dass es um ein Bügeleisen ging und eins beschafft hatte, lieferten seine Studenten ihre Hosen bei ihm ab. Jetzt brauchte er noch eine Tasse und einen Krug Wasser. Nun nahm er je Hose eine Tasse Wasser in den Mund und sprühte die Hose ein. Dann wurde sie von ihm gebügelt.

---

64  https://de.wikipedia.org/wiki/Texterkennung

Horst und ich luden zwei Komsomolzen, die etwas Deutsch und Englisch verstanden, an einem Sonntagabend zu einem Umtrunk in unser Wohnheimzimmer ein. Wir hatten einen Kasten Bier besorgt und ich hatte aus Nossen eine große Schüssel Brunnenkresse mitgebracht. Die beiden Komsomolzen brachten vier Flaschen "Stolitschnaja" mit. Das war der beste Wodka, der für Normalbürger in Russland erhältlich war. Außerdem noch vier Pfunddosen Schweinefleisch. Die erste Flasche wurde auf vier Biergläser verteilt. Horst und ich nippten vorsichtig daran. Unsere Gäste machten klar, dass man den Wodka auf Ex trinken müsse. Nachdem das getan war, sollte es eine Schweinefleischbüchse zum Nachessen geben. Wir wollten das nicht und nahmen uns von der Brunnenkresse. Unsere Gäste machten es nach. Eine Stunde später waren alle Flaschen leer und die Schweinefleischbüchsen unberührt. Wir staunten, dass wir noch fast nüchtern waren. Unser Gäste meinten, dass dies wohl am Grünfutter liegen müsse. Möglicherweise ist das sogar so. 1982 beobachteten meine Frau und ich in Tiblissi (Tiflis), dass die meisten Restaurantbesucher zum Wodka große Schüsseln mit Gewürzkräutern (Petersilie, Koriander, Dill u.ä.) bestellten. Wir hatten jedenfalls noch Durst und machten auch noch den Kasten Bier nieder. Anschließend begleiteten wir unsere Gäste zum Günzpalast. Erst auf dem Rückweg merkten wir, dass der Alkohol zunehmend zu wirken begann. Wir schafften es aber noch in unser Wohnheim.

**Mein erstes Auto:** In meinem letzten Forschungsstudienjahr bekam unser Vater ein neues Auto. Ich hatte im Vertrauen auf die Fortschritte der sozialistischen Planwirtschaft im Gegensatz zu den meisten anderen mit 18 kein Auto bestellt. Ich war davon ausgegangen das ich, wenn ich mir mal ein Auto leisten könne, einfach eins im Autohaus abholen würde. Jetzt war ich froh, dass mir unser Vater seinen mehr als zehn Jahre alten 600er Trabbi für 3.500 DDR-Mark verkaufte. Ein Schnäppchen! Übrigens verlor ich den Trabbi kurz danach! Ich war damit in die Innenstadt gefahren und hatte dort einen anderen Wohnheimbewohner getroffen. Mit dem fuhr ich Gewohnheitsmäßig mit der Straßenbahn zurück ins Wohnheim. Am nächsten Morgen war der Trabbi weg! Erst allmählich dämmerte es mir, dass das gute Stück irgendwo in der Innenstadt stehen müsste. Es hat ziemlich lange gedauert, bis ich ihn dort fand.

**Erweiterte Pilzkenntnisse:** Pilze suchen war schon immer ein beliebtes Hobby in unserer Familie. Wenn ich im Herbst in Nossen war, ging ich fast immer in die Pilze. In einem Jahr waren keine der von uns gesammelten Pilze zu finden, dafür aber alle möglichen anderen. Ich sammelte von diesen zehn Stück einer ansehnlichen grauen Sorte mit Blättern, die ich in meinem Pilzbuch als Nebelkappe identifiziert hatte. Da ich mir aber nicht sicher war, suchte ich die Nossener Pilzberaterin auf. Das war eine ältere Frau, die sich freute, dass ich meine Pilzernte nicht in essbar und nicht essbar sortiert haben wollte. Sie bestätigte meinen Befund „Nebelkappe" und teilte mir mit, dass sie mir offiziell davon abraten müsse. Diese Pilze führten bei manchen Menschen zu starken allergischen Reaktionen. Inoffiziell könne sie mir aber sagen dass z.B. ein Nossener Zahnarzt ganz scharf auf Nebelkappen sei. Außerdem seien die allergischen Reaktionen eher selten. Die Dame erzählte mir auch, dass sie leider nicht mehr sehr gut zu Fuß sei und deshalb den langen Weg in den Wald nicht mehr schaffe. Ich bot ihr an, sie in meinem Trabbi mit in den Wald zu nehmen. So kam ich zu mehreren Pilzexkursionen, die mein bisheriges Repertoire neben der Nebelkappe vor allem auf echtes Stockschwämmchen, graublättrigen Schwefelkopf, lila Rötelritterling, diverse Boviste und Schopftintlinge ausdehnte.

Meine ersten Nebelkappen habe ich wie gewohnt geputzt, gewaschen und in der Pfanne gebraten. Dabei entwickelten diese einen so intensiven Parfümgeruch, dass ich den gesamten Pfanneninhalt auf den Kompost beförderte. Mein Bruder, der auch gerade in Nossen war, wollte auch noch die Pfanne entsorgen. Da mir die Pilzberaterin gesagt hatte, dass die Nebelkappen auch saurer eingelegt sehr gut schmecken, probierte ich das mit kleineren, sehr festen Exemplaren. Die schmeckten wirklich gut. Viel später lies ich ein Glas sauer eingelegter Nebelkappen von meinen Kollegen verkosten, nicht ohne auf die Allergiegefahr hinzuweisen. Fast alle Verkoster waren begeistert, nur einer Kollegin sind sie tatsächlich nicht bekommen.

Noch etwas später las ich in einem Magazin-Beitrag von Ursula Winnington[65], dass Nebelkappen hervorragend schmecken, wenn man junge Exemplare putzt, keinesfalls wäscht und in ausgelassenem Speck brät. Ich probierte das aus und kann es nur weiterempfehlen.

**Das Bohnenspiel** ist ein uraltes Brettspiel für zwei Personen. Das Spielbrett besteht aus zwei nebeneinanderliegenden Reihen von jeweils sechs Mulden. Jedem Spieler gehören die sechs Mulden auf seiner Seite des Spielbretts. Man kann es übrigens auch am Strand mit Mulden im Sand und Muscheln statt Bohnen spielen.

Zu Beginn des Spiels liegen in jeder Mulde sechs Bohnen. Bei jedem Zug entleert ein Spieler eine seiner Spielmulden und verteilt dann den Inhalt einzeln, Bohne für Bohne, im Uhrzeigersinn in die folgenden Spielmulden (ein der gegnerischen Mulden). Wenn die letzte aufgefüllte Spielmulde zwei, vier oder sechs Bohnen enthält, ist ihr Inhalt gefangen. Befinden sich in der „davor" (entgegen dem Uhrzeigersinn) liegenden Mulde zwei, vier oder sechs Bohnen , so wird auch ihr Inhalt gefangen. Das geht so weiter, bis man auf eine Mulde stößt, in der sich keine zwei vier oder sechs Bohnen befinden. Die gefangenen Bohnen werden als Gewinn vom Spielbrett entfernt. Das Spiel endet, wenn ein Spieler nicht mehr ziehen kann, weil auf seiner Seite des Spielbretts keine Bohnen mehr sind. Die noch vorhandenen Bohnen gehören dann zum Gewinn des Gegners. Gewinner ist der Spieler mit mehr als 36 gewonnenen Bohnen.

---

65  https://de.wikipedia.org/wiki/Ursula_Winnington

In einem Zeitungsartikel hatte ich gelesen, dass es für dieses Spiel wie für Schach keinen Lösungsalgorithmus gibt. Da das Spiel aber überschaubar ist, erschien es mir prima geeignet für eine Künstliche-Intelligenz-Übung. Ich wollte es so für den R300 programmieren, dass dieser immer gewinnt. Zunächst versuchte ich, die möglichen Züge genau zu bewerten und jeweils den am besten bewerteten auszuführen. Die Bewertung erfolgte nach vielen Kriterien so dass von den möglichen Zügen immer nur einer in Frage kam. Soviel ich auch an den Kriterien feilte, nach einigen Probespielen konnte man eine gewisse Strategie des Rechners erkennen, eine Gegenstrategie entwickeln und schon bald die meisten Spiele gewinnen. Deshalb versuchte ich nun, den Zügen bei ihrer Bewertung nur noch eine gewisse Wahrscheinlichkeit zuzuordnen, ob sie schlecht oder gut seien. Wenn es mehrere gute Züge gab würfelte ich einen davon aus. Jetzt konnte man die Züge des Rechners kaum noch voraussehen. Und da der Rechner keine Gewinnmöglichkeit übersah, gewann man fast nie. Ich speicherte dann noch eine Menge Kommentare, wie

Was soll denn das!

Ein starker Zug!

Du liebe Zeit

von denen ich zufällig welche auswählte.

Auf der Bedienschreibmaschine des R300 sah dass dann so aus:

```
6 6 6 6 6 6 Rechner: 0
6 6 6 6 6 6 Spieler: 0
Dein Haufen: Hier musste man die Nummer des auf-
zuteilenden Haufens eintippen, z.B. 6
7 6 6 6 6 6 Rechner: 0
7 7 7 7 7 0 Spieler: 0
schwache Leistung, mein Haufen: 2
7 0 7 7 7 7 Rechner: 0
7 7 7 7 8 1 Spieler: 0
Dein Haufen: 1
8 1 8 8 8 8 Rechner: 0
```

```
0 7 7 7 8 0 Spieler: 2
ein starker Zug! Mein Haufen: 6
```
Am sektionseigenen R300 war damals schon ein an der TU Dresden entwickeltes Sprachsynthesegerät angeschlossen. Die Kommentare gab ich dann später über dieses Gerät aus.

Einmal gab es einen Uraniavortrag im Hörsaal I/90, bei dem die Sprachausgabe über die Hörsaallautsprecher erfolgte. Eine Kamera war auf die Bedienschreibmaschine gerichtet und das Bild wurde auf die Hörsaalmonitore übertragen. Wenn der Rechner `Dein Haufen:` ausschrieb und jemand „sechs" in das Hörsaalmikrofon sagte, hörte das der Bediener im Rechnerraum und tippte eine 6. Der Bediener und die Schreibmaschinentastatur war auf dem Monitor im Hörsaal nicht zu sehen, so dass man sogar den Eindruck einer Spracheingabe hatte.

## Meine Forschungen und ihr Ergebnis

Wie schon weiter vorn erläutert war es meine Aufgabe ein Assemblerpraktikum zu ermöglichen, während der R300 das Lehrkabinett steuerte. Letztendlich handelte es sich eher um eine Entwicklung als um eine wirkliche Forschung. Der R300 hatte die Möglichkeit, parallel zum Hauptprogramm eine Art Hintergrundprogramm abzuarbeiten. Es lag nahe, das Assembler-Praktikum im Vordergrund abzuarbeiten, während die Steuerung des Lehrkabinetts im Hintergrund lief. Das war aber nicht so einfach wie es heute klingt, weil der R300 kein Betriebssystem hatte und Multitasking nicht wirklich unterstützte.

Das erste Schritt war eine Art Mini-Betriebssystem, das eine einfache programmtechnische Realisierung der Zusammenarbeit von Vorder- und Hintergrundprogrammen ermöglichte, wenn diese die von mir festgelegten Regeln einhielten. Auf dieser Basis war es den Entwicklern des Lehrsystems REGEL mit wenig Aufwand möglich, ein als Hintergrundprogramm ausgelegtes Lehrsystem bereitzustellen. Der zweite Schritt war die Implementierung eines neuen Assemblers, der auch diese Regeln einhielt.

Das größte Problem war, dass die von den Praktikumsteilnehmern geschriebenen Programme auch abgearbeitet werden mussten und natürlich weder die Regeln für die Parallelarbeit mit dem Lehrsystem einhielten und auch Programmausnahmen erzeugen konnten, die einen Stopp des R300 zur Folge gehabt hätten. Deshalb war der dritte Schritt die Programmierung eines Interpreters für den Maschinencode der Praktikumsprogramme. Der sorgte dafür, dass Befehle die zum Absturz des Rechners geführt hätten, gar nicht erst ausgeführt wurden und gab dem im Hintergrund laufenden Lehrprogramm die Möglichkeit, auch etwas zu tun.

Da das Praktikum mehrere Veranstaltungen umfasste, implementierte ich zusätzlich eine magnetbandbasierte Quelltextbibliothek. Beim ersten Termin brachte der Praktikant sein auf Lochband gespeichertes Assemblerprogramm mit, das er persönlich erfasst hatte. Dazu benutzte man eine elektrische Schreibmaschine, die bei jedem Tastendruck den Kode dieser Taste in das Lochband stanzte. Bis das Programm fehlerfrei übersetzt wurde und dann auch noch machte was es machen sollte, waren im allgemeinen viele Korrekturrunden notwendig. Man konnte Lochbänder korrigieren, indem man sie zerschnitt und die diversen Stücke mit durchsichtigem Klebeband wieder richtig zusammensetzte. Einzelne Zeichen ließen sich korrigieren, indem man fehlende Löcher per Hand stanzte oder überflüssige Löcher mit farbigem Klebeband zuklebte. Das war aber sehr langwierig, besonders wenn man Anfänger war. Mit Hilfe meiner Quelltextbibliothek wurde das Übungsprogramm nur beim ersten Durchlauf eingelesen. Zur Änderung des Programmtextes gab es Korrekturbefehle, die ebenfalls auf Lochband erfasst wurden. Bei jeder weiteren Praktikumsrunde wurde dann nur noch der Korrekturlochstreifen eingelesen

In der ersten Hälfte meines dritten Forschungsstudienjahres wurden die ersten Programmierpraktika mit meinem Programmsystem parallel zum Betrieb des Lehrkabinetts durchgeführt

Das Bedienpult wurde während des gesamten Praktikums nicht gebraucht. Die Steuerung durch den Bediener erfolgte ausschließlich über die Bedienschreibmaschine. Bei einem vorzeitigen Ende eines Programms waren im normalen Betrieb die Anzeigen am Bedienpult eine wesentliche Hilfe für die Fehleranalyse durch den Programmierer. Hier konnte er die Art des Fehlers, die Adresse des zum Fehler führenden Befehls und die Inhalte der wichtigsten Register ablesen.

Bei meinem System war das nicht notwendig. Bei einem abnormalen Ende des von einem Praktikanten geschriebenen Programms wurden die sonst am Bedienpult ablesbaren Informationen ausgedruckt. Zusätzlich wurde aber auch der Inhalt der nicht am Bedienpult angezeigten Register und ein Abbild des benutzten Arbeitsspeichers (Dump) gedruckt.

Wenn mein Praktikumscompiler und die Steuerung des Lehrkabinetts liefen, waren die Bediener in der ersten Zeit ziemlich irritiert. Am Bedienpult gab es nämlich für jede Programmausnahme ein Anzeigelämpchen. Normalerweise waren die alle aus. Nur wenn das laufende Programm infolge einer Ausnahme beendet wurde, leuchtete eines dieser Lämpchen. Während eines Praktikums mit meinem System leuchteten fast alle Fehlerlampen mal mehr, mal weniger hell, ohne dass der Rechner anhielt.

Die restliche Zeit meines Forschungsstudiums bestand im Schreiben und Vervielfältigen der Dissertationsschrift. Schon das Schreiben war nicht einfach, hatte man doch nur Papier, Bleistift und Radiergummi sowie eine mechanische Schreibmaschine zur Verfügung. Der Texteditor wurde durch einen Hefter mit einzelnen Blättern ersetzt, in dem laufend Seiten ausgetauscht wurden. Anstelle der Copy- and Paste-Funktion kamen Schere und Leim zum Einsatz. Dann ging es an die Vervielfältigung. Zunächst wurde die Dissertation mit einer mechanischen(!) Schreibmaschine auf Pergamentpapier abgeschrieben. Hinter jedes Blatt kam ein Bogen Kohlepapier mit der Kohle nach vorn! Als Ergebnis stand die geschriebene Seite sehr schön schwarz auf dem transparenten

Pergamentblatt. Jedes fertige Blatt musste mit Klebestreifen gerahmt werden. Davon konnte man dann Lichtpausen anfertigen lassen. Zuletzt ließ man die Lichtpausen binden. Ende Mai 1975 gab ich meine Pflichtexemplare ab. Eins behielt ich und zwei befinden sich jetzt in der Nationalbibliothek in Frankfurt und Leipzig.

Kurz nachdem ich meine Dissertationsschrift eingereicht hatte, kam mir zu Ohren, dass ein Forschungsstudent wegen der Nichtannahme seiner Diplomarbeit geklagt und Recht bekommen hatte. Die Uni dürfe die Annahme nur verweigern, wenn der Inhalt der Diplomarbeit den Ansprüchen an eine Diplomarbeit nicht genüge. Ich verkündete Prof. Vielhauer, dass ich nun meine drei Jahre alte Diplomarbeit noch einmal einreichen würde. Darauf bekam ich in etwa folgende Antwort: „Lass das bitte bleiben. Ich würde jede Menge Ärger bekommen wenn du das machst. In ein paar Wochen bist du Doktor, dann kräht kein Hahn mehr nach dem Diplom." Es blieb also bei meiner 1972 erworbenen Berufsbezeichnung Hochschulingenieur

Der Titel meiner Dissertation war sehr langatmig. Heute würde ich etwa den Titel „Implementierung eines virtuellen R300" wählen, weil der oben erwähnte Interpreter aus heutiger Sicht eine virtuelle Maschine war. Es gab zwar schon 1966 bei IBM erste Ansätze für virtuelle Maschinen (was mir damals nicht bekannt war, weil ich keinen Zugang zur entsprechenden Literatur hatte), aber grundlegende theoretische Arbeiten gab es erst Ende der 70er Jahre. Meine Implementierung hatte eher Ähnlichkeit mit den empirischen Ansätzen von IBM am Ende der sechziger Jahre. Ich kann auch nicht behaupten, dass meine Dissertation ein ernsthafter Beitrag zur Theorie der virtuellen Maschinen war. Aber immerhin realisierte ich eine virtuelle Maschine zu einer Zeit, als die entsprechende Theorie noch in den Kinderschuhen steckte. Anfang 1976 verteidigte ich die Dissertation mit cum laude.

## Widerspruch zwischen Theorie und Praxis

Gemeint ist das Arbeitsleben nach dem Studium. Das Forschungsstudium zählte nicht dazu, gilt es doch heute als Ausbildungszeit. Für mich waren es drei Jahre, in denen ich mit geringem, aber hinreichendem Einkommen ausgiebig meinem Programmier-Hobby frönen konnte. Für die übrigen Mitglieder meiner Seminargruppe begann der Widerspruch zwischen Theorie und Praxis jedenfalls drei Jahre früher. Bei der Promotionsfeier im Jahr 1976 wurde mir eine symbolische Rechnung für die Zeiten vorgelegt, in denen ich den sektionseigenen R300 an Wochenenden und Nachtschichten allein genutzt hatte, sozusagen als überdimensionalen PC. Die Endsumme betrug über 2,5 Millionen DDR-Mark!

Da das Forschungsstudium ein verlängertes Studium war, hätte mir nach der Einreichung meiner Dissertationsschrift eigentlich die Absolventenvermittlung eine Stelle zuteilen müssen. War aber nicht so. Die waren irgendwie überfordert und so wurde ich zunächst als wissenschaftlicher Assistent eingestellt. Mit der Maßgabe, mir selbst etwas zu suchen und der Aussicht, sobald ich etwas Passendes gefunden hätte, den Arbeitsvertrag unbürokratisch auflösen zu können. Nach sieben Jahren im Wohnheim wollte ich jetzt außer einer Arbeitsstelle auch eine eigene Wohnung. Die Ansprüche waren niedrig, aber es sollte wenigstens eine Wohnung nur für mich sein. Der Wohnungsmangel in der DDR war so gravierend, dass man als alleinstehender Akademiker fast keine Chance hatte, eine Wohnung auf Eigeninitiative zu finden. Praktisch ging das nur über einen Betrieb, der ein eigenes Wohnungskontingent hatte (so ist auch ein paar Jahre später meine Lebensgefährtin zu unserer Neubauwohnung gekommen).

Zunächst wollte ich wissen, , auf welchem Weg der öffentliche Tadel aus der Kaderakte entfernt werden könne. Auskunft: „Auf Antrag des Vorgesetzten, des Arbeitskollektivs oder notfalls auch auf eigenen Antrag". Also probierte ich es mit einem eigenen Antrag. Nach einiger Zeit erhielt ich die schriftlich Mitteilung der Kaderabteilung, dass der öffentliche Tadel aus meiner Kaderakte entfernt sei und ich mich jetzt wieder als „disziplinarisch nicht vorbestraft" betrachten könne.

Das erste akzeptable Stellenangebot bekam ich im Rechenzentrum des Ministeriums für Außenhandel in Berlin, die mir auch eine Einraumwohnung besorgen wollten. Ich sollte mich dort um die Vernetzung einiger IBM-Großrechner mit den neuesten ESER[66]-Rechnern kümmern. Als die mir den Arbeitsvertrag zur Unterzeichnung zuschickten, stand da nicht wie vereinbart Organisator I, sondern Programmierer IV. Das war der niedrigste EDV-Tarif (Organisator I war der höchste). Die Rückfrage bei dem Herrn mit dem ich das Einstellungsgespräch hatte ergab, dass die Kaderabteilung (heute Personalabteilung) der Meinung sei, ich wäre letztendlich ein Absolvent. Absolventen würden immer als Programmierer IV eingestellt. Aber er könne mir garantieren, dass ich sehr schnell höher eingestuft würde, sobald ich dort angefangen hätte. Da ich nun auch dem Versprechen einer Einraumwohnung nicht mehr traute, unterschrieb ich den Arbeitsvertrag nicht.

Auf Grund der Bemühungen meines Doktorvaters, Prof. Vielhauer gab es in dieser Zeit die Gelegenheit zusätzlich zum R300 noch ein Funktionsmuster des EC 1040[67] vom Kombinat Robotron zu erben. Allerdings gab es für dessen Installation keine nennenswerten Investitionsmittel. Deshalb stand zur Diskussion, diesen Rechner mit im vorhandenen R300-Rechnerraum unterzubringen. Erste Planungen zeigten, dass beide Großrechner im Rechnerraum Platz finden könnten. Allerdings waren die damaligen Großrechner nicht nur groß, sondern auch schwer. Würden diese beiden Rechner durch den Fußboden brechen? Berechnungen der

---

66  http://de.wikipedia.org/wiki/Einheitliches_System_Elektronischer_Re chentechnik

67  http://www.robotrontechnik.de/index.htm?/html/computer/ec1040.ht m

Statiker zeigten, dass dies nicht der Fall wäre. Blieb noch die Frage der Leistungsaufnahme. Würde die vorhandene Klimaanlage die zusätzlichen Kilowattstunden verkraften? Man entschloss sich zu einem praktischen Versuch. Mitten im August wurden im R300-Rechnerraum Elektroheizkörper mit einer Leistung von insgesamt 30 KW aufgestellt, um den zusätzlichen EC 1040 zu simulieren. Bei einer Außentemperatur von 32 Grad im Schatten stabilisierte sich die Temperatur im Rechnerraum bei 27 Grad, was für die Hardware gerade noch akzeptabel war. Also wurde der EC 1040 installiert.

Theoretisch war mir natürlich klar, dass die von einem Rechner aufgenommene Leistung fast ausschließlich in Wärme umgewandelt wird. Wirklich bewusst ist es mir aber erst geworden, als ich im Rechnerraum die vielen Heizkörper sah, die den geplanten EC 1040 simulieren sollten.

Kurz darauf bekam ich ein Angebot vom Organisations- und Rechenzentrum (ORZ) des VEB Feinwäsche in Limbach-Oberfrohna. Die hatten einen EC 1020, boten 960 Mark Anfangsgehalt und wollten mir auch eine Einraumwohnung besorgen. Ich nahm das Angebot an. Arbeitsbeginn war der 1. September 1975. Natürlich wollte ich schon vorher in meine neue Wohnung einziehen, aber die telefonischen Anfragen ergaben, dass dies erst ab 1. September möglich sei.

## Im ORZ des VEB Feinwäsche

Am ersten September im Betrieb angekommen, wurde mir ein möbliertes Zimmer von 10 Quadratmetern mit Bett, Schrank, einem kleinen Tisch und einem Stuhl zugewiesen. Das Zimmer gehörte zu einer größeren Wohnung mit Zentralheizung und einem relativ großem Flur. Der Flur war mit Teppichboden versehen. Neben der Tür zu meinem Zimmer war in diesem Flur ein winziges, etwa 25 Zentimeter breites Waschbecken angebracht, das zu meiner Verfügung stand. Im Treppenhaus gab es ein Plumpsklo, das ich mitbenutzen konnte.

Ich war mehr als sauer und kündigte meine sofortige Abreise an. Mein neuer Chef bat mich, wenigsten eine Woche zu warten und sicherte mir zu, eine Lösung zu finden. Am Ende der Woche durfte ich eine Wohnung im Dachgeschoss eines Zweifamilienhauses besichtigen. Die Wohnung bestand aus einem 16 m² - Zimmer mit einem Waschbecken in einer Ecke, das von mir in eine Regalwand integriert und hinter einem Vorhang verborgen wurde. Das Zimmer hatte einen Dauerbrandofen, sowie ein großes Fenster. In das Zimmer kam man direkt vom Hausflur. Innen gab es noch eine Tür in ein 8 Quadratmeter großes Nebengelass mit Dachschräge und Dachluke. Darin war ein Gasanschluss, aber kein Wasser. Ein eigenes WC (aber keine Dusche oder Bad) gab es eine halbe Treppe tiefer.

Eine Renovierung und die Erneuerung der elektrischen Leitungen waren dringend notwendig. Der Abteilungsleiter bot mir dazu 14 Tage bezahlte Freistellung zwecks Renovierung und die kostenlose Bereitstellung des notwendigen Materials durch die Werkstätten des Betriebs an. So etwas wie die heutigen Baumärkte suchte man in der DDR vergeblich. Da Handwerkerkapazitäten und Material knapp waren, hatte jeder größere DDR-Betrieb eigene Handwerker.

Auf Grund dieses Angebots reiste ich nun doch nicht sofort wieder ab. Ich installierte die gesamte Elektrik neu, tapezierte die

Wände und täuschte an der Decke mit Hilfe von Tapeten mit unterschiedlichen Holzmustern eine Intarsien-Holzdecke vor. Im Nebengelass brachte ich einen Schrank und eine Kochnische unter. Eine Liege im Wohn-/Schlafzimmer hatte der Betrieb gestellt. Den Schrank im Nebenraum, ein Regal für das Wohnzimmer, einen gebrauchten Schreibtisch als Küchentisch, sowie einen Tisch und zwei dazu passende Sessel habe ich gekauft.

**Die Quelltextbibliothek:** In der damaligen Zeit wurden die Quelltexte mit Bleistift (weil man da mit dem Radiergummi arbeiten kann) auf Formulare geschrieben. Während meiner Zeit an der TU Dresden hatte ich diese Formulare selbst auf Lochband erfasst, in einem Magnetbandarchiv gespeichert und dann mit Korrekturlochstreifen immer weiter ausgebaut. Im ORZ wurden die Formulare zwecks Erfassung auf Lochkarten in der Datenerfassung abgegeben. Datenerfasser war damals ein Beruf. Im Wesentlichen hatte der Erfasser Daten von EDV-gerechten Formularen auf Lochkarten zu übertragen. Ein Formular war EDV-gerecht, wenn es pro Zeile maximal 80 Zeichen zuließ und damit auf 80-spaltige Lochkarten übertragbar war. Der Datenerfasser machte das ohne jede Ahnung vom Sachverhalt ganz formal. Zuerst wurde eine Menge von Belegen erfasst, dann wurden die erzeugten Lochkarten in ein Prüfgerät gelegt und die der Belege nochmals eingetippt Stimmte das getippte Zeichen nicht mit der bereits vorhanden Lochung auf der aktuellen Lochkarte überein, gab es Alarm. Für die Erfassung der Quelltexte wurde ein Lochgerät verwendet, dass die Lochkarte mit dem darauf gelochten Text beschriftete. Davon gab es im ORZ nur ein Einziges, was manchmal zu ziemlichen Engpässen führte. Die fertigen Lochkarten kamen in Stahlkästen von der Größe eines Schuhkartons. So ein Ding war voll bestimmt über 5 Kilogramm schwer. Große Programme wogen schon mal einen halben Zentner. Üblicherweise muss so ein Programm mehrmals korrigiert werden. Das machte man im ORZ, indem man neue Karten lochen ließ, die falschen Karten aus den Kästen herausnahm und die neuen Karten einsortierte. Deshalb brauchte man beschriftete Karten.

Das ging mir ziemlich gegen den Strich. Aber ich hatte schnell herausgefunden, dass der EC 1020 auch über eine Quelltextbibliothek verfügte und wollte die verwenden. Die Systemprogrammierer des ORZ hatten aber die Verwendung der Quelltextbibliothek als ineffizient eingestuft und diese deshalb nicht zur Verfügung gestellt. Meine Forderung nach deren Verwendung kam als Kritik an der Systemprogrammierung und damit auch als Kritik an der Leitung des ORZ an. Irgendwie setzte ich mich aber durch und durfte die Quelltextbibliothek verwenden. Schon bald stand auf meinem Schreibtisch nur noch eine Lochkartenkiste. Da ich meine Lochkarten nicht mehr beschriften lies (sie wurden ja nur einmal eingelesen und dann weggeworfen) brauchte ich nie mehr lange auf meine gelochten Karten warten, weil es für Karten ohne Beschriftung jede Menge Kapazität gab. Es dauerte nicht lange, bis alle mit der Quelltextbibliothek arbeiteten, sogar die Systemprogrammierer. Leider war das der Auftakt zu einem ständigen Kleinkrieg mit der Leitung des ORZ.

**Ein Parteiverfahren:** Einmal wurde ich von der Betriebsparteisekretärin Hilde angesprochen. Es sei eine Kreisparteiaktivtagung geplant, an der ich teilnehmen und einen Diskussionsbeitrag zum Thema „Einarbeitung neuer Mitarbeiter" vortragen solle. Ich war einverstanden und entwarf einen Diskussionsbeitrag, in dem ich vor allem auf meine Erfahrungen im ORZ einging und Verbesserungsvorschläge einbaute. Ich hatte mir außerdem Mühe gegeben die ersten Wochen eines neuen Mitarbeiters möglichst humoristisch zu schildern, damit der Vortrag auch ankomme. Den Vortrag ließ ich zuerst von Hilde absegnen und brachte ihn auf der Kreisparteiaktivtagung zu Gehör. Ich erntete viel Gelächter und auch viel Beifall.

Kurze Zeit später teilte mir der ORZ-Direktor mit, dass auf der nächsten APO-Versammlung ein Parteiverfahren gegen mich stattfände. Thema „Lächerlichmachen des ORZ durch einen eulenspiegelhaften Diskussionsbeitrag auf der Kreisparteiaktivtagung".

APO stand für Abteilungs-Parteiorganisation der SED. Normalerweise gehörten zu einer APO mehrere Parteigruppen. In der Regel bildeten mehrere APOs eine Grundorganisation (GO). In jedem VEB und in jeder LPG hatte die GO-Leitung ausdrückliches Kontrollrecht über die Tätigkeit der Betriebsleitung. Das ORZ hatte eine eigene APO. Wegen der relativ kleinen Struktur hatte die APO des ORZ keine Parteigruppen. Theoretisch hätte die Leitung die Kontrolle über die Tätigkeit der Leitung des ORZ ausüben müssen. In der Praxis übergab der APO-Sekretär bei jeder Versammlung das Wort an den ORZ-Direktor. Der leitete dann die Versammlung und kontrollierte sich selbst.

Umgehend teilte ich der Betriebsparteisekretärin Hilde mit, das mir mein Vortrag ein Parteiverfahren eingebracht habe. Sie wollte den Termin wissen und sagte mir, ich solle mir da keine Sorgen machen.

Als das Verfahren stattfand, kam auch Hilde als Gast. Nachdem der ORZ-Direktor mich schwarzgemalt hatte, lobte Hilde meinen erfrischenden Diskussionsbeitrag. Dem Direktor empfahl sie, sich nicht am humoristischen Stil meines Vortrags zu stören, sondern ihn als konstruktive Kritik aufzufassen und daraus sinnvolle Leitungsmaßnahmen für die bessere Einarbeitung neuer Mitarbeiter abzuleiten. Eine Parteistrafe für mich gab es nicht.

Apropos konstruktive Kritik. Kritik war in der DDR erlaubt, ja sogar erwünscht, aber nur wenn sie konstruktiv war. Das war sie, wenn sie auch einen Verbesserungsvorschlag für den kritisierten Zustand beinhaltete. Wenn man also die jahrelangen Wartezeiten auf ein bestelltes Auto kritisieren wollte, musste man auch gleich einen praktikablen Weg zur Verringerung dieser Wartezeiten vorschlagen.

**Tintlinge:** Das ORZ war ein Neubau. Wie oft auf ehemaligen Baustellen wuchsen auf der Wiese um das ORZ herum jede Menge Schopf- und Faltentintlinge. Eines Tages erntete ich mit einem

Kollegen alle jungen Schopftintlinge. Die aus sämtlichen Fenstern zusehenden Kollegen prophezeiten uns ein nur noch sehr kurzes Leben. Die Faltentintlinge ließen wir stehen, weil man laut Pilzbuch keinesfalls Alkohol zu diesen Pilzen trinken soll. Wir brieten uns die Tintlinge, spülten sie mit einem Bier hinunter und waren begeistert. Sie schmeckten hervorragend. Seit dem lasse ich keinen jungen Schopftintling mehr stehen.

Weil die Pilze so außerordentlich gut schmeckten, ernteten wir am nächsten Tag auch noch die Faltentintlinge[68] und verspeisten sie ohne begleitendes Bier. Der Geschmack war aber nicht weltbewegend. Zwei Tage später, in einer Kneipe beim Bier, sahen mich plötzlich alle meine Tischnachbarn entsetzt an. Hals und Kopf waren violett angelaufen, Nase und Ohren waren weiß. Ich fühlte mich aber ganz normal. Ein späteres Literaturstudium ergab, dass dies die typische Wirkung von Faltentintlingen sei und noch lange nach dem „Genuss" dieser Pilze auftreten könne. Bei empfindlichen Personen setze diese Wirkung schon beim Gebrauch alkoholhaltiger Kosmetika ein! Ich erntete nie wieder Faltentintlinge.

**Unterwäschemodenschau:** Im Rahmen meiner Tätigkeit hatte ich viel in der Erzeugnisentwicklung zu tun. Der VEB erzeugte hauptsächlich Damenunterwäsche. Als ich einmal dort die Chefin befragte, fiel mir ein Erzeugnis mit der Bezeichnung „Stringtanga" aus der NSW-Kollektion auf. Was ist denn das, fragte ich die Chefin. Zeig dem Kollegen mal so ein Haarnetz, rief sie einer anderen Mitarbeiterin zu.

Im Umfeld der Leipziger Messe gab es zweimal im Jahr auch im VEB Feinwäsche Vorführungen der aktuellen Kollektion. Zuerst für die potentiellen Käufer aus dem NSW. Aus dem dann noch verfügbaren Materialien und Kapazitäten wurde die SW-Kollektion vorgestellt. Der Rest wurde für die DDR-Kollektion benutzt. Besonders bei den Verkaufsvorführungen für das NSW

---

68  https://de.wikipedia.org/wiki/Falten-Tintling

waren die Modelle sehr freizügig. Auf Grund meiner guten Beziehungen zur Erzeugnisentwicklung durfte ich manchmal auch dabei sein. Bei einer Brigadefeier der ORZ-Mitarbeiter fand auch einmal eine Unterwäschemodenschau statt.

## Ablösung R100

Der ORZ-Direktor lies mich antanzen und erklärte, das die betriebseigene R100-Station schon längst verschrottet sein sollte. Bisher hätte es aber keine Zeit gegeben, die dort täglich anfallenden Aufgaben in das neue Rechenzentrum zu verlegen. Für mich, der ich doch ständig neue Ideen habe, sollte es wohl kein großes Problem sein, die Überführung dieser Arbeiten ins neue Rechenzentrum kurzfristig zu erledigen. Das sei jetzt meine neue Aufgabe, Termin gestern.

Die R100-Station bestand aus Lochkartensortier und -tabelliermaschinen und einem Rechner R100[69], der Lochkarten lesen, mit den gelesenen Werten Berechnungen ausführen und die Ergebnisse in freie Spalten der gelesenen Karten stanzen konnte. Im Wesentlichen war die Aufgabe mit den Standardprogrammen des EC 1020 und einem von der Systemprogrammierung des ORZ implementierten, einer Tabelliermaschine nachempfundenen Druckprogramm ADru[70] zu lösen. Um einigen geforderten Erweiterungen der R100-Lösung gerecht zu werden, wollte ich das Programm ADru erweitern. Das überschritt wieder einmal meine Kompetenzen, ADru war ja das Geschäft der Systemprogrammierer. Diesmal war ich schlauer, statt mich mit der Leitung über meine Kompetenzen zu streiten, formulierte ich mein Anliegen als Neuerervorschlag. In diesem Neuerervorschlag legte ich dar, wie viel weniger Aufwand die Änderung von ADru gegenüber der manuellen Programmierung aller R100-Drucklisten erfordern würde. Alsbald gab es eine Neuerervereinbarung, in der mir der

---

69 https://www.robotrontechnik.de/index.htm?/html/computer/r100.htm
70 **A**llgemeines **Dru**ckprogramm

ADru-Quelltext zwecks Anpassung im Sinne des Neuerervorschlags zur Verfügung gestellt wurde. Nun machte ich aus ADru ein Unterprogramm für die im ORZ verwendete Programmiersprache PL/I[71]. Damit war die Ablösung des R100 nach etwa 3 Monaten möglich. Es gab noch einen Nebeneffekt. Der größte Teil der im ORZ neu entstehenden Programme erzeugte aus Massendaten Listen, für die sich mein neues Unterprogramm auch einsetzen ließ. Das sparte eine Menge langweilige Programmierarbeit, weshalb es auch in anderen Projekten starke Verbreitung fand.

Etwa ein Jahr später wetterte der ORZ-Direktor in einer Belegschaftsversammlung, dass zwar haufenweise Neuerervorschläge gemacht würden, aber die hätten alle keinen wesentlichen Nutzen. Da ich mich gerade mal wieder über den Direktor ärgerte, startete ich eine Umfrage, wie oft mein Unterprogramm zur Tabellengenerierung bisher außerhalb des Projektes zur R100-Ablösung genutzt worden sei. Pro Anwendungsfall setzte ich eine Einsparung von einem Mannmonat an. Die errechnete Gesamteinsparung war gewaltig. Dann schrieb ich einen Brief an das Büro für Neuererwesen, gab den von mir geschätzten Nutzen meines Vorschlags an und bat um die Abrechnung. Kurz darauf wurde meine Umfrage vom Büro für Neuererwesen wiederholt. Danach wurde mir der ermittelte Nutzen meines Vorschlags mitgeteilt. Der war zwar deutlich niedriger, als der von mir geschätzte, aber immer noch beträchtlich. Alsbald wurde ich zum ORZ-Direktor bestellt. Der machte mir klar, dass ich zukünftig derartig lukrative Neuerervorschläge nicht mehr im Alleingang machen dürfe, sondern verdiente Kollegen beteiligen müsse. Weshalb er mir die Prämie auch nicht vor versammelter Mannschaft überreichte und mich verpflichtete, nichts über deren Höhe verlauten zu lassen. Es waren etwa acht Monatsgehälter!

---

71  https://de.wikipedia.org/wiki/PL/I

## Erster und einziger FDGB-Urlaubsplatz

Genau genommen war es nicht mein erster FDGB-Urlaubsplatz[72]. Wenigstens zwei Mal war ich als Kind mit den Eltern an der Ostsee. FDGB-Ferienplätze waren beliebt, weil sehr preiswert. Ein normaler 14-Tage-Urlaubsplatz mit Vollverpflegung kostete in der Regel unter 100 Mark pro erwachsene Person, im Luxushotel etwa 120 Mark. Deshalb waren sie auch schwer zu bekommen. Besonders solche auf einem Kreuzfahrtschiff wie der Völkerfreundschaft und in den großen Interhotels. Unsere Eltern hatten einmal einen Platz im Panorama in Oberhof und auch eine Reise mit der Völkerfreundschaft nach Leningrad.

Die IfL's der DDR organisierten zusätzlich Austauschplätze. Da kam man in den Semesterferien im Internat des entsprechenden IfL unter und speiste in der Mensa. Die Studenten mussten in der Zeit vorübergehend ihre Internatsplätze räumen

Ich hatte 1976 einmal etwas in der FDGB-Kreisleitung zu erledigen. Dort las ich zufällig am schwarzen Brett, dass für eine knapp dreiwöchige Mittelasienreise noch ein Platz für einen einzelnen Herrn im Doppelzimmer des Reiseleiters frei sei. Preis: 800 Mark. Interessenten könnten sich in ihrem Betrieb bewerben. Da so eine Reise im Reisebüro praktisch nicht zu haben war und bestimmt über 2000 Mark kostete, bewarb ich mich sogleich. Weil ich noch nie einen FDGB-Urlaubsplatz in Anspruch genommen hatte, bekam ich die Reise.

Schön war, dass sich am Flughafen in Berlin der Reiseleiter als eine etwas ältere Reiseleiterin entpuppte. Deshalb bekam ich immer ein Einzelzimmer. Ich war übrigens der Einzige in der Reisegruppe, der die Reise bezahlen musste. Alle anderen hatten sie als Auszeichnung bekommen. Es gab mit mir nur fünf Personen unter vierzig, alle anderen waren wenigsten Ende fünfzig.

Die Reiseroute war Berlin, Moskau, Samarkand, Buchara, Taschkent, Moskau, Berlin. Die Flüge waren immer nachts. Mos-

---

72  https://de.wikipedia.org/wiki/FDGB-Feriendienst

kau – Samarkand in einer uralten IL14, Taschkent – Moskau eine IL62, sonst abenteuerliche Doppeldecker mit Propeller in der Größe eines Reisebusses. Am neuen Zielort angekommen, mussten die älteren Mitreisenden und die Reiseleiterin erst einmal dringlich ausschlafen, weshalb wir fünf Jüngeren den Zielort immer schon vorher ohne Führer erkundeten.

In Buchara hatte die ganze Reisegruppe und die Reiseleiterin die Diarrhö. Kohletabletten hatten keine Wirkung. Der gerufene Arzt erkundigte sich, ob wir ungewaschenes Obst gegessen, oder Wasser getrunken hätten. Wir: „Nur das Wasser aus den Flaschen, das zum Essen gereicht wurde". Arzt: „Na, das dürfen Sie natürlich auch nicht trinken!". Wir fünf kauften uns im Universalmagazin ziemlich teure Baumwollwindeln (solche aus Papier gab es nicht) und zogen wieder mal allein los. An kalten, nicht hochprozentigen Getränken gab es außer verseuchtem Wasser noch trübes, nach Schimmel riechendes Bier, extrem herben Wein und Sekt. Der Krimsekt erwies sich als einzig erträgliches Kaltgetränk.

Natürlich waren wir wieder Deutsche zweiter Klasse. Im Hotelrestaurant erhielten wir zwar unsere Verpflegung, aber abends wurden wir nach spätestens zwei Stunden wieder hinaus expediert. In die noch offenen Restaurants kam man entweder wegen Überfüllung oder wegen fehlender Devisen nicht hinein.

In Taschkent schafften wir es einmal, nach dem Abendbrot einen Tisch im Hotelrestaurant für Einheimische zu ergattern. Hier fielen wir zunächst auf, weil wir nur Sekt und nichts zu essen bestellten. Die meisten Tische waren mit Großfamilien belegt, die einen Gang bestellten, etwas kosteten und dann den nächsten Gang orderten. Die Tische bogen sich regelrecht.

Etwas später fragten uns zwei russische Schiffsoffiziere, ob sie an unserem Tisch Platz nehmen dürften. Die beiden hatten irgendwas zu feiern, guckten was wir tranken, und bestellten das Gleiche. Wir durften mitfeiern und radebrechten auf Englisch. Als die Gaststätte schloss, sollten wir bleiben. Die Kellner stellten die besten nicht angerührten Speisen von den übrigen Tischen auf unseren Tisch. Immer wenn der Sekt alle war, verschwand einer der Seemänner und brachte in einer braunen Papiertüte zwei neue Flaschen. Erst früh um vier war Schluss.

In Taschkent sah ich übrigens einmal am helllichten Tag einen Betrunkenen über den Gehsteig taumeln. Plötzlich hielt eine Art Lieferwagen, zwei Uniformierte sprangen heraus, öffneten die hinteren Türen, packten den Betrunkenen und warfen ihn Kopfüber in den Lieferwagen. Türen zu und weg war er!

## Sabotage der APO-Wahl

Wenn eine APO-Wahl anstand, sucht sich die amtierende Leitung geeignete Kandidaten für die neue Leitung aus. Wenn deren Zustimmung gesichert war, wurden APO-Mitglieder angesprochen, in der Wahlversammlung einen der neuen Kandidaten vorzuschlagen. Der Wahlleiter forderte dann die Wahlversammlung auf, Kandidaten für die neue Leitung vorzuschlagen. Natürlich wusste er, welche Mitglieder einen der vorausgewählten Kandidaten vorschlagen sollten und lies genau diese zu Wort kommen. Nachdem alle vorher ausgewählten Kandidaten vorgeschlagen waren, stellte er den Antrag, die Kandidatenliste abzuschließen. Dieser Vorschlag wurde praktisch immer angenommen und anschließend wurde die vorgeschlagene neue Leitung gewählt. Den neuen Sekretär wählte dann die neue Leitung. Diese Verfahrensweise funktionierte so auf allen Leitungsebenen der SED, ich bin sicher, auch bei einem SED-Parteitag (vom letzten im Dezember 1989 abgesehen).

Nach einer APO-Versammlung traf ich mich mit drei der Teilnehmer bei einem Bier. Es war durchgesickert, dass bei der anstehenden APO-Wahl wieder nur „Hörige" des ORZ-Direktors Kandidaten der neuen Leitung werden sollten. Wir überlegten, wen wir denn gern in der neuen APO-Leitung hätten. Nachdem wir unsere eigenen Kandidaten aufgestellt hatten, kam ich auf die Idee, diese auch durchzusetzen. Ich war der Meinung, wenn wir uns sofort nach der Aufforderung des Wahlleiters melden würden, werde sich keiner der angesprochenen „Vorschläger" melden. Das war sehr wahrscheinlich, weil diese in der Regel nicht wussten, wer außer ihnen noch Vorschläge machen solle. Dem Versammlungsleiter bliebe dann nichts weiter übrig, als unsere Vorschläge zuzulassen.

Als die Wahlversammlung heran war, meldete ich mich als erster. Der Versammlungsleiter ließ mich lange warten, gab mir dann aber doch das Wort. Wie er mir später sagte wusste er, dass ich keinen Kandidaten vorschlagen sollte. Da sich aber niemand weiter meldete nahm er mich eben doch dran. Ich schlug „unseren" Spitzenkandidaten vor, der von seinem Glück nichts wusste. Danach wurde ich selbst von einem unserer Systemprogrammierer vorgeschlagen, was überhaupt niemand geplant hatte. Der ORZ-Direktor saß mir gegenüber, war knallrot im Gesicht und fluchte leise vor sich hin. Nachdem der Versammlungsleiter sieben Kandidaten auf der Liste hatte, stellte ich den Antrag, die Liste abzuschließen. Alle sieben Kandidaten wurden gewählt.

Die Betriebsparteileitung erklärte später die Wahl als ungültig, weil auf Grund der Mitgliederzahl unserer APO nur vier Mitglieder in der Leitung sein dürften. Bei der Wahlwiederholung wurde dann „unser" Spitzenkandidat Mitglied der neuen Leitung und ich glaube, sogar Sekretär. Ich gehörte nicht mehr zur Leitung.

## Gudrun

Im Herbst 1976 kam Gudrun als frischgebackene Diplommathematikerin ins ORZ. Bei einer Betriebsfaschingsfeier Anfang 1977 kamen wir uns etwas näher, dennoch machte sie sich sehr rar. In der Woche musste sie zum Judotraining und zur Volkshochschule, am Wochenende hatte sie bei ihren Eltern in Rochlitz zu tun. Dort war meine Anwesenheit von ihr nicht erwünscht, weil es da viel Arbeit und entsprechend wenig Freizeit gab.

Nachdem ich 1978/79 beim ORZ gekündigt hatte, wollten die ihre Liege wieder haben. Sie wollten sie mir auch nicht verkaufen.

Nun stellte sich heraus, dass Gudrun in der nahen Bezirksstadt eine leerstehende Wohnung okkupiert hatte. Es gab auch in der DDR eine Art von Hausbesetzer-Szene, von der ich bis dahin nichts wusste. Das betraf nicht mehr vermietbare, kommunale Wohnungen. Solange die Kommune nichts mit diesen Wohnungen anfangen konnte, tolerierte sie solche „Besetzungen" wohl meistens. Da Gudrun dem Frieden nicht recht traute, hatte sie bisher nur eine neue Liege gekauft und dort abgestellt, war aber noch nicht eingezogen. Die Liege kam jetzt in meine Wohnung.

Dann machte mir auch noch der Hausbesitzer meiner Wohnung Stress, weil er die für seinen Sohn brauchte. Ich bekam einige andere Unterkünfte angeboten, die ich als unzumutbar abwimmelte. Dann bekam ein ORZ-Kollege eine neue Wohnung, der bis dahin in einer winzigen Dachwohnung mit Frau und zwei Kindern hauste. Ich ging sofort zum Bürgermeister und bewarb mich für diese freigewordene Wohnung. Der sagte mir, dass die Wohnung für mich sicher angemessen sei. Da aber vorher vier Personen darin gewohnt hätten, könnte er sie unmöglich einer Einzelperson geben. Ob ich nicht jemanden hätte, der mit einzieht?

Diese Chance wollte ich nutzen. Obwohl ich nicht mit einer positiven Antwort rechnete fragte ich Gudrun, ob sie mit mir in diese Wohnung ziehen würde (sie hatte bis dahin ein ziemlich spartanisch möbliertes Zimmer). Zu meiner größten Verblüffung sagte sie ja. So kam es zum Umzug.

Wir hatten nun im Dachgeschoss eines dreistöckigen Wohnhauses ein 16 qm Wohnzimmer mit Kachelofen, ein ungeheiztes 12 qm Schlafzimmer mit Dachschräge und Dachluke, eine ungeheizte 10 qm Küche mit Dachschräge, Dachluke und einem Waschbecken, ein Plumpsklo eine halbe Treppe tiefer und eine Abstellkammer mit Dachschräge und Dachluke außerhalb unserer Wohnung. Ein Bad gab es nicht, aber einen Kohlenkeller.

Im Sommer gab es öfters auch kein Wasser, weil die Hauptwasserleitung alt und zugesetzt war, so dass es das Wasser nicht mehr bis ins Dachgeschoss schaffte. Machte besonders Spaß, wenn der dünne Strahl aus dem Wasserhahn während des Zähneputzens versiegte.

Später konnten wir unsere Abstellkammer mit einer anderen tauschen, die an unsere Küche grenzte und einen Durchbruch von der Küche in diese Kammer anlegen. Das Plumpsklo wurde später sogar durch ein WC ersetzt.

Zunächst statteten wir die neue Wohnung mit meinen Möbeln aus. Im Schlafzimmer habe ich mit drei Brettern einen Satz Matratzen am Fußboden fixiert.

Unsere erste Anschaffung war dann ein ziemlich teures Schlafzimmer mit Mooreichen-Dekor, das wir noch heute besitzen. Da es nicht komplett ins Schlafzimmer passte, bastelten wir aus den übrigen Stücken und einigen Lärchenbrettern vom Geringswalder Bauernhof eine Art Schrankwand fürs Wohnzimmer. Die Bretter mussten wir natürlich erst hobeln lassen.

Ansonsten war nicht viel los in unserer Kleinstadt. Es gab (und gibt!) ein Kino und diverse Kneipen. Man kam aber mit öffentlichen Verkehrsmitteln (und natürlich mit dem Auto) problemlos in die nahe Bezirksstadt, wo wir ein Theater- und ein Opernanrecht hatten. So ein Anrecht sicherte einem monatlich Karten für eine Vorstellung zu sehr geringen Preisen. Das Anrecht konnte man im Betrieb oder in der Schule (Jugendanrecht) erwerben.

Auch nachdem ich mit Gudrun zusammengezogen war, hat sie die Wochenenden nicht in unserer neuen Wohnung, sondern in Rochlitz verbracht. Ich jetzt aber auch.

## Eine Rationalisierungsaufgabe

Eine wesentliche Komponente der im ORZ entwickelten Software war ein System zur Verwaltung der Erzeugnisstammdaten, also eine Datenbank für die Herstellung der textilen Erzeugnisse. Mein Abteilungsleiter berichtete mir bei meiner Einstellung stolz, dass die Robotron-Datenbank (DBS/R) sich als ungeeignet für die Erzeugnisstammdaten herausgestellt habe, da sie stücklistenorientiert sei und deshalb eher für den Maschinenbau geeignet. Daher habe man sich zur Entwicklung einer eigenen Datenbank entschlossen, wofür man einen Spezialisten gewinnen konnte. Das war eine doppelte Fehlentscheidung. Die Stammdaten waren letztendlich auch Stücklisten, nur nicht für Maschinen, sondern für textile Erzeugnisse. Die Art der Erzeugnisse wäre der Robotron-Datenbank aber völlig egal gewesen. Der Spezialist kam vom R300 und setzte in dem von ihm entwickelten System wie vom R300 gewohnt, Magnetbänder als Speichermedium ein, obwohl der EC-1020 mehrere Wechselplattenspeicher mit je 29 Megabyte Kapazität und wahlfreiem Zugriff hatte. Übrigens, auf dem von mir 2010 für 80 Euro angeschafften Fileserver in meinem Keller könnte ich den Inhalt von einhunderttausend solcher Wechselplatten speichern.

Etwa drei Jahre nach meiner Einstellung gab es ein großes Problem: Die Kapazität des Rechenzentrums reichte nicht mehr aus, die täglichen Routinearbeiten für die Betriebe des Kombinats überlasteten das Rechenzentrum. Ich erhielt die Aufgabe, Abhilfe zu schaffen und bekam dafür sogar Vollmachten.

Ein paar Besichtigungen des regulären Rechenbetriebs zeigten, dass die Stammdatenmagnetbänder ständig hin und her wirbelten. Eine Analyse ergab, dass es auf diesen Bändern nur wenige Datensatzarten mit jeweils einem eindeutigen Schlüssel gab. Die zugreifenden Programme benötigten immer genau einen solchen Datensatz zu einem vorgegebenen Schlüssel. Also schrieb ich einen Satz von Funktionen, die den Schlüssel und die Art des Datensatzes als Parameter erhielten und den gesuchten Datensatz lieferten, indem sie ihn auf den Stammdatenmagnetbändern suchten. Da ich meine Ideen zu Magnetbandbibliotheken aus meiner Dissertation einfließen ließ, waren diese Funktionen sogar etwas effizienter als die bisherigen Suchalgorithmen. Kraft der mir verliehenen Vollmachten verpflichtete ich alle Programmierer die auf diese Magnetbänder zugriffen, das mit meinen Unterprogrammen zu tun. Hämisch wurde von der Leitung registriert, dass die

Laufzeiten der Programme trotzdem noch viel zu hoch waren. Nachdem nur noch mit Hilfe meiner Unterprogramme auf die Stammdaten zugegriffen wurde, tauschte ich meine Unterprogramme gegen solche aus, die beim ersten Zugriff auf ein Stammdatenmagnetband dieses vollständig auf eine Wechselplatte kopierten. Das passierte natürlich nicht eins zu eins, sondern die Daten wurden so gespeichert dass wahlfrei auf die gesuchten Datensätze zugegriffen werden konnte. Nun hatte die Leitung des ORZ ein neues Problem. In der Planwirtschaft war für so teure Anlagen wie einem Großrechner natürlich eine Mindestauslastung vorgeschrieben und die wurde plötzlich nicht einmal mehr annähernd erreicht. Zum Glück war die Nachfrage nach Rechenzeit groß und es konnten externe Kunden gewonnen werden. Das Ganze zog ich in etwa zwei Monaten durch. Eine Prämie oder wenigstens ein offizielles Lob gab es diesmal nicht.

### Reservistendienst und Brille

1972 war ich, wie bereits erwähnt, zum Leutnant der Reserve ernannt worden. Jetzt bekam ich eine Aufforderung zu einer Untersuchung bei einem Militärarzt. Der hatte nichts weiter auszusetzen, außer dass ich halb blind sei. „Haben Sie nicht gemerkt, dass sie kurzsichtig sind?" Hatte ich. Im Kino musste ich relativ weit vorn sitzen. Im Rechnerraum musste ich ziemlich nahe an die Magnetbandgeräte gehen, wenn ich erkennen wollte, ob das richtige Magnetband aufgelegt war. Ich wurde zum Augenarzt überwiesen, der mir mitteilte, dass eine Brille das Problem löse und dass meine Sehfähigkeit vermutlich noch lange bei etwa gleichem Niveau bleiben würde, weil die zunehmende Kurzsichtigkeit später durch die wachsende Altersweitsichtigkeit kompensiert werden würde. Er hatte Recht.

Wenig später gab es einen Einberufungsbefehl. Ich landete für sechs Wochen als Politstellvertreter in der Nachrichtenkompanie eines Motschützenregiments auf dem Steiger, einem kleinen Hügel in Erfurt. Motschützen, das war NVA-Jargon für „motorisierte Schützen", die unbeliebteste Waffengattung. Als Politstellvertreter war ich der stellvertretende Kompaniechef. Als Offizier durfte ich in meiner Freizeit Zivil anziehen und auch meinen Trabbi mitbringen.

Zunächst stellte ich im Vergleich zu meiner Zeit bei den Grenztruppen ziemliche Unterschiede in der EK-Bewegung[73] fest. Ein EK (Entlasssungskandidat, Soldat im dritten Diensthalbjahr) hatte auch bei meinem Grundwehrdienst ein Bandmaß, dessen Länge die Tage bis zu seiner Entlassung anzeigte. Unangenehme Dienste wie Revier reinigen delegierten die EKs möglichst an das zweite Diensthalbjahr. Soldaten im ersten Diensthalbjahr gab es an der Grenze kaum, weil das erste Diensthalbjahr normalerweise in einem Grenzausbildungsregiment absolviert wurde. In diesem Regiment war das völlig anders. Die Soldaten des ersten Diensthalbjahres wurden von den EKs regelrecht schikaniert. Zum Beispiel ließen sich die EKs unter der Dusche von den Soldaten des ersten Diensthalbjahres abseifen. In der Nachrichtenkompanie hatten praktisch alle Soldaten Abitur. Als ich einen Soldaten des ersten Diensthalbjahres fragte, wieso er sich das alles gefallen lässt, war die Antwort: „Demnächst kommen die Neuen und in 10 Monaten bin ich selber EK".

Das Essen der Soldaten war sehr durchschnittlich. An der Grenze hatte jeder sein eigenes Geschirr, hier wurde es zentral ausgegeben und war oft noch nass und manchmal auch nicht sauber. Im Grenzregiment gab es eine kleine Gaststätte, hier nicht. Mich betraf das aber nicht, da ich als Offizier nun in der Offiziersmesse verpflegt wurde. Da war alles vom Besten.

Eine Abwechslung vom täglichen Einerlei war eine Stabsübung. Die Führung des Regiments, ein Teil der Nachrichtenkompanie und ein Küchentrupp rückte aus und spielte Krieg mit imaginären Soldaten. In der Nähe der Feldküche wurden alsbald weiß gedeckte Tische aufgebaut, wo man sich etwas zu essen und

---

73 https://de.wikipedia.org/wiki/Entlassungskandidat

zu trinken bestellen konnte. Die reinste Sommerfrische! Die hatte aber bald ein Ende. Atomalarm! Alle legten die vollständige Schutzkleidung an, außer mir. Der „Kammerbulle" hatte mir die nicht ausgegeben. Das lohnt sich nicht wegen der paar Wochen, war sein Kommentar. Als mich der Regimentskommandeur erblickte, brüllte er: „Sie sind tot, Mann!". Ich war aber lieber ohne Schutzausrüstung scheintot, als an diesem warmen Tag in voller Schutzausrüstung lebendig.

Neben den Motschützen war eine Raketentruppe stationiert. Die sollte eine neue fahrbare Rampe mit einer taktischen Rakete bekommen. Die Rampe war ein <u>SIL 135</u>[74]. SIL steht für **S**awod **i**meni **L**ichatschowa (Werk namens Lichatschow). Der SIL sollte des Nachts überführt werden. Unser Kompaniechef musste den Transport begleiten und dafür sorgen, dass im Falle eines Unfalls möglichst keinerlei Verzögerung eintrat. Ich war dabei. Wir fuhren vornweg und der SIL hinter uns her. In einem Dorf gab es unerwartet eine enge Kurve, die wir gerade noch schafften, aber nicht der SIL. Er durchbrach eine Scheunenwand. Wir hielten an und stellten fest dass die Scheune leer und offensichtlich niemand verletzt war. Mein Kompaniechef ordnet die Weiterfahrt an. Der SIL fuhr samt taktischer Rakete durch die gegenüber liegende Wand wieder auf die Straße, die Scheune fiel hinter ihm zusammen. Am nächsten Morgen suchten wir den Bürgermeister des Dorfes auf. Der war begeistert: „Wir wollten die Scheune schon lange abreißen, um die Straße zu begradigen, aber dieser sture Bauer machte nicht mit!".

Eines Tages hatte ich ein extrem steifes Genick. Der Regimentsarzt verschrieb mir Rotlicht. „Können Sie mich nicht vom Dienst befreien" fragte ich. „Was haben Sie denn heute für einen Dienst?" „Politunterricht" sagte ich. „Das ist auch Rotlicht", meinte der Arzt und ließ mich Dienst machen. Am Abend wollte ich nicht mal mit in die Kneipe. Als ich doch mitging erlebte ich

---

74  https://www.youtube.com/watch?v=5QC9MPRJRrc

die Heilwirkung des Bieres. Nach dem dritten halben Liter waren die Schmerzen wie weggeblasen.

## Ein „Staatsfeind" im ORZ

Anfang 1978 wurde einer unserer Wartungsingenieure von der Arbeit weg verhaftet. Wie später bekannt wurde, hatte er ein im Deutschlandfunk gesendetes Manifest des „Bundes Demokratischer Kommunisten Deutschlands"[75] auf Tonband aufgenommen und seinen Wartungskollegen vorgespielt. Von den Kollegen der Rechenstation erfuhr ich, dass dieses Manifest von reformwilligen SED-Funktionären stamme. Kernpunkt sei die baldige Wiedervereinigung Deutschlands, um mit Hilfe des ostdeutschen Knowhows und der westdeutschen Ressourcen ein Deutschland mit einer Spitzenposition in der Wirtschaft und weltweitem Vorbild als soziales Land zu schaffen[76]. Damals war ich sehr interessiert, den genauen Wortlaut des Manifests zu erfahren, aber ich fand keine Möglichkeit dafür.

Zunächst gab es eine Belegschaftsversammlung, in der ein Vertreter der Staatsanwaltschaft darüber informierte, dass der betreffende Kollege gegen die Existenz der DDR gerichtete Hetzmaterialien westlicher Medien verbreitet habe. Deshalb sei er verhaftet und angeklagt worden und müsse mit einer Freiheitsstrafe rechnen. Kurz danach gab es eine Gewerkschaftsversammlung, in der dazu aufgefordert wurde, diesen verräterischen Kollegen aus der Gewerkschaft auszuschließen. Ich bin mir nicht sicher, aber ich glaube ich enthielt mich der Stimme.

Ein halbes Jahr später hielt mich der Rechenstationsleiter auf dem Heimweg zurück, weil er mit mir sprechen wollte. Wie sich herausstellte, wollte er meinen Rat. Die Staatsanwaltschaft hatte

---

75 https://de.wikipedia.org/wiki/Manifest_des_Bundes_Demokratischer_ Kommunisten_Deutschlands

76 Was etwas sehr vereinfacht war, siehe Originaltext: https://www.chronik-der-mauer.de/material/178849/manifest-des- bundes-demokratischer-kommunisten-deutschlands-1977

ihm mitgeteilt, dass der betreffende Kollege im Strafvollzug Aktivist der sozialistischen Arbeit geworden sei und wegen außerordentlich guter Führung vorzeitig entlassen würde. Und er habe den Wunsch geäußert, wieder in seinem alten Kollektiv zu arbeiten. Ich war der Meinung, dass der Rechenstationsleiter da wohl keine große Wahl habe, und den Kollegen wieder einstellen müsse, zumal die Stelle noch nicht wieder besetzt war. Der FDGB-Ausschluss wurde stillschweigend rückgängig gemacht und der Kollege wieder eingestellt.

## Ein neues Auto

Als ich eines Tages auf dem Weg zur Arbeit um eine Kurve fuhr, wollte mein Trabbi anschließend nicht geradeaus weiterfahren. Stattdessen fuhr er auf den Fußweg und versuchte sich an den dort stehenden Mietshäusern zu scheuern. Ihm juckte nicht das Fell, sondern die Befestigung für das Lenkgetriebe war vom Hilfsrahmen abgebrochen. Natürlich hatte ich Bindedraht an Bord, mit dem ich das Lenkgetriebe provisorisch befestigen konnte. Ich fand sogar eine Werkstatt, die sich des Problems annahm. Als ich das Auto dort wieder abholte, legte mir der Chef eine Liste mit allen Mängeln vor, die noch zu reparieren waren. Er bot mir an, die alle für etwa 6000 DDR-Mark zu reparieren, machte mich aber darauf aufmerksam, dass es dann immer noch ein altes Auto sei.

Also fuhr ich mit meiner etwa 3 Jahre alten Trabbi-Anmeldung ins Autohaus der Bezirksstadt und fragte, was ich mit dieser Anmeldung bekommen könne. Antwort: „Einen Sapporoshez[77], den können sie gleich mitnehmen". Der Sappo war nicht gerade das was ich wollte. Der Sappo (Modell SAS-965A) war nur selten auf der Straße zu sehen und kaum jemand wollte ihn haben. Zu meiner Verblüffung sah der im Autohaus stehende Sappo (Modell SAS-968A) aber nicht so aus wie ich ihn kannte, sondern

---

77  https://de.wikipedia.org/wiki/Saporoshez_(Automarke)

er war deutlich größer und war auch viel ansehnlicher. Also schlug ich für 12.000 DDR-Mark zu. Als ich das im Betrieb erzählte, ist ein Kollege auch gleich ins Autohaus. Er konnte aber keinen Sappo kaufen, die Wartezeit betrug jetzt 8 Jahre.

Der neue Sappo wurde in der DDR als Traktor im Frack bezeichnet, da sein luftgekühlter Viertaktmotor ziemlich laut war. Innen hat man davon aber nur wenig gehört. Außerdem hatte er eine für sibirische Verhältnisse ausgelegte Benzinheizung und eine für damalige Verhältnisse hervorragende Straßenlage. Nachteilig war der geringe Platz im (Front-)Kofferraum und die Rostanfälligkeit.

Mein Sappo war übrigens orangegelb. In der Zulassung stand „Sol Runo", was angeblich leuchtende Sonne bedeutete. Bei einer Verkehrskontrolle deutete ein machtbesessener Verkehrspolizist „Sol Runo" als Rotbraun und zog die Zulassung ein, weil das Auto nicht rotbraun war. Irgendwie war die Zulassung dann nicht mehr auffindbar. Ich erhielt zwar eine neue, hatte aber Zusatzkosten, weil ich eine neue Sicherheitsüberprüfung machen lassen musste.

## Natur kontra Sozialismus

Silvester 1978 wollten 20 Kollegen und ich in einem Betriebsferienheim des VEB Feinwäsche feiern. Wir sind am 30.12. angereist. Es war unwahrscheinlich warm und goss in Strömen. In meinem neuen Sappo kam ich mir bei der Anfahrt wie in einem Unterseeboot vor. Im Keller des Ferienheims gab es für unsere Feier einen sehr schönen Raum mit elektrischer Fußbodenheizung und Holztäfelung. Nachdem wir am nächsten Tag alle Vorbereitungen abgeschlossen hatten, machten wir trotz des noch anhaltenden, aber jetzt nicht mehr so intensiven Regens einen Spaziergang zu einer Kneipe, in der wir uns einen Grog einverleiben wollten. Während des Spaziergangs ging die Temperatur extrem schnell zurück. An der Kneipe angelangt, waren wir geradezu mit Eis verkrustet. Ich zog einen Plastik-Kamm aus der Jackentasche, um mir das Eis aus den Haaren zu kämmen (ich war damals wie heute fast immer barhäuptig unterwegs). Es war aber so kalt, dass der Kamm völlig spröde geworden war. Statt das Eis aus den Haaren zu bekommen, brachen sämtliche Zähne des Kamms ab. Als wir wieder am Ferienheim ankamen, war die Temperatur schon bei etwa 20 Grad Minus und es schneite große Mengen Pulverschnee. Dank der elektrischen Fußbodenheizung hatten wir trotzdem eine sehr schöne Silvesterfeier. Lediglich das Feuerwerk um Mitternacht war etwas enttäuschend. Inzwischen war es so kalt, dass die Knaller lediglich ein dumpfes „Blupp" von sich gaben. Auch die Raketen funktionierten nicht so richtig.

Am Neujahrstag stellten wir fest, dass alle Autos unter der Schneedecke mit einer fast zwei Zentimeter dicken Eisschicht überzogen waren. Ich hatte Glück. Nachdem ich die Tür aufbekommen hatte, stellte ich die auf sibirische Kälte ausgelegte Benzinheizung an und eine halbe Stunde später fiel der Eispanzer ab. Bei den anderen Autos dauerte die Enteisung deutlich länger. Bei einigen Autos mussten auch die eingefrorenen Bremsen mit Hilfe einer Lötlampe gelöst werden. Erst so gegen vier waren alle Autos startklar. Ich hatte versprochen, einen Kollegen in der Bezirksstadt abzusetzen. Dort herrschte eine seltsame Atmosphäre. Straßenbeleuchtung und Ampeln waren ausgefallen, alles war tief verschneit, aber geräumt. Fußgänger waren nicht zu sehen. Auch in den Häusern waren nur spärliche Lichter zu erkennen. Auf dem Weg nach hause sammelte ich an einer Bushaltestelle eine Frau mit Kind ein, die schon seit zwei Stunden auf einen Bus wartete. Zu Hause angekommen, gab es keinen Strom. Ich fand eine Kerze und heizte zunächst meinem Dauerbrandofen ordentlich ein. Nach einiger Zeit gab es auch wieder Strom. Mit dem funktionierte zwar die Beleuchtung, wenngleich etwas duster, Fernseher und Radio aber versagten. Einige Zeit später machte die Beleuchtung einen besseren Eindruck, und siehe da, auch der Fernseher funktionierte wieder. Einen Hinweis auf einen Stromausfall gab es aber nicht. Auch im Betriebsferienheim, wo Fernseher und

Radio noch funktioniert hatten, hatte es keinerlei Hinweise auf irgendwelche Probleme gegeben.

Ein Bekannter von mir arbeitete damals im RGW-Umspannwerk Röhrsdorf und hatte am Silvesterabend Dienst. Nach seiner Schilderung war diese Katastrophe[78] eingetreten, weil die nasse Braunkohle in den Wagons festfror und man sie in den Kraftwerken nicht entladen konnte. Die Diensthabenden in den Umspannwerken wussten, dass man einem großflächigen Netzzusammenbruch nur vermeiden könne, wenn man das Gesamtnetz in viele kleine Netze zerlegte. Jedes dieser Netze wäre dann nur von einer Turbine gespeist worden. Die Turbine in einem solchen Mininetz muss nicht mit anderen Turbinen synchron laufen und kann auch bei Überlast am Netz bleiben. Dann stimmt zwar Spannung und Frequenz nicht, aber viele elektrische Geräte funktionieren trotzdem. Im Verbundnetz werden Turbinen mit abweichender Spannung und Frequenz automatisch abgeschaltet. Wenn viele Turbinen betroffen sind, führt das zu einer Art Kettenreaktion, bei der auch noch ausreichend mit Dampf versorgte Turbinen wegen Überlast ihre Sollwerte nicht halten und automatisch abgeschaltet werden.

Da in der DDR nur wenige Bürger über einen privaten Telefonanschluss verfügten, konnten die Umspannwerker ihre feiernden Kollegen nicht anrufen. Stattdessen wollten sie im Fernsehen ihre Kollegen aufrufen, möglichst umgehend an ihren Arbeitsplätzen zu erscheinen. Außerdem sollte die Bevölkerung aufgerufen werden, ihren Stromverbrauch auf das notwendigste zu beschränken. Das durfte nicht passieren, weil es auf die öffentliche Bekanntgabe von Problemen mit der Energieversorgung in der DDR hinausgelaufen wäre. Also brach das Netz im größten Teil der DDR zusammen. Nur dort, wo es gelungen war, ein Miniteilnetz aus dem Verbundnetz zu lösen, gab es durchgängig Strom.

---

78  http://geschichtspuls.de/art1255-im-schnee-versunken-der-katastrophenwinter-1978-1979

In vielen Fällen war infolge des Stromausfalls die Warmwasserheizung ausgefallen. Infolge der extremen Kälte froren die Heizungen ein und platzten. Von meinem Bruder weiß ich, das an der TU Dresden die Heizungen in Wohnheimen und Hörsälen nicht mehr funktionierten. Auch hier wollte man den Studenten über Radio und Fernsehen mitteilen, dass die Weihnachtspause um 14 Tage verlängert wird. Und auch das wurde unterbunden. Man konnte eben auch nicht öffentlich bekanntgeben, dass in großen Teilen der TU Dresden die Heizung ausgefallen war.

## Flexible Planwirtschaft mit Großrechner

Was ein Betrieb zu produzieren hatte, wurde zentral festgelegt. Diese Vorgaben erfolgten oft unabhängig von den speziellen Möglichkeiten des Betriebs. Als ich später in der Harlass-Gießerei arbeitete, war es z.B. so, dass im Gießereineubau auf Grund der hochmodernen automatischen Formerei viele Gussteile weit effizienter als in älteren Gießereien gefertigt werden konnten. Dafür machten manche Gussstücke weitaus mehr Probleme als in den alten, manufakturähnlich organisierten Gießereien. Alle Bemühungen der Werksleitung, diese Besonderheiten bei der Planauflage von der zentralen Planungskommission berücksichtigen zu lassen, blieben ohne Erfolg.

Der VEB Feinwäsche gehörte zu einem Textil-Kombinat. Das Kombinat erhielt eine staatliche Planauflage, die dann von der Kombinatsleitung auf die Kombinatsbetriebe verteilt wurde. Unser ORZ-Direktor hatte die Idee, dass jeder Betrieb seinen Plan selbst aufstellen sollte. Danach sollten die zusammengefassten Pläne mit der Kombinatsplanauflage verglichen werden. Nicht abgedeckte Positionen der staatlichen Auflage sollten danach in einem iterativen Prozess in die Pläne der einzelnen Betriebe einbezogen werden. Deshalb wurde eine Handvoll Programmierer, zu denen auch ich gehörte, damit betraut, ein dafür geeignetes Planungsprogramm zu realisieren. Es hat funktioniert und die einzelnen Betriebe hatten dann Planauflagen, die weitestgehend an ihre besonderen Profile angepasst waren. Da das Programm sozusagen mit der heißen Nadel gestrickt war und ohne ausreichende Tests zum Einsatz kam, mussten wir während der Planungsphase noch Fehler beseitigen. Deshalb hatten wir Einblick in den Jahresplan des Kombinats. Was mich entsetzte, war der NSW-Teil des Plans. Dem konnte man nämlich entnehmen, wie viele DM die für das NSW geplanten Produkte einbringen sollten und wie viele Arbeitsstunden dafür eingeplant waren. Ich stellte erschüttert fest, dass die Arbeitsstunde für 0,08 DM verkauft wurde.

## Die Stempeluhr

1978 oder 1979 muss es gewesen sein. Die Feinwäsche hatte eine Stempeluhr für die Näherei angeschafft. So eine richtig altmodische mit Stempelkarten[79]. Die Frauen aus der Näherei gingen auf die Barrikade. Wenn wir nicht während der Arbeitszeit einkaufen können, kriegen wir ja am Wochenende nichts Ordentliches auf den Tisch!

Also sollten die Intelligenzler im ORZ das Ding bekommen. Auch hier allgemeine Aufregung, aber ich war begeistert. Da könnte man ja Gleitzeit einführen! Als ich dem ORZ-Direktor diesen Vorschlag machte, brachte mir das einen Termin bei Hilde, der Betriebsparteisekretärin ein. Die erklärte mir, dass ein wesentliches Merkmal der deutschen Arbeiterklasse die Pünktlichkeit sei. Deshalb, und weil die Gleitzeit ein kapitalistisches Ausbeutungsinstrument sei, komme so etwas für die DDR nicht in die Tüte.

Etwa 4 Wochen später kam mir das neueste Sputnik-Heft in die Finger. Das war eine russische Zeitschrift in einer mit Readers Digest vergleichbaren Aufmachung, die in vielen Sprachen gedruckt wurde. In besagtem Heft gab es einen Artikel, indem beschrieben wurde, wie sich nach der Einführung von Gleitzeit in

---

79  https://de.wikipedia.org/wiki/Stempeluhr

einem Kiewer Forschungsinstitut die Leistung der Wissenschaftler deutlich messbar erhöht hatte. Also mit dem Heft zu Hilde: „Von der Sowjetunion lernen, heißt siegen lernen! Lies mal diesen Artikel!". Nun ja, ich wurde darüber aufgeklärt, dass die Sowjetbürger nach 70 Jahren Sozialismus weitaus reifer als die DDR-Bürger nach nur reichlichen 30 Jahren Sozialismus seien. Deshalb könne man sich in der Sowjetunion derartige Experimente leisten. Wir in der DDR seien dafür noch nicht reif!

Die Stempeluhr wurde im ORZ installiert, aber erst nach meinem Abgang aktiviert, und zwar mit Gleitzeit! Allerdings am Anfang sehr engherzig. Kernarbeitszeit war von 7:10 Uhr bis 15:50 Uhr (inklusive von insgesamt einer Stunde Pause). Man musste am Freitag Abend aber 40 Wochenstunden haben. Wenn man mehr als 40 Stunden hatte, verfielen diese nicht angeordneten Überstunden.

Da die Stempelkarten im Eingangsbereich des ORZ sehr übersichtlich griffbereit waren, konnte man sich auch die von irgend einem Mitarbeiter ansehen. Das machte ich, als ich wieder einmal dort war. Es gab da Kollegen, die vor der Einführung der Gleitzeit spätesten 10 Minuten vor 16:00 Uhr ihren Schreibtisch blitzblank aufgeräumt hatten und pünktlich um 16:00 Uhr die Ausgangstür des ORZ passierten. Diese Kollegen wiesen jetzt für jede Woche exakt 40 Stunden Arbeitszeit nach. Die Kollegen, die mir als fachlich sehr gut und innovativ in Erinnerung waren, verschenkten jede Woche einige Stunden.

Bei einem Treffen mit alten Kollegen im Jahr 2016 gab es folgende Aussage: „Der ORZ-Direktor war zwar ein Stinkstiefel, aber die Einführung der Gleitzeit war ein echter Fortschritt."

## Die Kündigung

Ein Kollege, der etwa zur gleichen Zeit wie ich im ORZ angefangen hatte, war Dr. Stephan L.. Der kündigte Anfang 1978 und ging zur Harlass-Gießerei. Da er von seiner neuen Stelle begeistert war und man mich im ORZ nach wie vor mit diversen Maßnahmen disziplinieren wollte, bewarb ich mich auch bei dieser Gießerei. Beim Vorstellungsgespräch war man sehr interessiert. Doch kurz darauf erhielt ich einen Anruf, in dem mir mitgeteilt wurde, dass es gegenwärtig eine allgemeine Einstellungssperre gäbe. Deshalb wäre meine Einstellung auf absehbare Zeit nicht möglich. Ich gab meine Kündigung trotzdem ab, weil ich mir nicht vorstellen konnte, keine neue Arbeit zu finden. Daraufhin bot mir der ORZ-Direktor eine Stelle in der Kombinatsleitung an. Diese Stelle war zwar besser bezahlt, aber ich hatte schon mit der Dame zu tun, die dann meine neue Chefin gewesen wäre. Und die war mir in keiner Weise sympathisch.

Wenig später wurde mir mitgeteilt, dass die Einstellungssperre bei der Harlass-Gießerei aufgehoben sei. Sofern ich noch interessiert sei, könne ich sofort in der Gießerei anfangen. Das tat ich dann auch.

# Die Harlass-Gießerei

Erich Honecker hatte einmal diese Gießerei besucht, sich über die veraltete Technik gewundert und der Belegschaft eine neue Gießerei versprochen. Die wurde dann trotz der zugunsten der Einheit von Sozial- und Wirtschaftspolitik drastisch reduzierten Investitionsmittel auf der grünen Wiese gebaut. Dazu gehörten unter anderem ein Schmelzbetrieb mit mehreren Induktionsöfen, zwei Speicheröfen für Flüssigeisen, ein Hochregallager für Modelle, eine Modellbauabteilung und eine Kernformerei zur Anfertigung von Kernen nach unterschiedlichsten Verfahren. Kerne sind Teile, die in die Form eingebaut werden und für die Hohlräume in den fertigen Gussteilen sorgen. Dann gab es noch eine mechanisierte Kastenformerei, in der sehr große Gussteile mit kleinen Losgrößen gefertigt wurden. Kernstück war aber ein Formautomat, eine kastengebundene Duplexformmaschine. Praktisch hieß das, dass noch während die Formmaschine arbeitete, die vorher benutzten Formwerkzeuge ausgewechselt werden konnten. War die aktuelle Charge fertig, konnte ohne Zeitverlust zur nächsten Charge übergegangen werden. Der Formautomat und einige der vorgelagerten Prozesse wurden von Prozessrechnern gesteuert. Im Rechenzentrum war außer diesen Prozessrechnern ein Großrechner vom Typ EC 1040 installiert.

Die alte Gießerei war eigentlich eine Manufaktur. Insbesondere betraf das die Großformerei. Wie in Friedrich Schillers „Lied von der Glocke" hoben die Former ein großes Loch im Hallenboden aus und bauten die Form dort hinein. Die Termine für die Lieferung von Kernen und Flüssigeisen stimmten die Former selbständig mit den entsprechenden Abteilungen ab. Wenn das Flüssigeisen bereit stand, kamen sie notfalls auch nachts in den Betrieb, um das Flüssigeisen eigenhändig in die Form zu gießen. Praktisch hatten diese Former keine geregelte Arbeitszeit. War das neue Gussstück genügend abgekühlt, wurde es aus dem Hallenboden herausgehoben. Nun stellt sich heraus, ob es Ausschuss war (nichts verdient!) oder ob sich der Former die entsprechenden Normminuten gutschreiben konnte. Da die Norm eine erhebliche Ausschussquote beinhaltete, die guten Former aber kaum Ausschuss produzierten, kamen sie auf Monatslöhne von etwa 4000 DDR-Mark (der Betriebsdirektor kam auf etwa 2000 DDR-Mark).

Übrigens, die Kurzfassung des Liedes von der Glocke nach Arthur Schramm[80] lautet „Loch gebuddelt, Bronze rinn, Glocke raus, bimm, bimm, bimm". Artur Schramms Gedichte wurden in der DDR oft zitiert z.B. „Sommer, Sonne, Wellenpracht, das hat die SED gemacht!". Ich war immer der Meinung, dass es sich um eine erfundene Figur handelte. Erst beim Schreiben dieses Abschnitts entdeckte ich im Internet, dass er von 1895 bis 1994 tatsächlich im Erzgebirge gelebt hat.

**Ein Besäufnis:** Betriebsveranstaltungen zu verschiedenen Anlässen waren in der DDR wenigstens einmal im Jahr üblich. Schon kurz nach meiner Einstellung war eine Wanderung mit den Mitarbeitern der Rechenstation und allen EDV-Entwicklern geplant. Am Tag des Ausflugs herrschte eine ungeheure Hitze. Deshalb wurde die Wanderung abgekürzt und wir landeten zwei Stunden früher in der Gartenkneipe, in der es ein Abendessen geben sollte. Der Wirt war etwas überrascht und stellte zunächst ein paar Flaschen tiefgekühlten Wodka (minus 20 Grad) und eine Batterie Gläser bereit. Ich kostete vorsichtig. Schmeckte wie Wasser, war aber schön kühl. Einige meiner neuen Kollegen tranken das Getränk auch wie Wasser und waren eine Stunde später blau wie die Haubitzen. Zum Glück kamen dann noch einige, denen die Wanderung zu beschwerlich war, mit dem Auto. Die transportierten die Alkoholleichen ab. Wo bin ich hier bloß gelandet, dachte ich. Es war aber eher eine Ausnahmesituation.

**Die Stasi greift ein:** Als ich bei der Gießerei anfing, sollte das Betriebssystem DOS auf dem Großrechner gefahren werden. Das

---

80  https://de.wikipedia.org/wiki/Arthur_Schramm

war hauptsächlich dem Rechenstationsleiter zu verdanken. Der kam von einem Polizeirechenzentrum mit DOS und wollte die Organisation seines alten Rechenzentrums 1:1 in der neuen Gießerei einführen. Ein Großteil der Entwickler wollte aber lieber das Betriebssystem OS. Wir setzten wir das sehr zum Ärger der Rechenstationsleiters durch.

Eines Morgens fehlten unser Abteilungsleiter und der Direktor des ORZ unangemeldet. Erst kurz vor Feierabend tauchten sie auf. Unser Abteilungsleiter erzählte, dass er am Morgen wie immer seine Tochter im Kindergarten abgeliefert habe. Als er wieder in sein Auto steigen wollte, wurde ihm von einem Herrn mit Klappausweis klargemacht, dass sein Auto da wo es stand, sehr gut stand und er in seinem Auto einsteigen solle. Er wurde ins Stasiquartier der Bezirksstadt gebracht und 7 Stunden verhört. Dem Direktor war es ähnlich ergangen. Wie sich herausstellte, hatte der Rechenstationsleiter Anzeige erstattet, dass mit der Einführung des Betriebssystems OS die planmäßige Inbetriebnahme der neuen Gießerei sabotiert worden sei. Offensichtlich konnte die Stasi das Problem nicht nachvollziehen. Es blieb beim Betriebssystem OS.

**Werkleiterdienst:** Im alten Hauptwerk der Gießerei war ein Zimmer mit Telefon, Pritsche, Kühlschrank und Kochnische. Dort fand der Werkleiterdienst statt. Damit sollte gewährleistet sein, dass immer jemand von der Werkleitung erreichbar war. Ich durfte auch gelegentlich diesen Dienst übernehmen. Bei meinem ersten Dienst meldete ich mich beim Pförtner, um den Schlüssel für das Dienstzimmer abzufassen. „Ach du bist der Diensthabende" sagte der Pförtner „Du sollst dich gleich noch bei der Kasse melden". In der Kasse bekam ich eine Kiste mit etwa 20 Lohntüten und eine Quittungsliste ausgehändigt. Die Lohntüten sollte ich um Mitternacht in der großen Halle an die Nachtschicht verteilen. Der Kassenmensch kannte mich nicht, ich war ja immer auf der Baustelle. Ich brauchte nicht nachzuzählen und musste auch nichts unterschreiben. Um Mitternacht ging ich in die Halle, die düster und ziemlich verlassen war. Nachdem ich „Hallo, es gibt Geld" gerufen hatte, tauchten nach und nach verschiedene Gestalten auf. Die sagten mir ihren Namen, ich suchte die zugehörige Lohntüte heraus und übergab sie gegen eine Unterschrift auf meiner Liste.

**Meine Aufgabe:** Der Formautomat in der neuen Gießerei stellte die Produktionsplaner vor völlig neue Probleme. Bisher hatten die Produktionsplaner den Formern eigentlich nur mitgeteilt, wann welche Gussstücke zur Auslieferung bereit sein müssten. Alle dazu notwendigen Abstimmungen nahmen die Former selbst vor. Falls es zu Terminproblemen kam, meldet sich der zuständige Former beim Planer und man kam zu einer beiderseits akzeptierten Lösung. Dem Formautomat konnte man natürlich vorgeben: Zuerst 100 Gussstücke des Typs A, dann drei Gussstücke Typ B, danach 10000 Gussstücke Typ C. Dafür, dass die Zeit zur Herstellung der notwendigen Kerne für die Gusstücke vom Typ A nicht ausreichen würde und dass nach den ersten 3000 Gusstücken des Typs C der Vorrat an Flüssigeisen der dafür notwendigen Sorte zu Ende wäre, gab es im Gegensatz zu der entsprechenden Mitteilung an die Former im alten Betrieb natürlich keine Rückmeldung.

Die Planer der alten Gießerei standen also jetzt vor der Aufgabe, für jeden Tag einen geeigneten Reihenfolgeplan aufzustellen. Damit waren Sie aber völlig überfordert. Deshalb war vorgesehen, dass die Planer für den jeweils nächsten Tagesplan ihre Wünsche in den Kategorien „unbedingt zu fertigen" und „wenn möglich zu fertigen" vorlegen sollten. Dabei sollten die Wünsche der ersten Kategorie deutlich unter der verfügbaren Produktionskapazität liegen und die Gesamtmenge der Wünsche die Fertigungskapazität möglichst nicht auslasten. Der eigentliche Reihenfolgeplan sollte dann vom Großrechner auf der Basis dieser Vorgaben aufgestellt werden.

Ich gehörte zum Team „kurzfristige Produktionsplanung". Um die von unserem noch zu schreibenden Planungsprogramm erzeugten Reihenfolgepläne auf ihre Brauchbarkeit prüfen zu können, schrieb ich zunächst ein Simulationsprogramm, das für einen vorgegebenen Plan die Stillstandszeiten der automatischen Formanlage infolge von Kapazitätsengpässen in den vorgelagerten Fertigungsstufen ermittelte. In der Zwischenzeit war das Planungsprogramm in der Testphase und die erzeugten Pläne konnten mit meinem Simulator bewertete werden. Anfangs waren sie in der Regel unzumutbar schlecht. Jetzt kamen mir meine Erfahrungen mit dem Bohnenspiel zum Einsatz. Wie beim Bohnenspiel beurteilten wir die Eignung der noch nicht verplanten Aufträge für die nächste Planposition unscharf und fanden so in der Regel mehrere „geeignete" Positionen. Von denen wählten wir dann mittels Zufallsgenerator eine aus. Nun lieferte das Planungsprogramm bei jedem Durchlauf einen anderen Plan. Die Bewertung mit dem Simulationsprogramm zeigte, dass dabei einige sehr brauchbare, aber auch immer mal weniger gute Pläne herauskamen. Unser Planungsprogramm lief immer nachts. Also erzeugten und bewerteten wir in der verfügbaren Zeit möglichst viele Pläne, um dann den mit der besten Bewertung zu verwenden.

## Neuerervorschläge

Im VEB Feinwäsche waren Neuerervorschläge der bessere Weg als Eingaben bei der Leitung, um neue Ideen durchzusetzen. Mit Eingaben ärgerte man nur die Leitung. Als ich bei der Harlass-Gieserei den gleichen Weg gehen wollte, wurde mir erklärt, dass es zu meinen Aufgaben als promovierter Ingenieur gehöre, mögliche Verbesserungen zu erkennen. Neuerervorschläge von meiner Seite kämen deshalb überhaupt nicht in Frage. Allerdings fand ich mit meinen Vorschlägen bei meinen dortigen Chefs auch fast immer ein offenes Ohr. Und ich wurde dafür auch als „Aktivist der sozialistischen Arbeit"[81] ausgezeichnet.

---

81  https://de.wikipedia.org/wiki/Aktivist_der_sozialistischen_Arbeit

## Zusammenleben mit Gudrun

Rochlitz ist die Heimat meiner Lebensgefährtin Gudrun. Hier ist sie auf einem Bauernhof groß geworden. An den Wochenenden zog es sie immer nach Rochlitz. Inzwischen war ich praktisch auch an jedem Wochenende dort. Damals waren (bis 1979) noch LPG-Kühe im Kuhstall dieses Bauernhofs, die von ihrer Mutter versorgt wurden. Danach waren noch einige Jahre Färsen im Kuhstall, bis die LPG diesen Stall nicht mehr nutzte. Die Scheune wurde von der LPG schon länger nicht mehr genutzt und war von meinem Schwiegervater an einen VEB vermietet. Er arbeitete als Pförtner in diesem Betrieb. Der Bauernhof war also kein richtiger Bauernhof mehr.

Es gab aber Hühner, Enten und zwei Schweine. Ein Schwein wurde im Herbst geschlachtet, das andere verkauft. Zum Schlachtfest kamen immer mein Schwager mit Familie, ein Onkel meiner Schwägerin und vor allem ein Fleischer. Nachdem das Schwein zerlegt war, wurde im Waschkessel[82] Wellfleisch gekocht. Für die Tötung und Zerlegung des Schweins sowie das Auswaschen der Därme war natürlich der Fleischer zuständig. Der Fleischer brachte auch einen elektrischen Fleischwolf mit. Für dessen Bedienung war ich zuständig. Ich drehte das für Bratwürste bestimmte Fleisch und für die Leberwurst die Lebern (der Fleischer brachte immer noch einige Zusatzlebern mit) und einen Teil des inzwischen garen Wellfleischs durch diesen Wolf. Dann wurde der Rest des Wellfleischs von allen Anwesenden für die Blutwurst in Würfel geschnitten. Da wurde auch genascht und um das fette Fleisch besser zu verdauen, gab es klaren Schnaps. Dem sprachen vor allem der Onkel und der Fleischer zu. Zuletzt wurden die Därme mit Bratwurst, Blutwurst und Leberwurst gefüllt. Auch Magen und Blase wurden mit Blutwurstmasse gefüllt. Die nicht mehr unterzubringende Blut- und Leberwurstmasse kam in Gläser und wurde eingekocht. Ein paar ordentliche Fleischstücke

---

82  https://de.wikipedia.org/wiki/Waschkessel

blieben auch noch übrig. Alle Blut- und Leberwürste kamen nun in die Wellfleischbrühe im Waschkessel. Nachdem mich der Fleischer über die einzuhaltende Temperatur und die Dauer des Wurstkochens instruierte hatte, setzten sich Fleischer und Onkel in ihre Trabbis und fuhren mit zwei bis drei Promille nach Hause. Gudrun hatte noch längere Zeit zu schrubben, während ich die Verantwortung für das Wurstkochen trug. Meine zukünftige Schwiegermutter pökelte den größten Teil der Fleischstücke, um sie später zu räuchern, was einen hervorragenden rohen Schinken ergab. Im Haus gab es nämlich auch eine Räucherkammer. Auch die fertig gekochten Würste und die Bratwürste wurden geräuchert.

Außer im Haushalt der Eltern machte sich Gudrun im Hausgarten und im „Schrebergarten" von etwa 2000 qm nützlich. Dort beeindruckte ich meinen zukünftigen Schwiegervater mit meiner Fähigkeit, Fahrmäuse zu fangen. Fahrmäuse sind eigentlich einfach Wühlmäuse. Der Name Fahrmaus kommt daher, dass die Gänge (Fahrten) der Maus dicht an der Erdoberfläche liegen.

Die Gartenanlage, zu der der Schrebergarten gehörte, bekam Gudrun Mitte der sechziger Jahre von ihrem Vater geschenkt, weil er damit den Zugriff der LPG auf die Gartenanlage verhindern wollte. Eigentlich sollte auch ihr Bruder Miteigentümer werden. Eine Teilung von Grundstücken war in der DDR nicht so ohne weiteres möglich. Gudruns Bruder hatte damals aber kein Interesse, so dass Gudrun alleinige Eigentümerin der Gartenanlage wurde. Eine gerechte Teilung wäre auch schwierig gewesen, da das einzig wirklich Wertvolle eine massive, unterkellerte Laube mit etwa 16 m² Grundfläche war. Die Einnahmen aus der Verpachtung deckten kaum den Verwaltungsaufwand. Im Keller der Laube lagern wir noch heute unsere geernteten Äpfel.

Gudrun hatte im Wohnhaus des Bauernhofs ein Zimmer mit einem Schlafkabuff und einem Dauerbrandofen. Wenn wir im Winter zum obligatorischen Wochenendbesuch kamen, brauchte es einen Tag bis vernünftige Temperaturen in ihrem Zimmer einzogen. 1991 verkleideten wir auf Basis der neuen Baumarktmöglichkeiten die Außenwand des Schlafkabuffs mit Holz. Das machte es im Winter ein wenig besser.

Mit den beiden Schweine im Stall veranstaltete ich gern „Tauziehen". D.h. ich hielt ihnen einen alten Reisigbesen in ihren Koben, an dem sie dann zogen. Das hat ihnen so viel Spaß gemacht dass sie sich, sobald ich im Stall auftauchte auf die Hinterbeine stellten und den Kopf über die Kobenwand hingen, um mich zu begrüßen. Das wiederum gefiel Gudruns Vater nicht, weil er befürchtete, dass die Schweine dabei die Wand einreisen könnten.

1980 gab es einen Großeinsatz im Wald. Gudruns Vater hatte vom Förster einige zehn Bäume bekommen. Nachdem die gefällt waren, kam die ganze Familie (ich inbegriffen) zum Einsatz, um die Stämme zu entasten. Gudruns Vater ließ daraus Bretter sägen, die uns später noch oft zugutekamen (Bretter waren in der DDR ohne Beziehungen kaum zu beschaffen, Waldbäume schon gar nicht).

Seit ich mit Gudrun zusammen wohnte, waren wir auch am Heiligabend und zu Silvester praktisch fast immer in Rochlitz. Manchmal war auch ihr Bruder mit Familie schon am Heiligabend in Rochlitz, meistens kamen sie erst zu Silvester. Am Abend des 24. Dezember gingen außer mir und Gudruns Vater alle in die Kirche. Ich machte derweil Schaschliks und bereitete den Abendbrottisch vor. Gudruns Vater passte das nicht: „Setz dich mit einem Bier an den Tisch und lass das die Weiber machen, wenn sie wieder da sind!"

**Eine Mobilmachungsübung:** Als ich bei der Gießerei anfing hatten Gudrun und ich einen ersten gemeinsamen Wanderurlaub im bulgarischen Hochgebirge geplant.

Am Jahresanfang bekam ich aber einen Einberufungsbefehl, Termin mitten im Sommer. Die Reserveoffiziere wurden meistens im Sommer eingezogen, um die beurlaubten Profis zu ersetzen. Diesmal passte es mir natürlich überhaupt nicht. Also ließ ich mir einen Termin im Wehrkreiskommando geben und versuchte dort klar zu machen, dass man mir das nicht antun könne. Man zeigte Verständnis, sah aber keinerlei Möglichkeit, mir entgegenzukommen.

Wenig später versuchte schon wieder ein Briefträger, mir ein verdächtiges Einschreiben zuzustellen. Ich ging ihm zunächst erfolgreich aus dem Weg. Das hat aber nichts genützt, er hat mir das Ding an meinem Dienstschreibtisch zugestellt. Es war ein Termin zu einem Gespräch beim Politstellvertreter des Wehrkreiskommandos.

Dort wurde ich zunächst zu strengster Geheimhaltung verpflichtet. Dann erfuhr ich, dass eine große Mobilmachungsübung geplant war. Es sollte ein Pionierregiment ausschließlich aus Reservisten einberufen werden. Außer den Reservisten sollten auch LKWs, andere Technik und sogar eine Dampflok eingezogen werden. Die eingezogenen Reservisten würden eingekleidet und dann innerhalb von zwei Wochen eine Eisenbahnbrücke über die Elbe bauen. Lediglich die Politstellvertreter der Kompanien würden schon vorher etwas wissen. Sie sollten die im Wald umherirrenden Reservisten sammeln und mit der Tatsache vertraut machen, dass sie erst in zwei Wochen wieder nach Hause kämen. Und ich wäre als Ersatz für einen schwer erkrankten Politstellvertreter vorgesehen. Zuletzt sagte der Politnik des Wehrkreiskommandos noch: „Ach ja, sie sind doch im Sommer für einen Reservistendienst vorgesehen. Der fällt damit natürlich flach."

Ich bin überzeugt, dass ich ohne meinen Protest gegen den sommerlichen Reservistendienst nicht an der Übung teilgenommen hätte, sondern eben diesen Reservistendienst hätte leisten müssen.

Einberufungsort war ein Wald in Rabenstein bei Karl-Marx-Stadt. Dort erhielten die eintreffenden Reservisten Uniform und Waffe, während die eingezogenen Fahrzeuge neue Nummernschilder bekamen und (mit Wasserfarbe) neu gespritzt wurden. Endlich setzte sich die Kolonne in Richtung Torgau in Bewegung. Dort angekommen, baute sich jede Kompanie ein Zeltlager im

Wald. Es war im zeitigen Frühjahr und ziemlich kalt. In den Zelten gab es Doppelstockbetten und einen Füllofen. Kohle wurde auch angeliefert. In diesem Zusammenhang stellte sich heraus, dass die Kohlenlieferung von meinem Arbeitskollegen Stephan L. organisiert war, der die Übung als Stellvertreter RD des Regiments mitmachte. RD steht für Rückwärtige Dienste, er war also zuständig für Nachschub an Essen und Ausrüstung. Ich hatte es bald heraus, den Ofen derartig mit Kohle zu füllen, dass er glühte und den größten Teil der Nacht ohne nachzulegen Hitze verströmte.

Waschen konnte man sich am Bach, was bei der Kälte wenig Spaß machte. Nach etwa einer Woche rief mich Stephan abends an und teilte mir mit, dass die Entaktivierungsanlage (diente eigentlich zum Abwaschen radioaktiven Staubs) in Betrieb genommen sei und ich mit meiner Kompanie dort eine warme Dusche nehmen könne. Da die Kompanie nach einer Woche Katzenwäsche am Bach ziemlich muffelte, raste ich begeistert los um die Kompanie zum Duschen zu führen. Es fanden sich auch etwa zehn Mann ein. Die übrigen blieben in den Zelten und erklärten, dass sie in einer Woche zu Hause ein ordentliches Bad nehmen könnten und deshalb lieber auf ihren Betten weiter faulenzen wollten. So konnten wir jeder eine halbe Stunde ausgiebig warm duschen und waren wie neugeboren.

Die Übung mit einem ganzen Regiment aus Reservisten war so außergewöhnlich, dass jede Menge Generäle anreisten, um den Ablauf zu beobachten. Deshalb wurde im Wald auch ein großes Kantinenzelt mit weiß gedeckten Tischen errichtet. Dank meiner Beziehungen zum RD konnte ich, wenn alle Generäle weg waren, dort auch manchmal (Reste) speisen.

Am letzten Wochenende war im nächstgelegenen Dorf Tanz. Das bewirkte, dass abends der größte Teil meiner ungewaschenen Soldaten unabgemeldet verschwand. Ob sie Erfolg bei den Dorfschönen hatten, wurde mir nicht mitgeteilt.

159

Der Brückenbau sollte mit einer Art riesigem Metallbaukasten erfolgen. In der Mitte war ein Teil auf Pontons vorgesehen, der ausgeschwommen werden konnte. Soweit ist es aber nicht gekommen, weil einige wichtige Teile des Baukastens so verrostet waren, dass der Brückenbau vorzeitig abgebrochen werden musste.

Rein physisch war die Übung für mich nicht besonders anstrengend. Aber psychisch hatte sie mich wohl doch mehr mitgenommen als ich dachte. Nach dem Ende der Übung war ich noch einige Wochen fast jede Nacht im Traum wieder dort.

**Erster gemeinsamer Bulgarien-Urlaub:** Nach absolvierter Übung stand meinen geplanten Urlaub mit Gudrun in Bulgarien nichts mehr im Wege. Sie hatte einen neuen Rucksack mit Tragegestell und Bauchgurt. Ich bekam ihren alten Rucksack, den sie bei früheren Gebirgstouren in Rumänien benutzt hatte. Das war ein klassischer Jägerrucksack, der gefüllt eine Art Kugel bildete und gewaltig nach hinten zog. Zelt, Schlafmatten, Schlafsack, Benzinkocher, Regenumhänge, Ersatzklamotten, Waschpaste, Waschzeug, Sonnencreme, zwei Taschenmesser, zehn Tafeln bittere Schokolade (4,80 Mark das Stück), Konservendosen mit Fisch, Wurst und Käse, einige Tütensuppen, schwarzer Tee und etwas Zucker, ein Alu-Topf und eine Alu-Teekanne, zwei Löffel, ein Wischtuch, Filme und Fotoapparat, Wanderkarten und eine 1-Liter-Wofalor-Flasche voll Benzin wurden eingepackt. Wofalor war ein DDR-Weichspüler. Ich hatte verschiedenste Flaschen als Benzinbehälter getestet, die Wofalor-Flasche war am besten geeignet.

Wir wollten mit dem Zug von Dresden nach Sofia fahren, dann zu Fuß und mit öffentlichen Verkehrsmitteln nach Burgas und von dort mit dem Zug zurück. Mein Vater hat uns in Rochlitz abgeholt und am Dresdner Hauptbahnhof abgeliefert. Schlafwagen gab es nicht, aber wir hatten uns zumindest in beiden Richtungen Sitzplätze in der ersten Klasse reserviert. In Sofia angekommen, gesuchten und fanden wir den (damals wohl einzigen) Zeltplatz. Dort erklangen bis spät in die Nacht auf einer kleinen

Bühne orientalische Klänge. Wir hatten eher slawische Klänge erwartet. Das vierhundert Jahre türkische Besetzung nicht spurlos bleiben, war uns bis dahin nicht bewusst. Noch heute werden ich und Gudrun durch orientalische Klänge sofort an unseren ersten Bulgarien-Urlaub erinnert.

Nach einer Erkundung Sofias und der Fahrpläne von Bus und Zug, fuhren wir mit dem Zug nach Sandanski[83]. Dort musste man unbedingt aussteigen, denn der nächste Bahnhof Kulata lag an der Grenze zu Griechenland. Als DDR-Bürger wurde man dort sofort verhaftet.

Sandanski selbst beeindruckte uns durch seinen zentralen, völlig mit weißem Marmor verkleideten Platz. Zunächst suchten wir eine Touristenherberge auf, die aber keinen sehr vertrauenswürdigen Eindruck machte. Nachdem dort noch ein großer Skorpion unseren Weg kreuzte, machten wir uns auf die Suche nach einem Zeltplatz. Am Ortsausgang in Richtung der Berge fanden wir einen illegalen Zeltplatz, auf dem schon mehrere Bergzelte standen. Ganz in der Nähe gab es sogar einen Kiosk, in dem man im Bach gekühltes Bier kaufen konnte.

Am nächsten Tag wurde der Busbahnhof gesucht, um mit dem Bus nach Melnik zu fahren. Melnik ist die kleinste Stadt Bulgariens (weniger als 500 Einwohner) und bekannt für seine Sandsteinpyramiden[84]. Vor allem war Melnik ein beliebter Ausgangspunkt für Wanderungen ins Pirin. Der höchste Berg des Pirin ist der Wichren mit 2914 m. Melnik liegt auf 400 m.

Auch hier fanden wir einen idyllischen, wilden Zeltplatz an einem Gebirgsbach. Die Zelte waren alles Bergzelte, die Insassen alles DDR-Bürger (größtenteils Studenten) und wenn die Sonne schien lief fast jeder nackt herum. Nur selten kam ein (meistens etwas stieläugiger) Bulgare vorbei. Im Gebirgsbach gab es große Tümpel, die nachmittags hervorragend zum Baden geeignet wa-

---

83  https://de.wikipedia.org/wiki/Sandanski
84  https://de.wikipedia.org/wiki/Pyramiden_von_Melnik

ren. Frühmorgens war das Wasser im Bach aber so kalt, dass einem beim Waschen die Finger wehtaten.

Nebenbei bemerkt, in den 80er Jahren sah man das Nacktbaden in der DDR ganz unverbissen. Viele gingen auch am Textilstrand ohne Bekleidung ins Wasser. Daran hat sich nie jemand gestört. Umgekehrt regte es an einem ausgewiesenen FKK-Strand auch niemanden auf, wenn sich jemand nicht auszog. Bei meinen ersten Aufenthalten in den alten Bundesländern erschienen mir deren Bürger noch viel freizügiger, waren doch an jedem Zeitungskiosk barbusige Damen zu sehen. Teilweise wurden sogar neue Wege zum Orgasmus versprochen. So etwas gab es in der DDR nicht. Umso verblüffter war ich, dass unsere West-Bekannten FKK völlig ablehnten.

Wegen der paradiesischen Idylle blieben wir zwei Nächte in Melnik, dann ging es zu Fuß in Richtung Pirinhütte (1640 m), die in 5 bis 6 Stunden erreichbar sein sollte. Diese erste Etappe war sehr anstrengend. Die Hitze war groß, der Weg eintönig und zu allem Überfluss wurden wir von einem Schwarm Bremsen belagert. Zum Glück hielt ein LKW an. Der Fahrer wollte mit seiner Familie Himbeeren ernten und wir durften hinten aufsitzen. Er lud unterwegs noch ein paar Wanderer auf. Von seinem Ziel waren es nur noch ein paar hundert Meter bis zur Hütte.

In der Pirinhütte gab es einen gut ausgestatteten Laden. Wir füllten unsere Vorräte auf und leisteten uns eine Flasche Rotwein, die wir an der Wichrenhütte leeren wollten. Am nächsten Morgen brachen wir frühzeitig auf. Immer wenn man die Hände zu Hilfe nehmen musste, fanden wir Speisezwiebeln, die unsere Vorgänger wohl verloren hatten. Die kamen in unsere Rucksäcke. Das Wetter wurde immer schlechter. Als wir an der Hütte ankamen, schneite es kleine Eiskörner. Aus einem riesigen Kessel im Gemeinschaftsraum der Hütte ragten einige Äste, die als Teegrundlage dienten. Für fünf Stotinki bekamen wir einen ordentlichen Schluck ab. Die Hütte war so voll, dass es nicht einmal mehr ein Notquartier gab. Mit Zelten neben der Hütte war es auch nichts, da Naturschutzgebiet und Zelten verboten. Also Abstieg zur Demjanitzahütte. Diesen Abstieg hatten wir eigentlich als weitere Tagestour geplant. Als ich dort den Rucksack absetzte, hatte ich das Gefühl, bei jedem Schritt abzuheben. Auch diese Hütte war völlig überfüllt, aber wir durften unsere Schlafsäcke auf dem Fußboden eines Gangs ausbreiten.

Das Wetter war auch am nächsten Tag mies, so dass wir uns in Richtung Bansko[85] aufmachten. Kurz vor dem Ortseingang war ein Zeltplatz angezeigt. Dort zeltete bereits eine Gruppe westdeutscher „Jungchristen". Die erklärten uns, dass gelegentlich jemand vorbeikäme, um zu kassieren. Es gab ein Plumpsklo und einen Bach zum Waschen, war aber sonst sehr idyllisch. Bansko selbst machte auch einen guten Eindruck. Typisch waren die aus großen runden Flusssteinen bestehenden Häuserwände. Bansko liegt an einem größeren Fluss, der voll von solchen Steinen ist. In bulgarischen Dörfern fand man damals noch Waschmaschinen, die mit dem Wasser eines Baches angetrieben wurden. Die größte dieser Art, die wir sahen, stand im Fluss bei Bansko. Sie hatte mindestens sieben Meter Durchmesser und die Bulgarinnen warfen komplette Teppiche da hinein. Heute scheint es diese riesige Ökowaschmaschine nicht mehr zu geben. Dafür ist Bansko jetzt ein beliebter Wintersportort und längst nicht mehr so idyllisch.

Von Bansko ging es mit dem Bus zum Rila-Kloster. Am Busbahnhof in Bansko wollte man uns keine Fahrkarten verkaufen. Wenn ein Bus in unsere Richtung kam, gab es ein paar Karten. Wenn wir dran waren, erhielten wir aber wieder keine. Nach zwei, drei Stunden begriffen wir, dass der Fahrer jedes ankommenden Fernbusses die Anzahl freier Plätze meldete und dann genau für diese freien Plätze Fahrkarten verkauft wurden. Also blockierten wir den Fahrkartenschalter und ließen nur die vor, die nicht in unsere Richtung wollten. Um zum Rila-Kloster zu kommen, musste man zweimal umsteigen. Als wir endlich in unserem

---

85  https://de.wikipedia.org/wiki/Bansko

Bus saßen, machte uns der Fahrer nicht nur auf die Ausstiegshaltestelle aufmerksam, sondern er übergab uns persönlich dem Fahrer des Anschlussbusses. Der reichte uns in gleicher Weise an den nächsten Bus weiter. Am Rila-Kloster gab es einen riesigen Backofen. An einem winzigen Fenster erstanden wir ein in diesem Backofen gebackenes Brot, von dessen Qualität Gudrun heute noch schwärmt.

Für die Rückfahrt nach Deutschland waren wir im Besitz von Platzkarten für die erste Klasse. Wie sich herausstellte, hatten wir das Abteil für uns allein. Kurz nach Bukarest gab es eine Kontrolle. Der Schaffner erklärte unsere Platzkarten für ungültig und wollte uns neue gegen D-Mark verkaufen. Wir streikten, D-Mark hatten wir ja ohnehin nicht. Nach einer Weile kam der Schaffner mit einem „Rausschmeißer" und einem Bäuerlein wieder. Der Rausschmeißer beförderte uns und unser Gepäck auf den Gang und das Bäuerlein durfte sich auf einer der beiden Abteilbänke zum Schlafen legen. Der ganze Vorgang war dem Bäuerlein sichtlich peinlich. Wir fanden noch zwei Plätze in einem zweite-Klasse-Abteil. Hinter der rumänisch-ungarischen Grenze bezogen wir dann unser reserviertes Erste-Klasse-Abteil wieder.

**Weitere gemeinsame Urlaube:** Unser erster gemeinsamer Urlaub in Bulgarien war sehr schön, die jeweils dreitägige Bahnfahrt aber sehr stressig. Die rumänische „Zug-Mafia" war der Anstoß, nie wieder mit der Bahn nach Bulgarien zu fahren. Wir waren noch mehrmals dort, sind dann aber immer ab Berlin oder Dresden mit dem Flugzeug nach Sofia geflogen. Nach der Übernachtung auf „unserem" Zeltplatz ging es mit öffentlichen Verkehrsmitteln und vielen Wandereinlagen nach Varna. Dort gab es meist eine dreitägige Schwarzmeer-Badepause und danach ging es mit dem Flugzeug wieder nach Hause. Wir waren in den Rhodopen, der Stara-Planina und ein zweites Mal im Pirin. Ein Problem gab es bei der Benutzung des Flugzeugs im Zusammenhang mit unserem Benzinkocher. Im Flugzeug konnten wir nur eine leere Wofalor-Flasche mitnehmen. An einer Tankstelle durfte man die nicht füllen. Also fragten wir auf dem ersten Zeltplatz die Viertakt-Autobesitzer, ob wir ihren Tank etwas anzapfen könnten. Einen geeigneten Plastikschlauch hatten wir mit.

In den Rhodopen begegneten wir einem rüstigen Opa. Als der hörte, dass wir zur Partisanski Xischa (Partisanenhütte) wollten, erklärte er, dass er da auch hin wolle. Er schnappte sich Gudruns Rucksack und rannte los. Wir hinterher, ich allerdings mit heraushängender Zunge. Ich hatte ja meinen Rucksack noch. Als ich nicht mehr konnte, blieb der Opa zum Glück stehen und zog seinen eigenen Rucksack aus einem Gebüsch. Da der nicht sehr schwer war, bekam ihn Gudrun. Zu meinem Glück war der Opa Kavalier und lief jetzt der Dame zuliebe langsamer. Das hat mir wahrscheinlich das Leben gerettet. An der Partisanenhütte angekommen ließ er nicht zu, dass wir unser Zelt aufstellten. Er redete mit der Hüttenwirtin und wir bekamen kostenlos ein schönes Zweibettzimmer.

Die Stara Planina war im zweiten Weltkrieg Schauplatz erbitterter Kämpfe zwischen bulgarischen Partisanen und den deutschen Besatzern. Die Hüttenwirte waren zum Teil alte Partisanen, die noch keinen Frieden mit den Deutschen gemacht hatten. Eine unserer Stationen war die Ray-Hütte (Ray heißt Paradies). Dort gab es einen 150 Meter hohen Wasserfall. Gudrun meinte, in ziemlicher Höhe neben dem Wasserfall eine Wegmarkierung zu erkennen. Da müssen wir morgen rauf, rief sie aus. Ich bezweifelte das, schon allein, weil ich meinen 25-Kilo-Rucksack da nicht hinaufschleppen wollte.

Wir hatten auf dem Weg zwei DDR-Studenten kennengelernt, die etwas hochpolitisches (Außenpolitik?) studierten und uns agitierten, mit Ihnen am nächsten GutsMuths-Lauf teilzunehmen. Wir hatten unsere Bergzelte nebeneinander in der Nähe der Hütte aufgestellt. Mit einem der beiden ging ich zur Berghütte, um nach Brot und Konserven zu fragen. Es gab in der Hütte eine Art Gaststätte und das Küchenpersonal war sehr hilfsbereit. Als wir noch verhandelten, kam der Hüttenwirt in einem Jeep herangebraust. Sein Ausruf „Nemzi njet!" (Keine Deutschen!) beendete die Diskussion. Den Hüttengästen war das sichtlich peinlich. Sie schenkten uns Brot und Konserven aus ihren eigenen Vorräten. Das Brot nahmen wir an, die Konserven lehnten wir dankend ab, weil wir noch einen genügenden Vorrat hatten.

Gudrun hatte übrigens recht, am nächsten Tag ging es neben dem Ray-Wasserfall[86] nahezu senkrecht nach oben. Am Ende der Steilwand angekommen, war es nicht mehr sehr weit bis zum Botev. Das ist der höchste Gipfel der Stara-Planina. Es handelte sich um einen sanft gerundeten Gipfel mit diversen, zu einer Wetterstation gehörigen Gebäuden. Die waren von Müllbergen umgeben. Diesen achtlosen Umgang mit der Natur erlebten wir leider öfters. Vom Botev ging es immer auf dem Kamm weiter. Der Weg zog sich endlos hin und als wir kaum noch konnten, erblickten wir im Tal die Berghütte, zu der wir wollten. Das beflügelte uns zwar etwas, trotzdem waren wir fix und fertig, als wir an der Hütte angelangt waren. Der Hüttenwirt war nicht da, die Hütte überfüllt. Die Hüttengäste sagten uns, wir sollten doch unser Zelt neben die Hütte stellen, der Wirt habe da nichts dagegen. Nachdem unser Zelt stand, fragten wir nach Brot. Brot gäbe es in einem zwei Kilometer entfernten Berghotel. Also machten wir uns ohne Rucksack auf die Socken und bekamen tatsächlich ein schönes frisches Brot. Wieder am Zelt angelangt, kam auch diesmal der Hüttenwirt mit einem Jeep angerauscht. Mit dem uns schon bekannten Ruf „Nemzi njet!" zog er die Heringe unseres Zeltes aus dem Boden. Wir stiegen etwa 150 Meter Wegstrecke hangabwärts an einen dort fließenden Gebirgsbach. Da wir dort aus Richtung Hütte nicht gesehen werden konnten und zudem völlig fertig waren, stellten wir unser Zelt an diesem Bach auf. Mit Tee aus Bachwasser, frischem Brot und einer Konservendose ließen wir den Tag ausklingen. Zum Glück gab es keine weiteren Zwischenfälle.

---

86  https://de.wikipedia.org/wiki/Rajsko_Praskalo

Am nächsten Tag stiegen wir wieder auf den Kamm und liefen Richtung Süden. Leider zog dichter Nebel auf. Der Weg führte über Bergwiesen und war als solcher nicht zu erkennen. Alle fünfzig Meter gab es aber eine zwei Meter hohe, rot-weiße Stange. Wir liefen zu zweit soweit, dass wir die letzte Stange gerade noch erkennen konnten. Dann lief ich voraus und suchte die nächste Stange. War sie gefunden rief ich Gudrun, die dann nach Gehör weiterlief. Manchmal lockerte sich der Nebel etwas. So hatten wir einmal einen Blick in ein tiefes Tal, das völlig mit Wolken gefüllte war. Ein Gefühl als säße man im Flugzeug. Später begegneten wir einem Schäfer, der sich eine große Plastiktüte über den Kopf gestülpt hatte. In der Gegend war alles mit Blaubeerbüschen bewachsen, durch die sich Einmann-Trampelpfade zogen. Die nächsten zwei Kilometer lief ich als erster, dann kam die an Hunde gewöhnte Gudrun, dicht gefolgt von einem knurrenden Schäferhund. Später gab es wieder einen Weg, aber immer noch dichten Nebel. Es wurde langsam finster, als sich der Weg verzweigte. Es ging nach unten oder weiter auf dem Kamm. Während wir beratschlagten, welchem Weg wir folgen sollten, glaubte ich im Nebel einen Pfahl zu erkennen. „Da scheint ein Wegweiser zu stehen" rief ich. Der Wegweiser entpuppte sich als eine Ecke der Berghütte, in der wir übernachten wollten. In der Hütte stellten wir fest, das wir uns einen kräftigen Sonnenbrand zugezogen hatten, obwohl wir den ganzen Tag keine Sonne gesehen hatten. In der Nacht wurden wir mehrmals durch wüstes Hundegebell geweckt. Am Morgen erklärte uns die Hüttenwirtin, dass ein Bär die Hunde so aufgeregt habe. Die Bergtour endete am Schipkapass. Dort besichtigten wir in Gabrovo das sehr empfehlenswerte Dom Chumora (Haus des Humors) und ein sehr interessantes Freiluftmuseum zur Nutzung der Wasserkraft.

Bei unserer zweiten Pirin-Wanderung war das Wetter besser. Nach der Gebirgsüberquerung hatten wir uns schon auf den idyllischen Zeltplatz bei Bansko gefreut. Leider gab es den nicht mehr. Wir schlugen unser Zelt an der Kreuzung zweier Feldwege inmitten von Maisfeldern auf. Am nächstem Morgen arbeiteten mehrere Frauen im Mais. Die brachten uns Melonen und Tomaten ans Zelt, welche zwischen den Maispflanzen wuchsen. Diesmal sind wir von Bansko mit einer Bimmelbahn (der Rhodopenbahn) weitergefahren.

In Varna zelteten wir immer in einem mit dem Stadtbus erreichbaren Dorf. Einmal sahen wir dort, dass der staatliche Gemüseladen gerade eine LKW-Ladung Pfirsiche bekam. Im Gemüseladen kosteten die Pfirsiche nur ein Viertel von dem, was man auf dem Markt bezahlen musste. Wir waren in der sich sofort bildenden Schlange an dritter Stelle, doch der Kunde vor uns kaufte alles. Trotz der lautstarken Proteste lud er alle Pfirsichkisten auf seinen LKW und schaffte sie zu seinem Gemüsestand am zweihundert Meter entfernten Markt. Später erzählte ich das einem bulgarischen Assistenten an der TH und meinte, dass ich die Polizei hätte holen sollen. „Das hätte nichts genützt." sagte er. „Der Dorfpolizist war selbstverständlich am Geschäft beteiligt."

Außerdem machten wir auch mit dem Auto an der Ostsee und mehrmals in der ČSSR Urlaub. Immer mit Zelt. Einmal hat uns mein Schwager in eine Ferienhütte im slowakischen Paradies eingeladen. War sehr schön!

**Gudrun wird MRES-Spezialistin:** Nachdem ich den VEB Feinwäsche verlassen hatte, wurde dort ein MRES[87] angeschafft. MRES stand für Mikro-Rechner-Entwicklungssystem. Das war ein Vorläufer der Bürocomputer mit einem 8-Bit-Prozessor U880. Es wurden Freiwillige für die Arbeit an diesem Ding gesucht. Ich riet Gudrun, sich dafür zu melden. „Das ist die Technik der Zukunft" sagte ich zu ihr. Sie machte das und wurden später von Ihren Kollegen beneidet.

---

87  http://www.robotrontechnik.de/index.htm?/html/computer/mres.htm

## Was sonst noch passierte

**Ich werde bei der Stasi angezeigt:** Der Großrechner in der Gießerei wurde, wie eigentlich alle Großrechner, hauptsächlich im „Closed Job" betrieben. Ein Job bestand in der Regel aus einem mehr oder weniger großen Stapel von Lochkarten, die im Wesentlichen die Parameter für die zu startenden Programme enthielten. Dazu gab es noch ein Papier, auf dem die bereitzustellenden Wechseldatenträger (Platten und Halbzoll-Magnetbänder) vermerkt waren.

Für die regelmäßig abzuarbeitenden Jobs gab es die sogenannte Arbeitsvorbereitung. Die stellte die Jobs zusammen und gab sie an die Bediener weiter. Im Falle größerer Aufgaben wie bei unserem Planungsprogramm waren das aber oft viele Jobs. Alle auf Lochkarte vorliegenden Jobs wurden zunächst eingelesen und lagen auf Vorrat in der sogenannten Jobwarteschlange bereit. Dann startet der Bediener den oder die ersten Jobs (die Maschine konnte maximal drei Jobs gleichzeitig bearbeiten). Je nach Ergebnis eines gestarteten Jobs startet der Bediener dann den oder die nächsten Jobs. Dazu hatte er eine genaue Dokumentation der Abhängigkeiten. Das war natürlich fehleranfällig und schrie nach Automatisierung.

Es sollte da ein Programm bei Robotron geben, das dafür geeignet schien. Ich rief meinen Studienkollegen Frank H. bei Robotron an, und fragte, ob er mir eine Dokumentation dieses Programms besorgen könne. Er meinte, dass er sowieso demnächst in der Nähe sei, und mir ein Magnetband mitbringen würde, auf dem nicht nur die Dokumentation, sondern auch das Programm sei, so dass ich es gleich ausprobieren könne. Wenn ich es nicht mehr brauchte, sollte ich das Band per ZKD (**Z**entraler **K**urier**d**ienst) wieder zu ihm zurückschicken. Der ZKD war ein Dienst zu Beförderung von Post zwischen staatlichen Einrichtungen, der den Spionen des Westens das Leben schwer machen sollte. Ich gab im Rechenzentrum zunächst einen Job zum Kopieren des

Bandes ab. Als ich den fertigen Job abholte, bekam ich das Band nicht zurück. Der Rechenstationsleiter hatte das Fremdband beschlagnahmt und das Vorkommnis der Stasi gemeldet. Ich konnte meine Tests trotzdem machen, ich hatte ja jetzt eine Kopie. Kurze Zeit später kam ein Stasi-Mitarbeiter zur Untersuchung des Sachverhalts in den Betrieb. Ich wurde ausgiebig verhört, aber nicht verhaftet. Nach einigen Tagen erschien er wieder und teilte mir mit:

- Eine Untersuchung durch Spezialisten habe den von mir beschriebenen Inhalt des Bandes bestätigt.
- Man sei zu dem Schluss gekommen, dass ich mich mit diesem Band weder bereichern noch Schaden im Betrieb anrichten könne.
- Man habe das Band wie von mir angegeben, per ZKD an Robotron zurückgeschickt, was sicherstelle, dass es dort Ärger gebe, wenn mit der „Ausleihe" etwas faul war.
- Wenn ich noch bestätigen könne, dass außer mir niemand das Band in der Hand gehabt hat, wäre die Sache erledigt.

Ich sagte, dass ich das aber nicht für die Kopie dieses Bandes zusichern könne, weil die im Archiv des Rechenzentrums stehe und da praktisch alle Mitarbeiter des Rechenzentrums herankämen. Der Herr von der Stasi war entsetzt und begab sich zum Rechenstationsleiter. Ich hoffe, er hat den ordentlich zusammengestaucht.

Das Programm entsprach übrigens nicht meinen Vorstellungen, so dass ich eine eigene Lösung konzipierte und umsetzte. Ich entwarf ein lochkartengerechtes Formular, in dem die Arbeitsvorbereitung alle Parameter für einen Lauf unseres Planungssystems eintragen konnte und ein Programm, das anhand dieser Planungsparameter alle für die Ausführung notwendigen Jobs erzeugte und ohne den Umweg über Lochkarten in die Jobwarteschlange stellte. Dann gab das Programm den ersten Job zur Abarbeitung frei. Jeder dieser automatisch erzeugten Jobs rief zuletzt ein Programm auf, das je nach Ergebnis des Jobs den oder die nächsten Jobs startete.

Als ich das Ganze zum ersten Mal testete, hatte ich einen Job, der aus etwa zehn Lochkarten bestand. Der Bediener las ihn ein und startet ihn. Plötzlich rief er: „Was ist denn jetzt los, wo kommen denn alle diese Jobs her? Und jetzt starten auch noch welche von allein! Und auch noch mehrere gleichzeitig!"

In der Regel gab jeder Entwickler vor Arbeitsende wenigstens einen Job ab, um sein Tageswerk zu testen. Wenn man Glück hatte, war der frühmorgens fertig. Solche komplexen Dinge wie das Planungssystem waren oft nicht fertig. Das durchzuziehen war der Nachtschicht einfach zu stressig. Nachdem ich meinen Jobgenerator eingeführt hatte, war unser Planungssystem in der Nacht immer gelaufen. Die Bediener wussten, dass der Rechner damit voll ausgelastet war und sie wenigstens zwei Stunden Ruhe hatten. Deshalb starteten sie unser Planungssystem immer, bevor sie sich eine ausgiebige Kaffeepause gönnten.

**Meine utopische Spinnerei:** Wie im Abschnitt über mein Forschungsstudium erwähnt, kannte ich Dr. Volkmar K., der im Buchungsmaschinenwerk Karl-Marx-Stadt mit für die Entwicklung des Bürocomputers A5120[88] verantwortlich war.

Der A5120 wurde ab 1982 gebaut, Volkmar führte ihn mir aber als Entwicklungsmuster schon früher vor. Der hatte eine Schnittstelle zur Datenübertragung, über die er auch ferngesteuert werden konnte und drei Diskettenlaufwerke. Ich wollte ich ihn für unser Planungsprojekt verwenden. Nebenbei, von den drei Diskettenlaufwerken war eins immer für das Betriebssystem belegt. Festplatten gab es noch nicht.

Nach der bisherigen Planung sollte jeden Tag eine Liste mit offenen, demnächst fälligen Bestellungen gedruckt werden. Aus dieser Liste stellten dann die Technologen eine Liste von Bestellungen mit großer, mittlerer und geringer Dringlichkeit zusam-

---

88  https://de.wikipedia.org/wiki/A_5120

men. Diese Liste sollte als Input für unser Planungsprogramm auf Lochkarten erfasst werden. Unser Planungsprogramm setzte daraus einen Tagesplan zusammen, der einen möglichst großen Durchsatz am Formautomaten garantierte. Wenn der Plan fertig war, wurden die Bestelldaten aktualisiert und eine neue Liste mit offenen Bestellungen gedruckt.

Meine Idee war nun, einen solchen A5120 zu beschaffen, was bestimmt möglich gewesen wäre. Der Gießereineubau war ja ein Prestigeobjekt der Regierung. Der Großrechner sollte die Liste nicht mehr drucken, sondern nachts auf eine Diskette des PCs spielen. Der Planer konnte dann seine Liste mit Fertigungswünschen am Bildschirm online zusammenstellen. Die wäre danach auch auf Diskette gespeichert worden, von wo sie unser Planungsprogramm nachts abgeholt hätte. Daraus wurde nichts. Mein Vorschlag wurde als „utopische Spinnerei" abgetan!

**Ein Einsatz im Wald:** 1980 hatte es in der DDR große Waldschäden durch Windbruch gegeben. Die Betriebe wurden aufgerufen, freiwillige Helfer in die Wälder zu schicken. Auch bei uns wurden freiwillige Helfer gesucht. Da es gerade irgendwelchen Streit in der Abteilung gab und schönes Herbstwetter war, meldete ich mich. Ich wurde mit einer Axt und Arbeitsschuhen ausgerüstet. Im Wald sollte ich (und eine Menge weiterer Helfer) gefällte Fichten entasten. Trotz kurzer Einweisung zum Umgang mit der Axt verletzten sich mehrere Helfer die Beine. Mir ist das zum Glück nicht passiert, aber ich hatte ja schon in Rochlitz geübt. Außerdem sammelte ich nebenbei eine Menge Boviste. Leider vermisste man mich so an meinem Schreibtisch, dass schon nach zwei Tagen eine Ablösung für mich gestellt wurde.

**Einsatz in der Produktion:** Einige Zeit später wurden Freiwillige für einen sonnabendlichen Produktionseinsatz in der Putzerei gesucht. Ich wollte mich drücken, indem ich auf den Termindruck bei meinen dienstlichen Aufgaben verwies. Der Betriebsparteisekretär machte mir klar, dass es hier vor allem darauf ankäme, meine Verbundenheit mit der Arbeiterklasse zu demonstrieren. Also meldete ich mich am nächsten Sonnabend um acht Uhr beim Meister in der Putzerei. Der drückte mir eine Kiste mit kleinen Gussteilen in die Hände und wies mir einen Schleifbock zu. „Teile dir die Arbeit ein, mehr gibt es nicht!". Nebenher durfte ich noch eine Trommelputzmaschine bedienen. Das war eine Art Waschmaschine ohne Wasser. In der „Waschtrommel" befand sich eine Menge kleiner Grauguss-Abfälle, das sogenannte Trommelfutter. Dazu kam noch eine erkleckliche Zahl mittelgroßer, noch zu putzender Gussstücke. Durch das Rotieren der Trommel wurden die Grate dieser Gussstücke durch das Trommelfutter abgeschlagen. Man musste nur ab und zu die hinreichend geputzten Teile heraussuchen und neue Teile nachfüllen. Etwa um 11 Uhr wurde das Ende des Einsatzes verkündet. Meine Kiste war inzwischen sowieso leer. Pünktlich zum Mittagessen war ich wieder zu Hause. Das Putzen großer Gussstücke war eine schwere, dreckige und vermutlich auch gesundheitsschädigende Arbeit, weshalb ein Gussputzer sehr gut verdiente. Für unseren Sonnabend-Einsatz sollten wir den Durchschnittsverdienst eines Gussputzers erhalten. Am Monatsende waren etwa 50 Mark mehr als sonst auf meinem Konto. Mein üblicher Netto-Stundenlohn lag damals bei etwas weniger als 8 Mark. 50 Mark für drei Stunden ohne Stress waren nicht übel! Danach demonstrierte ich sonnabends öfters meine Verbundenheit mit der Arbeiterklasse.

**Ein Nasenauto:** Ein etwa gleichaltriger Kollege hatte einen alten Trabbi und eine neue Anmeldung. Beim Frühstück regte er sich auf „Kollegen mit Beziehungen bekommen vom Betrieb ein Nasenauto. Ich bin schon ewig hier und erhalte keins!" „Was ist ein Nasenauto?" wollte ich wissen. „Na, das ist ein neues Auto, das du ohne Bestellung vom Betrieb kaufen kannst." Zufällig kam gerade der Chef der Betriebsgewerkschaftsleitung vorbei und suchte einen freien Platz. Ich winkte ihn an unseren Tisch. „Gibt es wirklich Nasenautos im Betrieb?" wollte ich wissen. „Nein, es gibt keine Nasenautos." „Aber es wird immer wieder behauptet, da muss doch was dran sein!" Der Gewerkschaftsboss eierte:

„Nun ja, der Betrieb hat eine Zuteilung von Autos, die er an verdiente Kollegen weitergibt. Diese Kollegen müssen aber eine Bestellung haben. Sie bekommen das Auto nur früher." „Und wie wird man so ein verdienter Kollege?" wollte ich wissen. „Da muss man einen Antrag auf ein Auto aus dem Betriebskontingent stellen. Dann kommt man auf eine Warteliste. Der Platz auf der Liste hängt von der Länge der Betriebszugehörigkeit, dem Alter, dem Familienstand und solchen Dingen wie Schichtarbeiter ab".

Mein Kollege hatte in der Gießerei einen Berufsabschluss mit Abitur gemacht und war dann zum Studium delegiert worden. Deshalb hatte er trotz seiner erst vierzig Lebensjahre eine weit mehr als zwanzigjährige Betriebsangehörigkeit. Er stellte noch am gleichen Tag einen solchen Antrag und schon sechs Wochen später bekam er einen neuen Wartburg-Kombi. Leider hat er nicht mehr viel davon gehabt. Er hat mit seiner Familie und dem neuen Auto eine Individualreise in den Kaukasus gemacht. Als er wieder zur Arbeit kam, meinte er, dass ihm das Essen bei dieser Reise wohl nicht bekommen wäre. Wenn die Magenbeschwerden nicht aufhörten, müsse er mal zum Arzt. Vier Wochen später ist er zu meinem großen Bedauern an Magenkrebs gestorben.

## Wehrdienst in Doberlug-Kirchhain

Im Februar 1982 war die Inbetriebnahme der neuen Gießerei geplant. Erich Honecker sollte persönlich anreisen, um den Startknopf zu drücken. Zu der Zeit stand bei mir wieder einmal ein Reservistenwehrdienst an. Ursprünglich sollte ich im Sommer einrücken, doch infolge der Mobilmachungsübung war ich im Wehrkreiskommando so gut bekannt, dass ich den Dienst vorverlegen konnte. Wollte ich doch im Sommer wieder mit Gudrun in die Berge.

Der Betriebsparteisekretär fragte mich: „Geht da bei der Inbetriebnahme auch nichts schief? Vielleicht sollte ich mit dem Wehrkreiskommando reden?" Ich beruhigte ihn. „Da geht nichts schief!

Ich bin außerdem in unserem Entwicklerkollektiv nicht unersetzlich."

Montags sollte ich den Reservistendienst antreten. Sonntags Abend klingelte es an unserer Wohnungstür. Der Chef des Wehrkreiskommandos begehrte Einlass. Er wollte wissen, wofür ich bei der Gießerei eigentlich zuständig sei. Ich erklärte es ihm so in etwa. Dann wollte er meinen Einberufungsbefehl haben: „Den ziehe ich jetzt ein! Ich will nicht dafür verantwortlich gemacht werden, wenn Erich Honecker den Startknopf drückt und nichts passiert." „Fällt der Reservistendienst für mich nun aus?" wollte ich wissen. „Nein, der findet jetzt wie ursprünglich geplant im Sommer statt."

Wütend trabte ich am Montag wieder in der Gießerei an. In der Frühstückspause begrüßte mich der Betriebsparteisekretär: „Na, freust du dich?". „Wieso sollte ich mich freuen, wenn du mir meinen Sommerurlaub versaust!" entgegnete ich. Zu allem Überfluss war das Ganze auch noch eine Luftnummer. Die Inbetriebnahme lief natürlich glatt, aber Erich sagte im letzten Moment ab und ließ sich vom SED-Sekretär des Bezirks vertreten.

Nach meinem Einsatz bei der Mobilmachungsübung hatte ich offensichtlich die Waffengattung gewechselt. Ich wurde zum Reservistendienst in einem Pionierregiment in Doberlug-Kirchhain einberufen. Dieses Regiment war fast vollständig mit Reservisten bestückt, was ich zunächst nicht wusste. Ich fuhr mit meinem Sappo hin und fand mich als Politstellvertreter in der Transportkompanie des Regiments wieder. Der Kompaniechef fragte: „Du bist doch bestimmt mit dem Auto da?". Antwort: „Ja" (durfte ich als Offizier). Und am Wochenende willst du möglichst immer nach Hause fahren?". Antwort: „Falls das geht?". „Offiziell kann ich dir in deiner Dienstzeit (6 Wochen) einen Wochenendurlaub genehmigen. Zurzeit sind außer mir nur Reserveoffiziere in der Kompanie. Wenn du dafür sorgst, dass an jedem Wochenende garantiert einer von denen hier ist und ich zu Hause ungestört bin, kannst du jedes Wochenende verschwinden. Wenn dich jemand vermisst, habe ich dich kommandiert. Falls du aber einen Unfall baust, weiß ich von nichts." Später stellte ich fest, dass an jedem Wochenende etwa ein Drittel der Transportkompanie kommandiert, in Wirklichkeit aber nach Hause gefahren war. Der Kompaniechef erklärte: „Das sind größtenteils Gleisbauarbeiter von der Reichsbahn und außerdem Familienväter. Wenn du willst, dass die keinen Ärger machen, musst du sie bei der Stange halten. Und das schaffst du nicht, wenn du sie in sechs Wochen nur einmal nach Hause fahren lässt." Ich war dann bis auf einmal als ich selbst die Regie führte, an jedem Wochenende in Rochlitz.

Zunächst wurden wir erst einmal eingestimmt. Der Stellvertreter Ausbildung des Regimentskommandeurs frischte persönlich unsere Kenntnisse auf, indem er uns Kommandos wie „Stillgestanden, rührt euch, rechts um, im Gleichschritt Marsch, links schwenkt Marsch und Abteilung halt" ausführen ließ. Meine Leistung hat ihm wohl missfallen, weshalb er fragte: „Genosse Oberleutnant, wo haben sie eigentlich ihren Dienstgrad her?" Meine zackige Antwort: „Von der NVA, Genosse Oberst!" ließ ihn fast platzen.

Es gab auch ein Sport-Testat. Ein kleiner dicker Zugführer aus meiner Kompanie schaffte die 3000 Meter in 40 Minuten!

**Der Glockenturm:** Das Regiment war im Gelände eines alten Schlosses untergebracht, die Transportkompanie und die Reserveoffiziere im Schloss selbst. Zum Schloss gehörte ein Glockenturm. Die Glocke auf dem Turm durfte nicht geläutet werden, weil das ein Privileg der Kirche war, falls doch, musste die NVA Strafe (an die Kirche?) zahlen. Deshalb war der Zugang zum Turm mit vielen Schlössern gesichert. Trotzdem läutete eines Tages die Glocke Sturm. Die Wache stürzte los, doch der Turm war zu. Nachdem die Schlüssel aufgetrieben waren und man oben ankam, war niemand zu sehen. Es war aber ein Draht quer über den Schlosshof gespannt, der auf der anderen Hofseite in einer Dachluke verschwand. Als die Wache dort auftauchte, war da natürlich auch niemand mehr zu finden.

**Wie ich der Kompanie das Saufen abgewöhnte:** Mein Kompaniechef zeigte mir eine Agitationsbroschüre der NVA, in der ein gemütlicher Kompanieklub vorgestellt wurde, in dem es eine Art Theke, sogar mit einer Kaffeemaschine gab. Unser Kompanieklub war ein Raum, der an ein Klassenzimmer erinnerte. Als ich beim Politstellvertreter des Regiments vorsprach, um Geld für Bretter, Tapeten und eine Kaffeemaschine aufzutreiben, lachte der mich aus. Dafür gebe es kein Budget und Kaffeemaschinen seien sowieso verboten. Mein Kompaniechef feixte: „für die Geldbeschaffung muss dir eben etwas einfallen!"

In der Transportkompanie wurde wie fast überall in der NVA gesoffen. Da es sich ja um die Transportkompanie handelte, war die Beschaffung des Schnapses kein Problem. Eher wäre es ein Problem gewesen, wenn man bei den am Morgen ausrückenden Fahrern den Restalkohol gemessen hätte. Die abends ausgetrunkenen Schnapsflaschen lagen, die meisten kaputt, früh im Schlossgraben. In der DDR wurden fast alle Flaschen und Gläser wiederverwendet, weshalb es bei der Altmaterialsammelstelle auch für alle Flaschen und Gläser Geld gab. Ich ließ eine Kiste in eine Kammer stellen und ordnete an, dass dort alle leeren Flaschen gesammelt würden. Als Lohn wurde eine Kaffeemaschine im Kompanieklub ausgelobt. Da wir ja eine Transportkompanie waren, war das Abliefern der vollen Kiste kein Problem. Pro Woche kamen so etwa 50 Mark zusammen. Der Klub wurde renoviert. Die Krönung war das Lob des Politstellvertreters des Regiments. Auf Grund meiner politischen Arbeit würde in der Transportkompanie deutlich weniger gesoffen. In Wirklichkeit flogen nur die leeren Flaschen nicht mehr aus dem Fenster.

**Schwarzbier:** Nach Dienstschluss konnte man als Offizier seine Zivilklamotten anziehen und die Kaserne, nicht aber den Standort, verlassen. Da es in der Kaserne nicht gerade gemütlich war und es auch noch kein Internet, keine Tablett-PCs und noch nicht einmal ein Handy gab, konnte man höchstens ein Buch lesen. Deshalb musste man raus. Einmal war ich mit noch ein paar

Reserveoffizieren zum nächsten Dorf gewandert. Dort begegnete uns ein Opa, der einen großen Krug schwenkte. „Im Dorfkrug gibt es Schwarzbier. Ich bringe gerade welches zu meiner Alten!" rief er uns zu. Mir war bis dahin Schwarzbier nur in der ČSSR untergekommen. Wir machten es uns also im Dorfkrug bequem. Das Schwarzbier schmeckte. Während wir im Dorfkrug saßen, kam der Opa noch dreimal vorbei und ließ sich seinen Krug füllen. Da das wegen des Schaumes ein Weilchen dauerte, trank er derweil noch ein großes Glas Schwarzbier. Wenn er die Krüge zuhause wirklich nur mit seiner „Alten" geleert hat, musste er ein ungeheures Stehvermögen gehabt haben.

**Berichtswesen der DDR** am Beispiel des Polit-Unterrichts: Einmal in den sechs Wochen gab es Politunterricht für die ganze Kompanie. Den musste ich durchführen. Thema: „Vom Sinn des Soldat-Seins". Da die Transportkompanie immer etwas zu transportieren hatte, sollte das an zwei Tagen für jeweils zwei Züge passieren. Ich hatte die Nase voll. Was sollte ich da erzählen? Zum Glück war auch ein Kinobesuch vorgesehen.

Als der Polit-Unterrichtstag heran war, gab es wie immer die Befehlsausgabe. Ein Soldat nach dem anderen erhielt eine Aufgabe und verschwand. Als noch fünf übrig waren, verkündete der Kompaniechef: „Und ihr geht mit dem Genossen Oberleutnant zum Politunterricht!". Ich ließ die Soldaten sich und ihren Beruf kurz vorstellen und tat das dann auch selbst. Meinen Beruf fanden die interessant und wollten mehr wissen. Mit Erzählungen über die EDV und langen Rauchpausen brachte ich die Zeit bis zum nachmittäglichen Kinobesuch herum. Leider war der Kinosaal abgeschlossen. Da stand ich mit meinen fünf Soldaten und überlegte, als der Politstellvertreter des Regiments persönlich auf der Bildfläche erschien. „Was machen sie hier, Genosse Oberleutnant?" „Eigentlich will ich mit diesen Soldaten einen Film ansehen, Genosse Oberstleutnant, aber der Filmvorführer fehlt!". „Warten sie hier!" befahl der Oberstleutnant und verschwand. Nach einer Weile kam er mit dem Filmvorführer zurück. Wir rückten ein und der Oberstleutnant kam auch mit. Der Film hieß übrigens: „Ernst Thälmann, Sohn seiner Klasse".

Natürlich musste ich einen Bericht über den Unterrichtstag schreiben. Dafür gab es sogar ein Formular. Ich fragte den Kompaniechef: „Soll ich bei der Teilnehmerzahl sechzig oder fünf eintragen?" „Sechzig natürlich" war die Antwort. Ich fand das bedenklich, hatte doch der Regiments-Politstellvertreter gesehen dass es nur fünf Teilnehmer waren.

Ich hätte es wissen müssen, fünf, aber auch fünfundvierzig wäre eine Katastrophe gewesen. Wenn der Regiments-Politnik wirklich hätte wissen wollen, wie viele der geplanten sechzig Teilnehmer da waren, hätte er mir doch schon vorm Kino den Scheitel gezogen. Mein Bericht wurde von ihm wohlwollend akzeptiert, denn er konnte die richtige Zahl weitermelden. Mit Anfang dreißig war ich offensichtlich noch völlig grün hinter den Ohren.

**Auszeichnungen:** Gegen Ende des Reservistendienstes durfte ich Vorschläge für verschiedene Auszeichnungen machen. Ich wählte den kleinen Dicken, der die 3000 Meter in vierzig Minuten geschafft hatte, als besten Zugführer aus. Als ich meine Vorschläge beim Politstellvertreter des Regiments ablieferte, sagte der: „Das geht nicht. Bester Zugführer kann niemand werden, der nicht das Leistungssportabzeichen der NVA hat." „Na gut" sagte ich, „dann gibt es in der Transportkompanie eben keinen besten Zugführer".

Kurz vorm Ende des Reservistendienstes erhielt ich die beantragten Auszeichnungen und durfte sie beim Appell verteilen. Mein kleiner dicker Zugführer wurde „Bester Zugführer" und erhielt zusätzlich das Leistungssportabzeichen der NVA. Das gab ich beim Appell nicht aus, sondern überreichte es ihm unter vier Augen. Wie man sieht, konnte in der DDR notfalls auch die Realität an die vorgeschriebenen Erfordernisse angepasst werden.

## Ein Angebot und eine Kündigung

Im Frühjahr 1982 war ich auf der Leipziger Frühjahrsmesse. Dort lief ich G. Meyer über den Weg. Das war der Assistent in Dresden, der mich auf den R300 losgelassen hatte. Er erzählte, dass er jetzt in Karl-Marx-Stadt Professor an der TH sei und den Lehrstuhl „Technische Kybernetik"in der Sektion Automatisierungstechnik innehabe. Er wollte wissen, was ich jetzt mache. Ich erklärte es ihm und sagte noch, dass ich mich mittelfristig wahrscheinlich nach einer anderen Stelle umsehen würde. Es sei abzusehen, dass es zukünftig erst einmal keine größeren Entwicklungsarbeiten beim VEB Harlass geben würde. "Das trifft sich gut" sagte er. "In meinem Bereich wird jede Menge Software entwickelt. Jeder meiner Mitarbeiter programmiert wie er will, und am Ende passt nichts zusammen. Ich will deshalb Jemanden einstellen, der für die Softwareentwicklungen einheitliche Richtlinien vorgibt und deren Einhaltung überwacht. Hättest du Interesse? Natürlich gäbe es auch für dich interessante Entwicklungsaufgaben." Da ich noch sauer wegen des verschobenen Reservistendienstes war, sagte ich ja. Prof. Meyer meinte, ich würde nach dem Frühjahrssemester von ihm hören.

Professor Meyer hat mir dann eine Stelle als Lektor angeboten. Voraussetzung sei aber die Zustimmung des Sektionsdirektors, weshalb er mir einen Vorstellungstermin verschafft habe. Der Sektionsdirektor, Prof. Budig[89], residierte in einem beeindruckend riesigen Büro. Sein gewaltiger Schreibtisch stand vor einer etwa 6 Meter breiten Fensterfront, die vom Fußboden bis zur Decke ging. Zu meiner Verblüffung belegte er mich mit einem Sermon, dass die Mitarbeiter seiner Sektion sich irgendwelche Schwerter-zu-Pflugscharen[90]-Aktivitäten abschminken könnten. Ich wusste zwar, dass in es eine von der DDR-Kirche geförderte

---

89  https://de.wikipedia.org/wiki/Peter-Klaus_Budig
90  https://de.wikipedia.org/wiki/Schwerter_zu_Pflugscharen#Zweite_Fri
    edensdekade

Friedensbewegung unter diesem Namen gab, hatte aber keine Ahnung was die Rede sollte. Erst später erfuhr ich, dass die DDR-Führung diese Losung als „wehrkraftzersetzend" ansah und sich außerdem zwei Mitarbeiter der Sektion öffentlich zu dieser kirchlichen Friedensbewegung bekannt hatten. Dieses Bekenntnis hatte dem Sektionsdirektor wohl ordentlichen Ärger eingebracht. Er gab sein OK zu meiner Einstellung und ich reichte bei der Gießerei meine Kündigung zum Ende August 1982 ein.

## An der TH Karl-Marx-Stadt

Meine Aufgaben in der Lehre waren nicht sehr umfangreich, was im Widerspruch zu meiner Dienststellung als Lektor stand.

Ich war für ein Analogrechnerpraktikum zuständig, das mir viel Spaß gemacht hat. Analogrechner konnten damals Differentialgleichungen sehr viel schneller lösen als die leistungsfähigsten Großrechner. Programmiert wurden sie, indem man die Aus- und Eingänge der Operatorbaugruppen (Addierer, Negator, Verstärker und vor allem Integratoren) mit flexiblen Leitungen verband. Bei den anspruchsvollen Praktikumsaufgaben entstand ein kolossaler Drahtfilz. Wenn der Versuch nicht klappte, war es im verfügbaren Zeitrahmen selten möglich, den Fehler zu finden.

Die Lösung von Differentialgleichungen kann man als Kurven darstellen. Dazu gab es im Praktikum X/Y-Schreiber. Ich entwarf damals eine Menge von Differentialgleichungen nur dazu, um mit den vom X/Y-Schreiber dokumentierte Ergebnissen meinen Arbeitsplatz zu dekorieren.

Zusätzlich hielt ich Vorlesungen zur Simulationstechnik. Simulationstechnik ist eigentlich ein weites Feld. Die oben erwähnten Analogrechner simulierten die Lösung von Differentialgleichungen mit Hilfe elektrischer Schaltungen. Ein Flugzeugmodell in einem Windkanal simuliert das Verhalten des echten Flugzeugs in einer realen Umgebung. Meine Vorlesung befasste sich mit Simulationen auf Digitalrechnern. Schwerpunkt war dabei die Simulation diskontinuierlicher Systeme.

**Reservistendienst im Wehrbezirkskommando:** Bis zum Ende der DDR wurde ich jetzt aller zwei bis drei Jahre zum Reservistendienst eingezogen. Immer im Sommer für sechs Wochen. Und nicht mehr nach Doberlug-Kirchheim, sondern ins Wehrbezirkskommando. Das hatte den Vorteil, dass ich nicht kaserniert untergebracht war. Um sieben verließ ich unsere Wohnung, leider in Uniform, spätestens um fünf war ich wieder zu hause.

Im Wehrbezirkskommando gab es einen MHO-Laden MHO ist die Abkürzung für **M**ilitärische **H**andels**o**rganisation). Diese Läden waren besser bestückt als zivile Läden, der Laden im Wehrbezirkskommando natürlich noch besser. Für die Dauer des Reservistendienstes konnte ich deshalb viele „Bück-Dich-Waren" mit nach Hause bringen. Solche Waren lagerten in normalen Läden für die Kunden unsichtbar unterm Ladentisch. Wenn ein guter Stammkunde danach fragte, bückte sich der Verkäufer danach.

Meine Dienststellung war persönlicher Referent beim Politstellvertreter des Wehrbezirkskommandos. Dessen Dienstgrad war Generalmajor. In der SED-Hierarchie war er einem Bezirkssekretär gleichgestellt. In der DDR gab es vierzehn Verwaltungsbezirke und Ostberlin. Der SED-Bezirkssekretär war der höchste SED-Funktionär eines solchen Verwaltungsbezirks.

Meine Hauptaufgabe war es, die Stimmungs- und Meinungsberichte der Politstellvertreter aller Wehrkreiskommandos zu einem Bericht zusammenzufassen. Wenn ein Bericht fehlte, konnte und musste ich den entsprechenden Wehrkreis-Politnik telefonisch zusammenstauchen. Häufig waren aktuelle Engpässe Hauptpunkte der Berichte. Seltsamerweise oft Engpässe die sich auf Waren bezogen, die es eigentlich immer gab. Da war in einem Kreis kein Senf zu bekommen, in einem anderen gab es keine Zahnbürsten. Für mich unerklärlich, traten Engpässe dieser Art immer nur in wenigen Kreisen auf.

**Neue Buchquellen:** Bücher waren schon immer meine Welt. Leider verpasste ich interessante Neuerscheinungen oft. Wenn ich davon hörte, war das Buch schon vergriffen. Prof. G. Meyer hatte einen Oberassistenten Dr. Stefan F., dessen Vater Buchhändler war. Von dem bekam ich nun jede neue Ausgabe vom „Börsenblatt für den Deutschen Buchhandel". Dort brauchte ich nur anzukreuzen, was mich interessierte. Wenige Wochen später lagen diese Bücher auf meinem Schreibtisch. So kam ich jetzt ohne Mühe zu Titeln wie *„Spur der Steine"* von Erik Neutsch, *„Der Tag* *zieht den Jahrhundertweg"* von Tschingis Aitmatov oder *„Der Name der Rose"* von Umberto Eco.

Stefan hatte Mitte der 80er habilitiert und strebte einen Professorenposten an. Prof. Meyer war der Meinung, dass er dafür bessere Chancen nach ein paar Jahren Industriepraxis habe und wollte ihn zu einem auf der grünen Wiese entstehenden Betrieb delegieren. Dort sollten vollautomatisch Untertrikotagen gefertigt werden. Die grüne Wiese war in unmittelbarer Nähe meiner ersten Wohnung nach dem Studium. Da Stefan dann dort arbeitete, verlor ich ihn damals aus den Augen.

Als wir Anfang 1990 wieder einmal im Stadttheater waren (unser Anrecht lief noch), hingen da Prozessunterlagen von politischen Prozessen gegen Studenten der TU[91] aus. Eine ausgehängte Liste der bei den Angeklagten gefundenen Bücher hat mich erschüttert. Diese Liste sollte die antisozialistische Einstellung der Angeklagten beweisen. Alle auf dieser Liste befindlichen Bücher standen auch in unserem Bücherregal und alle waren in der DDR verlegt! Bei uns hätten sich noch viel „gefährlichere" Titel gefunden, z.B. 1984 von George Orwell.

## Zivilverteidigung

Ich war noch gar nicht ganz an der Uni angekommen, als mir eröffnet wurde, dass ich im Oktober als Ausbilder ins ZV-Lager zu fahren hatte. ZV steht für Zivilverteidigung. Jetzt gab es nach dem vierten Semester für die männlichen Studenten ein Armeelager. Das muss anders gelaufen sein als zu meiner Zeit, da inzwischen praktisch alle männlichen Studenten ihren Wehrdienst vor dem Studium ableisten mussten. In vielen Fachrichtungen war für die männlichen Studienbewerber eine Verpflichtung zu einem dreijährigen Dienst als Unteroffizier Voraussetzung, um überhaupt eine Zulassung zum Studium zu erhalten. Man konnte statt als Unteroffizier auch als Offizier auf Zeit (OAZ) dienen. Dafür

---

91    1986 wurde aus der TH eine TU

wurde aber keine Reklame gemacht. Als OAZ wurde man nach einem Jahr Ausbildung zum Unterleutnant geschlagen und hatte dann noch zwei Jahre (nach 1983 drei Jahre) Dienst, meistens als Zugführer, zu absolvieren. Man bekam einen höheren Sold und hatte nach dem ersten Jahr alle Privilegien eines Offiziers, z.B. besseres Essen in der Offizierskantine (mit weiß gedeckten Tischen und Bedienung), vor allem durfte man außerhalb des Dienstes die Kaserne jederzeit und in Zivil verlassen. Etwa ab 1981 wurde das mit der längeren Dienstzeit als Zulassungsvoraussetzung etwas aufgeweicht. Bei machen Fachrichtungen war der Grundwehrdienst ausreichend, bei manchen Studienrichtungen, z.B. auch Automatisierungstechnik, konnte man den Grundwehrdienst sogar in neun statt achtzehn Monaten absolvieren. Wer nicht für das Armeelager in Frage kam, also alle Mädchen und alle nicht wehrdienstfähigen Jungs wurden für sechs Wochen ins ZV-Lager geschickt.

Ich protestierte, war ich doch erst vor 6 Wochen vom Reservistendienst zurück. Der ZV-Verantwortliche der TU, ein Berufsoffizier mit Dienstgrad Oberstleutnant, wies mich darauf hin, dass es sich hier nicht um einen Militärdienst, sondern um einen Lehrauftrag handele und in meinem Arbeitsvertrag stehe, dass ich auf Anforderung zeitweilig auch an anderen Orten unterrichten müsse.

Also fuhr ich zähneknirschend mit meinem Sappo nach Bernburg. Hier erhielt ich eine Uniform mit drei Streifen am Ärmel und war Kompaniechef. Ich hatte drei Züge mit Lehrerstudentinnen und einen Zug mit männlichen Studenten, die als Heizer, Fahrer und Handwerker eingesetzt wurden. Mir als Kompaniechef fielen diverse Verwaltungsaufgaben und einige Ausbildungsstunden zu. Dazu gehörte auch das Verhalten eines Lehrers, wenn er mit seiner Klasse in eine Katastrophensituation kommt. Das war bestimmt sinnvoll, aber leider konnte ich nur weitergeben, was ich mir jeweils kurz zuvor aus ziemlich abstrakten Lehrunterweisungen angelesen hatte. Auch die Exerziereausbildung war mein Bier, wobei hier der Bock zum Gärtner gemacht worden war. Ein Schwerpunkt war natürlich eine umfassende Erste-Hilfe-Ausbildung, für die ich aber nicht zuständig war. Es gab auch ziemlich unsinnige Dinge, z.b. ein EDV-gerechtes Formular zum Melden von Atomexplosionen.

Am ersten Wochenende hatte ich einen meiner Zugführer zum Dienst verdonnert und war nach Hause gefahren. Am Sonntagabend zurückgekommen, sollte ich mich sogleich beim Lagerkommandanten melden. „Waren sie zu hause?" wollte er wissen. „Ja." „Das ist Standortüberschreitung," donnerte er. „Das wird schwerwiegende Konsequenzen für sie haben!". Bei der NVA durfte man ohne Urlaubsschein den Standort nicht verlassen. Der Standort war ein mehr oder weniger großes Territorium, in dem die eigene Dienststelle lag. Ich erklärte ihm, dass mein Einsatz nach Auskunft des ZV-Verantwortlichen der TU ein Lehrauftrag an einem anderen Hochschulort sei. Dass man als Hochschullehrer an irgendwelche Standorte gebunden sei, könne ich mir nicht vorstellen. Kurz und gut, an einem Wochenende teilte ich mich selbst zum Dienst ein, an allen anderen fuhr ich nach Hause. Konsequenzen gab es nicht.

Etwas Probleme machte die gemischte Kompanie. Einmal beschwerte sich ein Mädchen, das es nicht schlafen könne, weil in ihrem 8-Betten-Zimmer nachts immer Jungs zu Besuch kämen. Die Betten würden dann knarren und auch die Tür würde fürchterlich quietschen. Was macht man da? Das waren ja erwachsene Personen. Aber ich wollte auch nicht riskieren, dass sich irgendein womöglich einflussreiches Elternteil über meine laxen Moralvorstellungen beschwerte. Also gab es beim nächsten Morgenappell eine Moralpredigt. Die hatte Wirkung. Die Jungs ölten alle Türen und stellten vier Betten in ein bis dahin leeres Zimmer!

Es gab da auch eine ziemlich attraktive Studentin, die in ihrem Zimmer sehr oft völlig nackt herumspazierte, auch abends, bei nicht zugezogenen Vorhängen. Ich merkte das, weil vor dem Fenster eine Traube Jungs herumhing, sobald es finster war. Eines

Tages begegnete mir diese Dame mit nur einem kleinen Handtuch bedeckt auf dem Flur. Ich wies darauf hin, dass diese spärliche Bekleidung nicht sehr angebracht sei. Das brachte mir den Protest ihrer Freundinnen ein, die fortan auch nur mit einem kleinen Handtuch bedeckt zum Duschen gingen.

Einmal hatte einer meiner als Heizer beschäftigten Jungs irgendwelche Ventile falsch bedient, was eine größere Reparatur erforderlich machte. Der Lagerkommandeur wollte ihn dafür regresspflichtig machen. Zum Glück wusste ich durch meinem Onkel, dass zur Bedienung eines Heizkessels eine entsprechende Qualifikation notwendig war. Also machte ich dem Kommandeur klar, dass er selbst für den Schaden verantwortlich sei, da er nicht entsprechend qualifizierte Studenten als Heizer einsetze. Daraufhin verlief sich das Problem im Sand. Das war übrigens auch ein Unterschied zwischen DDR und BRD. In der BRD kann man eine Kettensäge kaufen und damit ohne jede Ausbildung loslegen. In der DDR durfte man nicht einmal eine Schutzkontaktsteckdose kaufen, wenn man nicht eine Qualifikation als Elektromonteur nachweisen konnte. Mein Abschluss als Elektronikingenieur war für den Kauf einer Schukosteckdose nicht ausreichend.

Zuletzt gab es eine Abschlussübung. Etwa fünfzig Studentinnen und Studenten wurden sehr realistisch als Verletzte geschminkt, die dann von der übrigen Truppe fachgerecht geborgen werden mussten. Die Profis der Lagerleitung trugen ihren Teil bei, indem sie einige LKW-Reifen in Brand setzten. Der entstehende Qualm und Gestank sollten den Charakter der Abschlussübung als Katastropheneinsatz unterstreichen.

Ich war danach noch zweimal in diesem Lager. Das letzte Mal als Gehilfe des Lagerkommandanten. Da war meine Aufgabe, den PC des Kommandeurs für die Lagerverwaltung nutzbar zu machen. Das hat mir dann auch eine Auszeichnung eingebracht.

## Umzug in die Bezirksstadt

Letztendlich führte Gudruns neue Position als MRES-Spezialistin im VEB Feinwäsche auch zu vielen Neidern. Das verschlechterte das Betriebsklima für sie, weshalb sie sich nach einer neuen Stelle umsehen wollte. Zunächst gab sie eine Stellen-Suchanzeige auf. Damals gab es auf solche Anzeigen jede Menge Zuschriften. Arbeitskräfte wurden eigentlich immer gesucht. Es gab auch keine Arbeitslosenversicherung,  gab es ein Recht auf Arbeit. Ein Mitbewohner unseres Nossener Mietshauses verlor seine Arbeit, weil er Hauer in Freiberg war und diese Zeche wegen zu geringer Rentabilität geschlossen wurde. Er wurde umgeschult und bekam eine Arbeit in einem Nossener Betrieb zugewiesen. Wenn man studierte, bekam man seine erste Stelle gewöhnlich über die staatliche Absolventenvermittlung. Das war nicht immer das, was man sich wünschte und vor allem nicht immer dort, wo man gern hinwollte. Ich kenne aber keinen Absolventen, der in einem solchen Fall nicht bald eine andere Stelle gefunden hätte.

Für kinderlose Akademiker gab es vernünftige Wohnungen höchstens mit Unterstützung der Arbeitsstelle. Schon einige Zeit vorher hatte ich zusammen mit Gudrun diverse sogenannte Ausbauwohnungen besichtigt. Das waren wegen erheblicher Mängel nicht vermietbare Wohnungen. Man konnte sie erhalten, wenn man die Mängel auf eigene Kosten beseitigte. Das war akzeptabel, weil die Miete lächerlich niedrig war. Leider waren Material und Handwerksleistungen ohne Beziehungen praktisch nicht zu haben. Wie schon erwähnt, gab es so etwas wie einen Baumarkt nicht. Deshalb musste man sich auf solche Ausbauwohnungen beschränken, die man selbst reparieren konnte. Hier die Beschreibung von drei der von uns besichtigten Ausbauwohnungen:

- Bei einer waren die Räume 3,5 m hoch und die nur einen halben Meter hohen Fenster befanden sich unmittelbar unter der Decke. Ohne Leiter konnte man nicht hinaussehen.

- In einer anderen gab es weder Wasser, noch Abwasser und in der Nähe der Wohnung waren auch keine Rohre, die man mit eigenen Mitteln hätte anzapfen können.
- Die dritte Wohnung war unterm Dach und eigentlich sehr schön, es gab sogar Fernheizung. Leider war in der Dachschräge des Wohnzimmers ein zwei Quadratmeter großes Loch. Da fühlten wir uns sehr überfordert und nahmen auch diese Superwohnung nicht .

Deshalb hatten wir zwei Prioritäten für Gudruns neue Stelle: sie sollte in der Bezirksstadt oder in ihrer Nähe sein und der Betrieb sollte uns eine vernünftige Wohnung beschaffen. Das schränkte die Wahlmöglichkeiten stark ein. Gudrun entschied sich für das Wissenschaftliche Zentrum der Bezirksstadt, dass uns eine kommunale Neubauwohnung vermittelte.

Die neue Wohnung war eine Plattenbauwohnung im vierten Stock mit Fernheizung. Die Räume hatten etwa folgende Abmessungen: Wohnzimmer 3,5 mal 7 Meter, Schlafzimmer 3,5 mal 3,5 Meter, Loggia 3,5 mal 1,2 Meter, Küche 2 mal 2 Meter, Bad 2 mal 1,8 Meter mit WC, Waschbecken und freistehender Badewanne. Die Wanne verkleidete ich mit Lärchenbrettern aus Rochlitz. Warmes Wasser gab es aus einem in der Küche installierten Gas-Durchlauferhitzer, der auch das Bad versorgte. Die Küchenmöbel gehörten inklusive Gasherd zur Wohnung. Miete 63,50 Mark. Heizung und Wasser inbegriffen. Nur Strom und Gas musste extra bezahlt werden Die kWh Strom kam 8 Pfennig, die kWh Gas unter 2 Pfennig. Später fand im Bad auch noch die Waschmaschine einen Platz. Die Waschmaschine war programmierbar, hatte eine Zeitsteuerung und kostete uns mehr als zwei Monatsgehälter. Außerdem gab es noch einen Verschlag im Keller. Die Loggia ging in Richtung Westen mit Blick auf Gärten, Wiesen und Wälder. Durchgangsverkehr gab es keinen. Bis zur Busendhaltestelle musste man drei Minuten laufen. Ein Riesenfortschritt.

Für den Umzug hatte ich von der TH einen LKW organisiert. Meine neuen Kollegen schleppten alles in den vierten Stock. Wir konnten nun endlich unser teilweise als Wohnzimmerschrankwand benutztes Schlafzimmer komplett in unserem neuen Schlafzimmer unterbringen. Dafür war unser Wohnzimmer zunächst ziemlich spärlich möbliert. Gudruns Liege und meine zwei Sessel samt Couchtisch bildeten die gemütliche Ecke. Vier neue Stühle (die auch heute noch an unserem Esstisch stehen) umrahmten unseren neuen Esstisch (rund, ausziehbar, einen Meter Durchmesser). Den hatten wir von einer alten Freundin Gudruns geerbt. Bei der stand er im Garten, weshalb sich auch das Furnier auf der Platte löste. Trotzdem luden wir meine Umzugshelfer und meinem neuen Chef zur Einzugsfeier ein. Wir hatten uns große Mühe gegeben. Unter anderem hatten wir für die Garnierung von mir sauer eingelegte Waldpilze verwendet. Prachtstück war ein ganzer Steinpilz, an den sich niemand herantraute. Mit gehöriger Verspätung traf Professor Meyer ein. „Was ist das?" fragte er. „Ein Steinpilz!" war die Antwort. Und schon hatte er sich den Steinpilz einverleibt.

Unser Wohnzimmer rüsteten wir dann mit einer modularen Schrankwand aus. Die bestand aus senkrechten Stützen, die zwischen Decke und Fußboden verkeilt wurden. Zwischen diese Stützen passten dann Einlegebretter und Schrankteile. Wie immer gab es längere Wartezeiten, aber diese Teile zieren in etwas anderer Anordnung noch heute unser Wohnzimmer.

Nach heutigen Maßstäben war nicht viel los in der Bezirksstadt, aber mehr als im alten Wohnort. Wie schon vorher gingen wir regelmäßig ins Theater und in die Oper, nur der Weg war jetzt kürzer. Manchmal auch ins Kino, meistens in ein Klubkino, wo man an Tischen saß und etwas trinken konnte. Nach der Wende kam so etwas immer seltener vor. Es gab kein preiswertes Anrecht mehr und wir hatten weniger Zeit.

**Neue Sitzmöbel:** Unsere noch aus meine ersten Wohnung stammenden Sitzmöbel wollten wir schon lange durch Neue ersetzen. Die neuen Möbel sollten hohe Lehnen haben und sollten als Betten für mindestens zwei Gäste ausziehbar sein. Während meiner Abwesenheit infolge ZV-Lagers hatte Gudrun so etwas gefunden und bestellt. Als ich eines Tages etwas früher nach Hause kam, waren die Möbel ohne jede Ankündigung geliefert und blockierten unseren Hauseingang. Nun ja, wir hatten wie die meisten DDR-Bürger kein Telefon, aber immerhin einen Antrag auf ein solches. Handys gab es sowieso noch nicht. Ich schleppte die Sessel im Alleingang in unsere Wohnung im fünften Stockwerk und stellte das Sofa hochkant, so das die übrigen Hausbewohner vorbei kamen. Als wir dann beide zu hause waren, schleiften wir es mit vereinten Kräften in unsere Wohnung.

Erst 2008 entschlossen wir uns, diese Sitzecke durch neue Polstermöbel zu ersetzen. Nach fünfundzwanzig Jahren waren die Lehnen der Sessel nun doch ziemlich abgegriffen. Obwohl es jetzt jede Menge Möbeldiscounter gab, fanden wir nichts was unseren alten Kriterien entsprach. Zuletzt entschieden wir uns für eine Sonderanfertigung einer kleinen Firma in einem Dorf nahe Rochlitz.

**Sturm in unserer Wohnung:** Unsere Loggia und unsere Küche gingen in Richtung Westen. Das Landbaukombinat hatte das Haus aus Ausschussplatten des Wohnungsbaukombinats errichtet. Das merkten wir in der Küche. In einer Küchenecke „atmete" die Tapete bei starken Sturm. Das heißt es bildete sich eine Beule, die sich ständig vergrößerte und verkleinerte. Bei starkem Sturm und kaltem Wetter wurde die Wohnung nie richtig warm. Einmal wurden wir von einem gewaltigen Knall aus dem Schlaf gerissen, dem ein unheimliches und anhaltendes Geheul folgte. Der Sturm hatte unsere Balkontür so durchgebogen, das sie aus dem Schloss gesprungen war. Da es auch noch regnete, war das halbe Wohnzimmer nass. Auch mit vereinten Kräften bekamen wir die Tür nicht wieder dauerhaft zu. Also wurde eine Wäscheleine an die äußere Türklinke gebunden, am Balkongeländer umgelenkt und durch das Wohnzimmerfenster wieder hereingeleitet. Nachdem die Tür wieder zu war, wurde die Leine straff gezogen und durch das Schließen des Fensters eingeklemmt. Nun noch schnell aufgewischt und die Nachtruhe konnte weitergehen.

**Familienplanung:** Die neue Wohnung ließ uns auch an Kinder denken. Die Wohnung war dafür nicht gerade optimal, aber viel besser als alles was wir bisher hatten. Leider hat das wegen gesundheitlicher Probleme nicht funktioniert.

## Parteigruppenorganisator

Die Sektion hatte eine APO. Eine oder mehrere Seminargruppen (je nach Anzahl der SED-Mitglieder) bildeten eine Parteigruppe. Der Lehrkörper und die Angestellten der Sektion bildeten eine weitere Parteigruppe. Nach meiner Rückkehr vom ZV-Lager eröffnete mir Prof. Meyer, dass der bisherige Parteigruppenorganisator der Lehrkörper-Parteigruppe diesen Posten aus gesundheitlichen Gründen abgeben müsse. Für ihn, Prof. Meyer, sei es wichtig dass der neue Parteigruppenorganisator eine Person sei, auf die er sich verlassen könne. Ich solle diesen Posten übernehmen. Nachdem ich mich einverstanden erklärte, wurde ich alsbald als neuer PGO gewählt. Wie so etwas gemanagt wurde, habe ich schon im Abschnitt "Sabotage der APO-Wahl" beschrieben. Ich behielt diesen Posten bis Anfang 1990.

Zu meiner Parteigruppe gehörten mehrere Professoren, auch mein Chef, nicht aber der Sektionsdirektor. Der war in der NDPD. Natürlich war auch der SED-Sekretär der Sektion Mitarbeiter der Sektion und gehörte deshalb auch zu meiner Parteigruppe. Seltsamerweise gehörte auch noch der hauptamtliche SED-Sekretär der gesamten TH/TU zu meiner Parteigruppe.

Eigentlich musste jeden Monat eine Parteigruppenversammlung abgehalten werden. Ich war in meine fachlichen Aufgaben vertieft und wurde nur durch äußere Ereignisse gelegentlich an die Parteigruppenversammlungen erinnert. Deshalb berief ich die Parteigruppe nur zwei bis dreimal im Jahr ein. Da ich aber monatlich meinen Bericht beim SED-Sekretär der Sektion ablieferte, gab es nie Beschwerden, obwohl dieser und der TH/TU-SED-Sekretär auch zu meiner Parteigruppe gehörten.

Zum monatlichen Bericht gehörten auch die „Stimmungen und Meinungen". Da wollte man wissen, was es so an positiven und negativen Meinungen zur Politik von SED und Regierung gibt. Es gab natürlich viele im Sinne von Partei und Regierung negative Meinungen, die meistens mit den ständig vorhandenen Engpässen zu tun hatten. Die positiven Seiten der DDR kannte man ja, darüber hat man sich in den Pausen nicht unterhalten. Da wurde dann schon eher über Wege zur Verbesserung der DDR-Wirtschaft diskutiert, die aber allesamt nicht konform zur aktuellen Politik waren. Ich berichtete vor allem über solche Meinungen, die ich auch selbst vertrat. Wenn die von mir berichteten Stimmungen und Meinungen etwas sehr vom Gewünschten abwichen, wurde ich auch mal zur TH/TU-Parteileitung zitiert. Meistens wollte man dann wissen, wer konkret diese Meinung hätte. Meine Standardantwort in solchen Fällen war: „Das wird ganz allgemein in der Cafeteria und in der Mensa diskutiert. Wenn ihr unbedingt einen Namen braucht, könnt ihr meinen Namen nennen." Ich nannte prinzipiell nie Namen in diesen Berichten, habe aber durchaus mal den neuesten politischen Witz zitiert. Ein Hauptlieferant für solche Witze, die ich dann auch an der TH/TU weiterverbreitete, war mein Bruder.

## Schon wieder ein neues Auto

Mein neuer Sappo war nun nicht mehr so neu und zeigte die ersten Roststellen. Die waren nicht wirklich schlimm, aber ich hatte Bedenken, dass es vor der Fälligkeit der neuen Wartburgbestellung (Wartezeit 12 Jahre!) zu größeren Reparaturen kommen könne. Zu der Zeit sagte Gudruns Vater: „Wenn ihr ein neues Auto braucht, könnt ihr euch an Fritz wenden!". Fritz war ein alleinstehender Rentner, der in der BRD eine größere Menge Geld geerbt hatte. Bei einem Transfer auf sein DDR-Konto wäre das geerbte Geld zum offiziellen DDR-Kurs 1:1 umgetauscht worden.

Außerdem wäre dann noch die in der DDR extrem hohe Erbschaftssteuer (bis zu 80%) fällig geworden. Deshalb ließ er das Geld von einem Anwalt in der BRD treuhänderisch verwalten. Um trotzdem etwas von seinem Geld zu haben, beschaffte er guten Bekannten neue Autos. Wir statteten ihm einen Besuch ab und ließen uns erklären, wie die Transaktion ablaufen sollte. „Ihr sucht euch im Genex-Katalog[92] das gewünschte Auto aus. Dann schreibe ich meinem Anwalt und ihr bekommt dann von Genex Bescheid, dass ein Herr sowieso euch ein Auto schenkt." erklärte er. „Wenn ihr das Auto habt, gebt ihr mir DDR-Märker in Höhe des 2,7-fachen DM-Katalogpreises. Und das in bar!"

Über Genex konnten die BRD-Bürger ihren Verwandten in der DDR sonst schwer zu beschaffende DDR-Produkte, aber auch echte Westprodukte oder solche aus Gestattungsproduktion schenken. Gestattungsproduktion waren in der DDR hergestellte Produkte mit West-Markennamen. Die fertigen Produkte gingen zum größten Teil an den Auftraggeber, ein kleiner Anteil kam aber auch in den DDR-Handel. DDR-Bürger, die längere Zeit im sozialistischen Ausland arbeiteten oder wie mein Schwager mehrwöchige Dienstreisen in dasselbe unternahmen, konnten sich einen Teil ihrer Einkünfte auf ein Genex-Konto gutschreiben lassen. Für diese Genex-Konten gab es einen abgespeckten Katalog, in dem die echten Westprodukte fehlten.

Wir hätten aus dem Katalog auch einen VW oder Volvo auswählen können. Kam aber nicht in Frage, weil man dann auch die später eventuell benötigten Ersatzteile nur für D-Mark bekam. Der von uns favorisierte Wartburg-Tourist (ein Kombi) kostete im Katalog 10.000 D-Mark, was für uns 27.000 DDR-Mark bedeutete. Im Laden kostete er zwar nur 23.000 Mark, aber auf dem Schwarzmarkt musste man eher 35.000 Mark blechen. Praktisch hätte man auf dem Schwarzmarkt einen Kaufvertrag über 23.000 Mark unterschrieben und 12.000 Mark in bar, ohne Quittung da-

---

92  https://de.wikipedia.org/wiki/Genex

zugelegt. 27.000 Mark für einen neuen Wartburg-Tourist ohne Wartezeit war also ein Schnäppchen. Allerdings war mir das Geschäft nicht geheuer. Erstens hatte ich im Hinterkopf, dass nur Verwandte über Genex beschenkt werden durften. Zweitens hatte ich gehört, dass man ein Genex-Auto nicht einfach verkaufen kann, sondern es dem staatlichen Kontor für Maschinen- und Materialreserven anbieten müsse. Also befragte ich den Justitiar der TU. „Zivilrechtlich sehe ich da kein Problem," meinte der Justiziar. „Aber es könnte ein Wirtschaftsverbrechen vorliegen!" Um das zu klären, machte er mir einen (kostenlosen!) Termin beim Justitiar der Karl-Marx-Städter Außenstelle der Staatsbank der DDR. Der schlug die Hände über seinem Kopf zusammen. „Wenn Sie das machen, stehen Sie mit beiden Beinen im Knast!".

Ich wollte es schon fast bleiben lassen. Aber erstens war ich auf ein neues Auto scharf und zweitens gab es hartnäckige Gerüchte in Rochlitz, dass Fritz schon etwa 10 Leuten ein neues Auto verschafft habe. Im Telefonbuch fand ich die Nummer der Genex-Niederlassung Leipzig und rief dort an. Nachdem ich mein Problem erläutert hatte, erhielt ich folgende Auskunft: „Ihr Justitiar lebt hinterm Mond. Sie wissen ja, dass die DDR unter ständigem Devisenmangel leidet. Von wem sie beschenkt werden, spielt deshalb keine Rolle mehr. Für ein geschenktes Auto erhalten sie eine ganz normale Zulassung für ihren Wohnort, aus der man nicht entnehmen kann, dass es von Genex stammt. Wenn sie wollen, können sie es schon am nächsten Tag an den erstbesten Bürger verkaufen."

Also teilten wir Fritz mit, dass wir für das Geschäft bereit seien. Schon vier Wochen später erhielten wir Bescheid, dass wir unser Auto in Halle abholen könnten. Wir fuhren mit dem Bus hin und mussten vier Stunden warten, bis wir im neuen Auto nach Hause fahren konnten. Zulassung und Nummernschild waren auf unseren Wohnort ausgestellt.

Als nächstes hob ich bei der Sparkasse 27.000 Mark in Hundertern ab. Es war ziemlich enttäuschend, dass die problemlos in einen gewöhnlichen Briefumschlag passten. Fritz war erfreut über den Umschlag, war er doch der einzige, der ein echtes Risiko hatte. Wenn wir ihm das Geld nicht gegeben hätten, hätte er eigentlich keine legale Möglichkeit gehabt, das Geld einzutreiben. Den Sappo verkaufte ich dann meinem Bruder.

## Einbrecher in unserer Wohnung

Als wir in unsere neue Wohnung einzogen, hatte sie ein gewöhnliches Steckschloss, das mit jedem Drahthaken aufzuschließen war. Als polytechnisch gebildeter DDR-Bürger installierte ich eine Einbausicherung. Dieses Teil simuliert einen gewöhnlichen Schlüssel, der Bart des simulierten Schlüssels wird mit einem zur Einbausicherung gehörigen Spezialschlüssel gedreht, der drei gezackte Bärte hat. Nach dem Einbau einer solchen Sicherung knackt man das Schloss nicht einmal mit polytechnischer Bildung. Ein einfaches Zylinderschloss bekomme ich immerhin mit einer großen Nähnadel und einem Schraubenzieher auf.

Einmal kamen wir nach Hause und wurden von unserer Nachbarin aufgeregt begrüßt: „In ihrer Wohnung waren Einbrecher! Ich habe mich versteckt". Tür und Schloss waren unbeschädigt, in der Wohnung fehlte offensichtlich nichts. Ein Fehlalarm? Einige Zeit später rief mich die Kriminalpolizei am Arbeitsplatz an: „Wir haben Grund zu der Annahme, dass in ihrer Wohnung eingebrochen wurde. Bitte überprüfen sie, ob etwas fehlt. Wenn sie wertvolles Geschirr oder Sammlungen besitzen, prüfen sie diese auf Vollständigkeit." Die Prüfung ergab nichts.

Zwei Wochen später meldete sich wieder die Kriminalpolizei: „Haben sie etwas mit der NVA zu tun?" „Ja, ich bin Reserveoffizier". Polizei: „Könnte es sein, dass es bei ihnen das Schulterstück eines Oberleutnants mit zwei fehlenden Sternen gab?" Ich, nach kurzer Pause: „Ja..., ich kann mich dunkel erinnern. Als ich zum Hauptmann befördert wurde, habe ich von einem Schulterstück zwei Pickel entfernt, um aus zwei anderen Schulterstücken Hauptmannsschulterstücke zu machen." Polizei: „Das sind keine

Pickel, sondern Sterne! Haben sie das Schulterstück mit den fehlenden Sternen noch?" „Da muss ich nachsehen. Wenn, dann ist es im Schreibtisch". Kurz darauf: „Es ist nicht zu finden". Polizei: „Nun, wir haben das Schulterstück bei professionellen Wohnungseinbrechern gefunden. Können wir einen Termin für Ihre Aussage vereinbaren?".

Bei diesem Termin fragte ich, wie die Einbrecher in unsere Wohnung gelangt sind. „Die hatten einen dicken Schlüsselbund mit Schlüsseln für Einbausicherungen. Wenn man genügend hat, passt immer einer." In der Folge brachte ich an unserer Wohnungstür ein zusätzliches Sicherheitsschloss an.

## Erfindungen

Im Meyer-Umfeld gab es eine Menge interessanter Forschungen. Bei der Software waren z.B. Echtzeitbetriebssysteme und Simulation diskontinuierlicher Systeme auf der Basis von Petrinetzen ein Schwerpunkt. Unsere Hardwareleute befassten sich bereits damals mit der Übertragung von Daten übers Telefonnetz, und das parallel zu den geführten Gesprächen (heute als DSL eine gängige Technik) oder über die vorhandenen 220-Voltleitungen (heute als Powerline bezeichnete Technik). Mir imponierten besonders die Versuche, die mit Hilfe mikroprozessorgesteuerter Wechselrichter gewöhnliche Drehstrommotoren zu Schrittmotoren machten. Bei den Kollegen sah ich einmal einen 10-KW Drehstrommotor, der seine Welle in winzigen Schritten positionierte. Ich bezweifelte, das dies auch bei einer großen mechanischen Last funktionieren könne. Daraufhin bekam ich die Aufforderung, die Welle mit einer bereitliegenden riesigen Rohrzange anzuhalten oder ihre Position zu verändern. Ich hatte keine Chance.

Prof. Meyer hatte auch Zugriff auf sehr moderne Schaltkreise westlicher Bauart wie digitale Signalprozessoren (DSPs) und Transputer. Zumindest Transputer konnte es eigentlich in der

DDR gar nicht geben, standen sie doch auf der CoCom-Liste[93]. DSPs sind kostengünstige, auf die sehr schnelle Ausführung mathematischer Operationen ausgelegte Mikroprozessoren.

Messgeräte, die das Frequenzspektrum eines analogen Signals praktisch in Echtzeit anzeigen, werden auch Frequenzanalysatoren genannt. So etwas konnte man nur im westlichen Ausland kaufen. Man musste dafür etwa 300.000 DM aufbringen. Sie waren deshalb so teuer, weil die Signaltransformation mit sehr komplizierter Analogtechnik erfolgte.

Inzwischen konnte man für etwa 10.000 DDR-Mark einen Schneider-PC[94] im Gebrauchtwarenladen kaufen. Das war möglich, weil die Gastarbeiter in der DDR teilweise über Devisen verfügten und in das westliche Ausland fahren konnten. Indem sie dort preiswerte PC's kauften und sie dann DDR-Gebrauchtwarenläden anboten, kamen sie zu einem guten Umtauschkurs. Entscheidend war, dass dessen Bildschirmsteuerkarte auch farbige Grafiken anzeigen konnte, während die DDR-PCs nur im Textmodus funktionierten. Meyers Hardwareexperten bauten eine Zusatzkarte mit einem DSP, der etwa 2000 DM kostete, und schon funktionierte der Schneider-PC als Frequenzanalysator. Auf der Zusatzkarte war außer dem DSP noch ein Analog-Digitalwandler. Mit dessen Output wurde der DSP gefüttert, der das zugehörigen Frequenzspektrum auf Basis der sogenannten schnellen Fouriertransformation (FFT) mit einer von Meyers Mitarbeitern entwickelten Software berechnete. Für höchstens 5.000 DM hatten wir jetzt ein Messgerät, für das man auf dem Weltmarkt 300.000 DM hinblättern musste. Schon bald kam der Minister für Elektrotechnik Felix Meier zur Besichtigung. „Sehr gut, für solche Geräte liegen mir etwa 300 Importanträge vor!" sagte er. „Das ist meines Wissens doch eine Auftragsarbeit für die NVA?" „Ja" bestätigte

93  https://de.wikipedia.org/wiki/Coordinating_Committee_on_Multilateral_Export_Controls

94  https://de.wikipedia.org/wiki/Amstrad_CPC

G. Meyer. „Und wie viele solcher Geräte wollen die haben?" "Zehn Stück." „Und wer soll die fertigen?" „Die haben wir schon hier an der TU im wissenschaftlichen Gerätebau hergestellt." „Gott sei Dank!" sagte Felix Meier. „Ich habe schon befürchtet, dass ich die Fertigung organisieren muss." Wenig später war ich mit G. Meyer beim Produktionsdirektor des Messgerätewerks Zwönitz. G. Meyer wollte den für die Fertigung unseres Frequenzanalysators gewinnen. „Wenn Sie mir die DSPs besorgen und sich um einen inoffiziellen Vertriebspartner im Westen kümmern, kann ich das machen. Es ist kein Problem, ein paar hundert solcher Zusatzkarten schnell mal in die laufende Fertigung einzuschleusen. Offiziell übernehme ich das nicht!" „Weshalb nicht?" wollte G. Meyer wissen. „Ein so devisenträchtiges Projekt würden sofort hochrangige SED-Funktionäre in ihre Regie übernehmen. Sollte es funktionieren, ernten die den Ruhm und für mich ist außer Stress nichts gewesen. Sollte es nicht funktionieren, erhalte ich zum Stress noch die Dresche!" Auf dem Weltmarkt gibt es etwa seit Mitte der 90-er Jahre Frequenzanalysatoren mit FFT-Technik.

Ein ähnliches Beispiel für die nicht funktionierende Planwirtschaft erzählte mir ein Studienkollege, der bei den Barkasswerken Karl-Marx-Stadt mikrorechnergesteuerte Motoren entwickelte. Die kamen alle nie zum praktischen Einsatz. Er war auch maßgeblich an der Entwicklung eines neuen Vier-Zylinder-Dieselmotors beteiligt, bei dem der Diesel in einem kleinen Druckkessel zwischengespeichert wurde. In den vier Zylindern gab es sechs Kanäle, die mit dem Druckkessel verbunden waren. In jedem dieser Kanäle saß ein mit dem in der DDR gefertigten Mikrorechner U880 gesteuertes Ventil, mit dem man die Einspritzung ein oder ausschalten konnte. Dieser Motor schlug bezüglich Verbrauch und Abgas alle auf dem Weltmarkt befindlichen Dieselmotoren. 1985 fuhr der erste LKW (W50[95]) mit einem solchen Motor auf den Straßen der DDR. Die verbauten Ventile waren in einem DDR-Be-

---

95  https://de.wikipedia.org/wiki/IFA_W50

trieb in einer Kleinserie gefertigt. Als man den Motor in Serie fertigen wollte, gab es keine freie Kapazität zur Fertigung solcher Ventile in großer Anzahl. So verhinderte die Planwirtschaft, dass dieser damals hervorragende Motor gefertigt wurde. Heute wird diese Technik als Common Rail (CR) bzw. Direkteinspritzung bezeichnet. Das erste Serienfahrzeug mit CR-Technik war der Pkw Alpha Romeo 156 JDT[96]. Er kam 1997 auf den Markt.

Ein anderer ehemaliger Studienkollege erzählte mir die folgende Geschichte, die zwar nicht das Potential hatte, die Wirtschaft der DDR voranzubringen, aber doch das wissenschaftliche Potenzial der beteiligten Protagonisten demonstriert. 1983 war er maßgeblich an dem Projekt beteiligt, das erste Programm der ARD in Dresden in das Kabelnetz einer größeren Wohnsiedlung einzuspeisen. Das war möglich, hatte die DDR 1975 doch die Helsinki-Schlussakte unterzeichnet. Das Signal kam aus Berlin, war äußerst schwach und schwankte stark. Zusätzlich waren rund um Dresden sogenannte Füllsender platziert, die offiziell das Signal des Dresdner Fernsehturms in den umliegenden Tälern verfügbar machen sollten. Aber vor allem sollten sie allen Westempfangsversuchen der Dresdner einen Riegel vorschieben. Eine raffinierte Gruppierung von vielen Langyagi-Antennen hat das Problem gelöst, die Signalqualität schwankte aber immer noch erheblich. 1988 kamen die Protagonisten auf die Idee, den Fernmeldesatelliten ECS der deutschen Bundespost anzuzapfen. Der sendete ein äußerst schwaches Signal und war nicht für individuellen Satellitenempfang vorgesehen. Heimlich wurde ein 2,5-Meter-Parabolspiegel aus glasfaserverstärktem Epoxidharz gebastelt. Kurz vor dem ersten Mai wurde alles montiert und nach nur vier Stunden ein störungsfreies Signal in das Kabel eingespeist, über das viele Haushalte mit der bisherigen Antenne verbunden waren. Der Plan ging auf. Es warteten tatsächlich schon Einsatzkräfte, die in der Nacht alles wieder demontieren sollten. Da das Signal aber

---

96  https://de.wikipedia.org/wiki/Alfa_Romeo_156

schon an dreitausend Kabelanschlüssen anlag, wagte es niemand, kurz vor den Maifeierlichkeiten alles wieder abzuschalten.

## Eine SPS für den Parteitag

Pünktlich zum XI. Parteitag im April 1986 sollte eine neu entwickelte SPS (speicherprogrammierbare Steuerung[97]) auf Mikrorechnerbasis vorstellt werden, weshalb es außer einer Entwicklungsaufgabe auch ein Politikum war. Mein Chef, Prof. G. Meyer, war stark in diese Entwicklung involviert. Das Projekt wurde durch einen von der SED-Bezirksleitung abgestellten Herrn unterstützt, der außergewöhnlich gut vernetzt war. Fehlte irgendwas, sei es ein Schaltkreis oder Kapazität in einem Labor, löste er das Problem meistens innerhalb eines Tages. Besonders verblüfft war ich, als er seinen Wartburg zu Schrott fuhr. Auch da hatte er am nächsten Tag einen nagelneuen Wartburg. Meine Kollegen klärten mich auf, dass der Herr nicht einfach ein Mitarbeiter der SED-Bezirksleitung, sondern vor allem ein hochrangiger Stasi-Mitarbeiter sei.

Unser Forschungsstudent Günther J. entwickelte innerhalb von drei Jahren die zugehörige Programmiersprache MPSS (**Mehrprozessorsteuersprache**). Da er nur Erfahrung mit konventioneller Programmierung hatte und die SPS-typischen Programmiermittel wie Kontaktplan, Funktionsplan und Anweisungsliste kaum kannte, wurde MPSS etwas in der SPS-Welt völlig Eigenständiges. Danach verteidigte er seine Promotion wegen hoher Geheimhaltungsstufe hinter geschlossenen Türen. Die Promotionsschrift war ebenfalls nicht öffentlich zugänglich. Ich vermute, dass Günther J. nie eine Promotionsschrift verfasst hat, weil er in diesen drei Jahren mit der Entwicklung von MPSS über beide Ohren ausgelastet war. Und was sollte schon bei der Entwicklung einer öffentlich zugänglichen SPS-Programmiersprache so schrecklich geheim sein? Hier hatte wohl Prof. G. Meyer seine Beziehun-

---

97  https://de.wikipedia.org/wiki/Speicherprogrammierbare_Steuerung

gen spielen lassen. Letztendlich war die Entwicklung von MPSS ohne Zweifel einer Promotionsschrift gleichwertig.

MPSS-Programmierer, die nach der Wende auf Siemenssteuerungen umsteigen mussten, stöhnten über deren umständliche Programmierung. Da der MPSS-Compiler auf die DDR-SPS-Hardware zugeschnitten war, konnte man MPSS leider nicht für eine Siemens-Steuerung einsetzen. Natürlich hätte man den MPSS-Compiler auch für die Programmierung einer Siemenssteuerung anpassen können, daran war aber niemand interessiert.

Nach Abschluss der SPS-Entwicklung erhielten Prof. G. Meyer und einige andere in die Entwicklung eingebundene Personen den Nationalpreis für Wissenschaft und Technik II. Klasse der DDR. Der Rest des Entwicklerkollektivs wurde mit dem „Banner der Arbeit" ausgezeichnet und alle seine Mitglieder, darunter auch Günther J., erhielten je 300 Mark Anteil an der Dotierung (lag zwischen 2000 und 5000 Mark, je nach Stufe).

## Die Kündigung unserer Wohnung

Wie sich herausstellte war das Wissenschaftliche Zentrum (nachfolgend WZ) in dem Gudrun jetzt arbeitete, eine staatsnahe Einrichtung. Wahrscheinlich deshalb war das Betriebsklima nicht besonders gut. Ein erneuter Wechsel schien schwierig, weil man in der DDR den Betrieb nicht wechseln konnte, wenn der alte Betrieb sein Veto einlegte. Und wenn man gut arbeitete und der Betrieb auch noch staatsnah war, bekam man einfach keine andere Stelle.

Prof. G. Meyer, schaffte Abhilfe. Er besorgte eine Industrieplanstelle (heute würde man Drittmittelstelle sagen) in einem Berliner Großbetrieb. Arbeitsort war die TU. Meine "wilde Ehefrau" Gudrun gab im WZ bekannt, dass ihr Mann eine neue Stelle in Berlin antreten würde und sie deshalb auch eine neue Stelle in Berlin suchen muss. Die hatte sie dann auch bald gefunden. Das

WZ legte ihr unter diesen Umständen keine weiteren Hindernisse in den Weg.

In den nächsten Wochen klingelte es öfters an unserer Wohnungstür. Draußen standen die neuen Mieter und wollten ihre zukünftige Wohnung besichtigen. Dann kam ein Brief vom WZ, in dem unsere Wohnung gekündigt und uns der späteste Termin für unseren Auszug mitgeteilt wurde. Gudrun war völlig aus dem Häuschen. Ich blieb einigermaßen cool, hatten wir doch keinen Mietvertrag mit dem WZ, sondern mit der kommunalen Wohnungsverwaltung. Ich machte einen Termin beim WZ-Chef aus. Dort erklärte ich, dass es mit dem Umzug nach Berlin noch unbestimmte Zeit dauern würde. Außerdem könnten wir in der Zwischenzeit ja wohl auch schlecht ein Zelt in einem Stadtpark aufstellen. Der WZ-Chef verwies auf die Möglichkeit, in eine Ausbauwohnung zu ziehen. Nun griff ich zu den harten Bandagen: "Das Wissenschaftliche Zentrum kann unsere Wohnung gar nicht kündigen, weil wir keinen Mietvertrag mit dem Wissenschaftliche Zentrum, sondern mit der kommunalen Wohnungsverwaltung haben!". Da gab er auf und hat nur darum gebeten dass Gudrun wieder beim WZ einsteigen solle, wenn wir eventuell doch nicht nach Berlin ziehen würden. Das versprachen wir und  wohnten wir noch viele Jahre in dieser Wohnung. Wenn die Wende nicht gekommen wäre, vielleicht heute noch.

## Traurige Ereignisse

Im Sommer 1985 starb mein Vater im Alter von 63 Jahren plötzlich und unerwartet. Das war vor allem für meine Mutter ein Problem, weil sie infolge ihrer Hüftgelenkprobleme viel Hilfe brauchte. Insbesondere beim Heizen der Kohleöfen und beim Einkaufen. Zunächst halfen die Hausbewohner und Vaters Kollegen. Aber auf Dauer war es praktisch nicht möglich, meine Mutter ausreichend zu unterstützen. Eine kleinere Wohnung im Erdgeschoss mit Zentralheizung wäre die Lösung gewesen, aber in Nossen nicht verfügbar. Als ich zum Bürgermeister sagte, dass

Mutters große Wohnung doch ideal für zuziehende Familien wäre, meinte der: „Nach Nossen zieht niemand!".

Also sollte Mutter in die Nähe eines ihrer Söhne ziehen, was nicht so einfach war. Endlich ergab sich die Möglichkeit, einen Ringtausch über vier Orte zu organisieren. Das Ziel war eine Zwei-Zimmer-Plattenbau-Wohnung in Karl-Marx-Stadt mit Zentralheizung und im Erdgeschoss. In die Nossener Wohnung wollte ein Polizist mit Frau und zwei Kindern ziehen. Ich zog los, um die Unterschriften aller vier Tauschpartner und die von deren Vermietern einzutreiben. Die vorletzte Unterschrift wollte ich vom Vermieter der Zielwohnung. Das war eine AWG[98]. Die stellte sich quer. Sie hätte ein eigenes Formular und ich müsste alle Unterschriften auf diesem Formular einholen. Zum Glück wusste ich durch meine Arbeit als EDV-Organisator, dass in der DDR jedes Formular genehmigt werden musste. Und wenn es schon so ein Formular gab, wurde die Genehmigung für ein weiteres Formular nicht erteilt. Mein Formular war genehmigt, das der AWG nicht. Das letzte Hindernis war die kommunale Wohnungsverwaltung Nossen. Ich hatte Mutter gebeten, die Unterschrift einzuholen. Jemand aus dem Haus wollte sie zum Rathaus fahren. Völlig aufgeregt rief sie mich vom IfL Nossen auf Arbeit an, weil der Bürgermeister als Vertreter der städtischen Wohnungsverwaltung seine Unterschrift verweigerte.

Ich nahm einen Tag frei und ließ mir einen Termin beim Bürgermeister geben. Der erklärte mir, dass aus Mutters Wohnung nur eine Person wegzieht, aber eine vierköpfige Familie zuzieht. So könne Nossen seine Wohnungsprobleme nie lösen. Ich sagte, dass es für weniger Leute erst recht keine Genehmigung gäbe, da eine große Vier-Zimmerwohnung nur an eine große Familie vergeben werden darf. Nach einer Rücksprache mit seinem Justitiar hat er auf meinem Formular höchstpersönlich unterschrieben.

---

98  https://de.wikipedia.org/wiki/Arbeiterwohnungsbaugenossenschaft

Mutter zog um und es gab nun auch keine Wochenendbesuche in Nossen mehr.

Zuletzt gab es auch noch Ärger mit dem Rentenbescheid. In der DDR musste man die Rente nicht beantragen. Als der Bescheid über Mutters Witwenrente automatisch eintrudelte, war diese zu Mutters Entsetzen extrem niedrig. Ich studierte den Bescheid und stellte fest, dass er einen groben Fehler enthielt. Ich beruhigte Mutter und verfasste einen Widerspruch, in dem ich auf diesen Fehler hinwies. Vier Wochen später bekam Mutter eine Vorladung zum Gericht in die Kreisstadt, wo über den Widerspruch verhandelt werden sollte. Mutter war wieder aus dem Häuschen. Ich rief bei der Rentenstelle an und wollte wissen, was die Gerichtsverhandlung bewirken solle. „Sie haben Widerspruch gegen unseren Bescheid eingelegt, also muss das Gericht entscheiden, ob sie oder wir Recht haben!". „Haben sie den Widerspruch eigentlich gelesen?" fragte ich. „Sie haben sich schlicht und einfach vertan. Was soll das Gericht da entscheiden?". Nun hat der Beamte den Widerspruch doch genauer angesehen und stellte fest, dass ich Recht hätte. Wir brauchten nicht zum Gericht und erhielten einen neuen Rentenbescheid.

Im Herbst starb dann auch noch mein Schwiegervater. Er war aber über zwanzig Jahre älter als mein Vater. Meine Schwiegermutter war damals noch fit und brauchte keine dauernde Unterstützung.

## Besondere Auslandskontakte

**Steuernetze:** Ein Schwerpunkt der Forschungen beim Lehrstuhl von G. Meyer waren Petri-Netze[99]. Einer der Doktoranden von Prof. Meyer entwickelte z.B. ein Simulationssystem für diskontinuierliche Prozesse auf der Basis von Petrinetzen. Was die Petri-Netze im Bereich der Forschung zur Automatisierung interessant machte, war deren Analyse. Wenn man einen Steueralgo-

---

99  https://de.wikipedia.org/wiki/Petri-Netz

rithmus mit Petri-Netzen beschrieb, hoffte man Programmfehler (z.B. einen möglichen Deadlock[100]) durch eine Netz-Analyse ausschließen zu können.

Prof. Meyer brachte mir von einer seiner zahlreichen NSW-Dienstreisen eine Beschreibung von Step5 mit. Das war eine Sprache zur Programmierung der Siemens-Steuerung Simatic S5. „So etwas Ähnliches brauchen wir auch für unsere SPS-Linie" war sein Kommentar. Ich verheiratete die Petri-Netze mit den Ideen von Step5 und machte daraus eine grafisch orientierte Programmiersprache zu Steuerung paralleler Prozesse. Der besondere Clou war, dass die gleiche Programmiersprache zur Modellierung des zu steuernden Prozesses verwendet werden konnte. Es gab einen Simulator, mit dem man das Zusammenwirken von Steuernetz und Prozessmodell beobachten konnte. Außerdem war eine, wenn auch primitive, quasi-grafische Darstellung des modellierten Prozesses möglich, die vom Simulator animiert wurde.

Mein Ziel war es, verschiedene Prozessmodelle für die Ausbildung unserer Studenten bereitzustellen. So sollten realitätsnahe Praktika zur SPS-Programmierung ohne Bereitstellung eines teuren zu steuernden Equipments möglich werden. Damit meine Steuernetze auch für praktische Anwendungen nutzbar waren, implementierte ich noch einen Compiler, der sie in MPSS-Code umsetzte. Dr. Klaus D. der an der TU eine Industrieplanstelle hatte, erwies sich als übler, oder besser als perfekter Beta-Tester. Er probierte die extremsten Auslegungen meiner Sprachbeschreibung aus und beschwerte sich, wenn es nicht genauso wie beschrieben funktionierte. Teilweise änderte ich meine Sprachbeschreibung, oft musste ich aber auch Fehler in meinem Simulator oder dem MPSS-Compiler beseitigen.

Das Ganze brachte mir einen Wissenschaftspreis-Preis der TU für meine Verdienste bei der Steuerung paralleler Prozesse ein.

---

100 Ein Deadlock ist eine Situation, in der sich mehrere Prozesse blockieren, in dem sie aufeinander warten

Natürlich veröffentlichte ich auch etwas darüber. Das wiederum bewirkte, dass 1987 drei Mitarbeiter von FESTO-Didactic (Sitz war in Denkendorf nahe Stuttgart) bei mir auftauchten um meine Steuernetze zu besichtigen. Insbesondere waren sie an den quasigrafisch animierten Prozessmodellen interessiert. Sie erklärten dass sie so etwas auch vorhatten. Als Steuersprache sollte aber die Anweisungsliste der FESTO-SPS genommen werden. Das Prozessmodel sollte möglichst anschaulich in Vollgrafik dargestellt werden (Das beherrschten die von mir benutzten DDR-Bürocomputer nicht). Ich zeigte Interesse, aber gab zu verstehen, dass ich dafür nicht der richtige Ansprechpartner wäre.

Prof. G. Meyer teilte mir nach ein paar Tagen mit, dass ich dafür sowieso nicht in Frage käme. Die Stasi hätte mich wegen meiner wilden Ehe und meines Westonkels von vornherein abgelehnt. In den nächsten zwei Jahren schlug Prof. G. Meyer mehrere Ersatzleute aus meinem Umfeld vor, die aber entweder von Festo-Didactic oder von der Stasi abgelehnt wurden.

**Dienstreise nach Tallinn:** Im Herbst 1988 durfte ich mit noch einem Mitarbeiter eine Dienstreise nach Tallinn unternehmen. Anlass war die Betreuung zweier Austauschstudenten. Ansprechpartner an der TU Tallinn war Professor Andres Keevalik, der später auch Rektor der TU Tallinn war. Zunächst bekam ich einen Reisepass. Für Privatreisen in die SU reichte der Personalausweis mit eine Reiseanlage, die man bei der Polizei beantragen musste. Für Dienstreisen brauchte man einen Pass mit Visum. Dieser Pass wurde in einem Tresor an der TU verwahrt. Erst kurz vor der entsprechenden Dienstreise wurde er ausgehändigt und unmittelbar nach der Dienstreise musste man den Pass wieder abliefern. Der Flug nach Tallinn ging über Moskau. Landung war in Scheremetjewo, Weiterflug nach Tallinn ab Domodedowo, einem damals fast ausschließlich für Inlandsflüge reservierten Flughafen. Zeit zum Umsteigen: zwei Stunden!. Unser Flug nach Moskau hatte eine Stunde Verspätung. Mein Mitreisender war völlig fertig. Ich schnappte uns ein Taxi. Nach Zahlung eines angemessenen Bakschischs raste der Taxifahrer los. Unser Flugzeug war trotzdem weg.

An der Auskunft erfuhren wir: „Nu budjet (Es wird)". Kioske und Gaststätten im Flughafen waren alle geschlossen. Also machten wir es uns auf einigen Bänken im Wartebereich „bequem". Etwa um sieben Uhr morgens wurden wir aufgefordert, uns zum Flugsteig zu begeben. Zusammen mit einem Japaner durften wir einen Bus besteigen, der uns zum Flugzeug fuhr. Der Japaner hatte große Sorgen wegen der in Tallinn zu erwartenden sibirischen Kälte. Unsere Versicherung, dass dort normale Temperaturen herrschen, hat er sehr skeptisch aufgenommen. Im Flugzeug saßen schon zwei Offiziere der Sowjetarmee. Nachdem wir und der Japaner die uns zugewiesenen Plätze eingenommen hatten, fuhr eine Art Sattelauflegen mit den restlichen Passagieren vor. Voll beladen startete das Flugzeug in Richtung Tallinn. Infolge der Verspätung wurden wir nicht wie geplant abgeholt, aber nach einer Taxifahrt und einer Odyssee an der TU fanden wir uns bei Professor Keevalik ein.

Der von mir betreute Austauschstudent war von seinem Tallinn-Aufenthalt begeistert. Er hatte festgestellt, dass seine „Residenzpflicht" praktisch nicht kontrolliert wurde und Zugfahrkarten quer durch die Sowjetunion zu Spottpreisen erworben werden konnten. Er war inzwischen in Mittelasien, auf der Krim, im Kaukasus und sogar in Sibirien gewesen.

Tallinn selbst erwies sich als schöne alte Hansestadt. Viele alte Bürgerhäuser und die Stadtmauer waren ordentlich restauriert. Ich war entsetzt, als ich ein mit frisch gemalten Hakenkreuzen dekoriertes Stadttor passierte. Professor Keevalik winkte ab: „Wir haben zur Zeit genug mit unserer eigenen Vergangenheit zu tun. hat Stalin mehr Leute auf dem Gewissen als Hitler." Dass Hitler etwa für 14 Millionen Tote verantwortlich war, wusste ich. Dass Stalin für etwa 22 Millionen Tote verantwortlich war, hörte ich jetzt zum ersten Mal.

Professor Keevalik lud uns und unsere beiden Studenten in seine Datsche am Ostseestrand ein. Es gab Brathuhn, Bier und Wein. Mein Student ließ es sich nicht nehmen, bei 12 Grad in der Ostsee zu baden. In der Datsche gab es auch eine kleine Sauna. Prof. Keevalik bearbeitet uns dort alle persönlich mit Birkenzweigen.

Kurz vor Weihnachten besuchte Prof. Keevalik die TU Karl-Marx-Stadt. Da ich mich für die Einladung in seine Datsche revanchieren wollte, lud ich ihn an einem freien Abend in unsere Wohnung ein. Weil er „nur" Estnisch, Russisch und Englisch beherrschte, lud ich auch noch zwei Kollegen mit einigermaßen guten Englischkenntnissen ein. Natürlich diskutierten wir nach dem Essen auch über Glasnost und die aktuelle politische Situation. Als Prof. Keevalik äußerte "The berlin wall will exist no more then two years", waren wir uns einig, dass er damit völlig falsch lag.

# Das Jahr 1989

Dieses Jahr war von der durch Michael Gorbatschow bereits 1985 initialisierten „Glasnost" bestimmt. Die passte der DDR-Führung überhaupt nicht in den Kram. Das zeigte sich deutlich am Verbot der sowjetischen Zeitschrift Sputnik[101] im Herbst 1988. Genaugenommen wurde sie nicht wirklich verboten, sondern man konnte sie einfach nicht mehr kaufen. An die nachfolgend beschriebenen Ereignisse erinnere ich mich gut. Die meisten konkreten Zeitangaben und einige Details habe ich aber im Internet recherchiert.

**Anfang Juni 89, Massaker in Peking:** Die Glasnost von Gorbatschow fand auch unter den Studenten Chinas großen Widerhall. Es kam zu einer studentisch getragenen Demokratiebewegung, bei der der "Platz am Tor des Himmlischen Friedens" in Peking besetzt wurde. Diese Besetzung wurde am 3./4.Juni 1989 vom chinesischen Militär gewaltsam niedergeschlagen. In den DDR-Medien fand das wenig Widerhall, es wurde sogar als *Wiederherstellung der Ordnung in China* gelobt. Da man in Rochlitz (in unserer Wohnung hatten wir keinen Fernseher) zumindest das ARD-Fernsehen empfangen konnte, war klar, dass diese Wiederherstellung der Ordnung mit hunderten von Toten und Verletzten verbunden war. Dass die DDR-Führung das offensichtlich billigte, beunruhigte uns schon sehr.

**Grenzöffnung Ungarn/Österreich:** Eigentlich hatte Ungarn schon im Mai mit dem Abbau der Grenzsperren begonnen. Trotzdem wurde die Grenze noch bewacht, weshalb den erwischten Flüchtlingen nach ihrer Rückkehr in die DDR Gefängnisstrafen drohten.

Am 19. August 1989 wurde ein ungarisch/österreichisches Grenztor für einige Stunden geöffnet, was zur Flucht von etwa 600 DDR-Bürgern führte, die ihr gesamtes Hab und Gut zurückließen.

---

101  https://de.wikipedia.org/wiki/Sputnik_(Zeitschrift)

Am 11. September öffnete die ungarische Regierung die Grenze nach Österreich dauerhaft, worauf Tausende DDR-Bürger auf diesem Weg die DDR verließen. Offensichtlich auch unsere Wohnungsnachbarn, denn eines Tages war deren Wohnungstür versiegelt. Auch einer meiner Schulfreunde von der EOS war unter den Flüchtlingen und lies ein Haus, zwei Autos sowie Frau und Kinder zurück. Seine Beweggründe waren nicht politischer, sondern rein wirtschaftlicher Art. Später sagte er mir, dass er fest damit gerechnet habe, seine Familie nachholen zu können. Den Verlust seiner materiellen Besitztümer habe er einkalkuliert.

**Aufruhr in der APO:** In der Sektions-APO-Versammlung vom September erschien ein hauptamtlicher Mitarbeiter der SED-Bezirksleitung und wollte uns über die aktuelle politische Situation aufklären. Als er einige kritische Fragen beantworten sollte, beschimpfte er die Versammlung als eine reaktionäre Zusammenrottung, worauf eine Menge Studenten den Saal verließen. Die APO-Leitung beschwerte sich über den Knilch, worauf er von der SED-Bezirksleitung nochmals zu uns geschickt wurde, um sich zu entschuldigen. Das brachte aber keine Punkte.

Wir waren nun so wütend, das wir (die APO-Leitung und ich als Sekretär der Professoren-Parteigruppe) ein Aktionspapier verfassten. Darin zählten wir nicht nur die dringendsten Probleme auf, sondern machten auch Vorschläge, wie man die Situation mittelfristig verbessern könne. Das wollten wir in der nächsten APO-Versammlung absegnen lassen und dann an die Bezirksleitung schicken. Der Sektionsdirektor bekam davon Wind und bestellte uns in sein Büro. Nachdem er den Entwurf gelesen hatte, stellte er fest: "Wenn ihr das öffentlich macht, bin ich die längste Zeit Sektionsdirektor gewesen!". Wir überstimmten den Sektionsdirektor. Das Papier wurde in der APO-Versammlung für gut befunden und an die Bezirksleitung geschickt. Wenn ich die spärlichen Internetspuren richtig interpretiere, war der Sektionsdirektor noch bis 2000 Professor an der TU.

In meinen Unterlagen fand ich noch einen mit einem Nadeldrucker gedruckten Entwurf dieses Briefes:

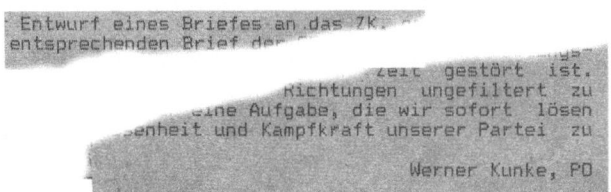

Entwurf eines Briefes an das ZK,
entsprechenden Brief der

...zeit gestört ist.
...richtungen ungefiltert zu
...ine Aufgabe, die wir sofort lösen
...enheit und Kampfkraft unserer Partei zu

Werner Kunke, PD

Nachfolgend die exakte Abschrift dieses Entwurfs.

Erster Entwurf eines Briefes an das ZK, gedacht als Zuarbeit für einen entsprechenden Brief der GO der Sektion AT.

Wir, die Genossen der Parteigruppe ...10/30..., wenden uns in Auswertung der aktuellen politischen Situation an das ZK unserer Partei.
Angesichts einer Lage, in der sich die Initiatoren des „Neuen Forums" eine Massenbasis verschaffen, indem sie allen, die mit konkreten Situationen unzufrieden sind, ein Identifikationsangebot machen, darf sich unsere Partei nicht auf einen Aufruf zu Meinungsäußerungen und Vorschlägen beschränken.
Um unsere in Artikel 1 der Verfassung verankerte führende Rolle zu sichern, muss unsere Partei erfolgversprechende Vorschläge unterbreiten, wie wir den Sozialismus attraktiver gestalten. Wir müssen all jenen, die in den Dialog- und Reformappellen des „Neuen Forums" ihre Sorgen wiederzufinden glauben, so schnell wie möglich eine Alternative bieten. Wenigstens ein Teil der im Ergebnis der nächsten ZK-Tagung angekündigten Vorschläge sollte deshalb sofort veröffentlicht werden. Wenn diese Vorschläge nicht bis zur letzten Konsequenz durchdacht sind, können wir sie im Rahmen ihrer öffentlichen Diskussion korrigieren
Es ist außerordentlich wichtig, daß die ersten Vorschläge zur Lösung bestehender Probleme von der Führung unserer Partei ausgehen. Wenn in unseren Medien lediglich über die Aktivitäten von Oberbürgermeistern und Vertretern der befreundeten Parteien berichtet

wird, weckt das Zweifel an der Geschlossenheit unserer Partei. Aus den gleichen Gründen erachten wir es als notwendig, daß sich ZK-Mitglieder nicht nur in einzelnen Kollektiven, sondern auch in unserem Fernsehen der Diskussion über die Lösung bestehender Probleme stellen.

Außerdem (und nicht zum ersten Mal) fordern wir, daß wir mehr Informationen zu den Hintergründen der Entscheidungsfindungen erhalten.Das betrifft sowohl erforderliche kurzfristig zu treffende Maßnahmen wie die Nichtzulassung des „Neuen Forums" und die Einstellung des visafreien Reiseverkehrs in die CSSR, als auch langfristig vorbereitete Entscheidungen, die sich z.B. als Beschlüsse des Parteitages niederschlagen. Bei den kurzfristig zu treffenden Entscheidungen erwarten wir genauere Informationen über die bestehenden Tatsachen. Wie sollen wir gegenüber unseren Kollegen argumentieren, wenn sich diese auf uns unzugängliche Informationsquellen berufen und wir nur darauf verweisen können, daß die fragliche Entscheidung sicher verantwortungsvoll und sachkundig gefällt wurde? Bei solchen kurzfristigen Maßnahmen ist es außerdem notwendig, die weitere strategischen Linie zu erläutern. Wie sollen wir sonst verstehen, daß wir mit den Vertretern des nicht zugelassenen „Neuen Forums" in den Dialog treten? Was sollen wir unseren Kollegen (und Genossen) sagen, die befürchten, daß sie ihren nächsten Urlaub nicht wie in vielen Jahren vorher auf den Campingplätzen der CSSR verbringen können?

Bei den langfristig vorbereiteten Maßnahmen erwarten wir, bereits in die Entscheidungsfindung einbezogen zu werden. Warum ist uns nicht bekannt, welche Problemkreise durch die Arbeitsgruppen zur Vorbereitung des Parteitages bearbeitet werden? Warum wissen wir nichts über den Inhalt der siebzig Konzeptionen zur Lösung anstehender Probleme? Solche Konzeptionen müssen zur Diskussion gestellt werden, bevor sie in Beschlüsse umgesetzt werden. Wie sollen wir effektiv mitarbeiten, wenn wir nicht wissen, welche unserer Ideen bereits übernommen wurden oder warum einige unserer Vorschläge verworfen werden müssen?

Wir wenden uns mit diesen unseren Problemen direkt an das ZK, weil wir befürchten, daß der Informationsfluß über die Leitungsebenen unserer Partei schon seit längerer Zeit gestört ist.

Diesen Informationsfluß in beiden Richtungen ungefiltert zu gewährleisten, halten wir für eine Aufgabe,
die wir sofort lösen müssen, um die Geschlossenheit
und Kampfkraft unserer Partei zu gewährleisten.

Werner Kunke, PO

**Sonderzug in den Westen:** Die BRD-Botschaft in Prag war mit DDR-Flüchtlingen überfüllt. Am 30. September verkündete Hans-Dietrich Genscher vom Balkon der Botschaft die Ausreisegenehmigung für die in der Botschaft befindlichen DDR-Flüchtlinge. Bereits am 1. Oktober fuhren die ersten Züge in die BRD, seltsamerweise aber durch die DDR. Aber erst der Sonderzug am 4.10. war irgendwie bekannt geworden. In Dresden kam es anlässlich der Durchfahrt dieses Sonderzuges zu Auseinandersetzungen zwischen etwa 5000 Demonstranten (die wollten wohl zusteigen) und der Polizei. Das stärkte die Befürchtungen, dass es auch in der DDR zu einem Massaker wie am Platz des himmlischen Friedens kommen könne.

Was bei mir und in meinem Umfeld für große Empörung sorgte, war E. Honeckers öffentlicher Kommentar: "Denen weinen wir keine Träne nach." Wir waren der Meinung, bei einer solchen Massenflucht müsse man sich schon mal ernsthafte Gedanken über deren Ursachen machen.

**Wasserwerfer in Karl-Marx-Stadt:** Am Vorabend des 7. Oktober wurden in der Innenstadt Wasserwerfer bereitgestellt. Bis dahin kannte ich so etwas nur aus Filmen und dem Westfernsehen. An der SED-Bezirksleitung wurden Feuerwehrschläuche ausgerollt. Ein Kollege hatte gefragt, wozu das gut sei. "Willst du gleich abgewaschen werden?" war die Antwort.

Schon am 6. Oktober begannen in Berlin die Feierlichkeiten zum vierzigsten Jahrestag der DDR. Michael Gorbatschow, aber auch der extreme rumänische Hardliner und Gegner Gorbatschoffs Nicolae Ceausescu reisten als Ehrengäste an.

Bei den folgenden Aufmärschen erklang statt des erwarteten "Honni, Honni" peinlicher weise "Gorbi, Gorbi"

Das war sogar im DDR-Fernsehen zu besichtigen. Gudrun und ich drückten uns, wie schon in den vorherigen Jahren, vor der Teilnahme an der obligatorischen Demo zum 7. Oktober. Interessanterweise hat mich nie jemand gefragt, wo ich denn war. Deshalb kann ich von dieser letzten Demo leider keine persönlichen Eindrücke beisteuern. Aber im Gegensatz zu vielen größeren Orten kam es in Karl-Marx-Stadt kaum zu Protestrufen und Verhaftungen.

Ein Kollege war am Abend des 7. Oktober im städtischen Schauspielhaus. Am Ende des Schauspiels wurde eine Protestresolution gegen die aktuelle Politik verlesen! Das Ensemble des Schauspielhauses war schon immer kritisch eingestellt. Wir besuchten die Vorstellungen schon deshalb gern, weil selbst in uralten Klassikern oft subtile Spitzen gegen die Zustände in der DDR untergebracht waren. Eine explizite Protestresolution hatte es aber bis dahin noch nie gegeben.

**Montagsdemo ohne Eskalation:** Die bekannten Leipziger Montagsdemos gab es ab Anfang September. Davon bekamen wir aber zunächst kaum etwas mit. Am 9. Oktober war wieder eine Montagsdemo in Leipzig fällig. Nach den Zusammenstößen am 7. Oktober gab es Befürchtungen, dass es in Leipzig zu einem DDR-Äquivalent des Massakers am Platz des himmlischen Friedens in Peking kommen könnte. Sehr erleichtert hörte man in den Nachrichten, dass die Montagsdemo friedlich verlief, obwohl die Anzahl der Teilnehmer mit etwa 70.000 unerwartet hoch war. Am 16. Oktober waren es 120.000, am 23. Oktober sogar 320.000 Teilnehmer[102].

**Honeckers Ablösung:** Am 17.10.89 gab es eine der regelmäßigen Politbürositzungen. Honecker begann wie immer die wöchentliche Sitzung und fragte, ob es noch Vorschläge zur Tages-

---

102 Die Teilnehmerzahlen waren uns damals allerdings unbekannt. Die fand ich erst bei Recherchen zu diesem Buch im Internet.

ordnung gibt. Willi Stoph meldete sich zu Wort und stellte den Antrag, Honecker von seiner Funktion zu entbinden.

Schon einen Tag später gab es eine ZK-Tagung. Das Zentralkomitee der SED war eigentlich das höchste Machtorgan der SED und hatte etwa 200 Mitglieder. Praktisch hatte es die Entscheidungen des Politbüros abzunicken. Honecker äußerte zunächst die Bitte, ihn wegen seiner angegriffenen Gesundheit von allen Funktionen zu entbinden. Dieser Bitte wurde ohne Debatte entsprochen. Honecker selbst eröffnete dann die Sitzung und schlug Egon Krenz als seinen Nachfolger vor. Egon Krenz wurde zum neuen Generalsekretär gewählt. Ein paar Stunden später verlas er im DDR-Fernsehen eine Rede, in der er eine Reform der SED ankündigte.

Das der Betonkopf Honecker endlich weg war, erfreute uns (Gudrun, mich und die meisten unserer Bekannten) außerordentlich, aber wir trauten seinem Ziehsohn Krenz keine wirkliche Reform zu.

**Demo am Alexanderplatz:** Am 4.11. fand in Berlin eine vom „Verband der Theaterschaffenden" organisierte und *genehmigte*! „Demonstration gegen Gewalt und für verfassungsmäßige Rechte" statt, die im DDR-Fernsehen live übertragen wurde. Es war mit mindestens 500.000 Teilnehmern (manche Quellen geben sogar 1.000.000 an) die größte Demo der DDR-Geschichte. Zahlreiche bekannte Schauspieler (z.B. Annekathrin Bürger, Ekkehard und Johanna Schall), bekannte Schriftsteller (z.B. Christoph Hein, Stefan Heym und Christa Wolf) und damals weniger bekannte Figuren (z.B. Marianne Birthler, Gregor Gysi und Friedrich Schorlemmer) traten als Redner auf. Manfred Gerlach (Vorsitzender der LDPD), Günther Schabowski 1. Sekretär der SED-Bezirksleitung Berlin) und Markus Wolf (ehemaliger Chef der DDR-Auslandsspionage) wurden ausgepfiffen. Insgesamt gab es 27 Redner. Niemand forderte auch nur andeutungsweise die deutsche Einheit. Vermutlich erreichte die Live-Übertragung dieser Demo die höchsten Einschaltquoten aller Zeiten im DDR-Fernsehen.

## Reise nach Stuttgart

Im Sommer 1989 hatte ich nun doch einige Fragebögen aus-
zufüllen, die mich zum NSW-Reisekader machen sollten. Prof.
Meyer erklärte mir, dass die Aussicht auf Deviseneinnahmen nun
doch wichtiger sei als mein Westonkel. Ich sollte eine Erklärung
unterschreiben, dass ich zukünftig jeden Kontakt zu meinem
Westonkel vermeiden würde. Ich sagte dass ich solche Kontakte
ohnehin nur bei Geburtstagsfeiern meiner Mutter hätte, da zu diesen Feiern gelegentlich auch mein Onkel auftauche. Ich würde
aber keinesfalls eine Einladung zur Geburtstagsfeier meiner Mutter ausschlagen, nur weil auch mein Westonkel dort eingeladen
sei. Daraufhin musste ich nur unterschreiben, dass ich meinen
Westonkel nicht auf meinen BRD-Dienstreisen kontaktieren würde und dass ich die Staatsorgane informieren würde, falls er mir
bei seinen Besuchen in der DDR *verdächtige* Fragen stelle.

Anfang November 1989 wurde ich zum NSW-Reisekader ge-
kürt. Das heißt, ich bekam einen zweiten Reisepass, der zu Dienstreisen ins NSW berechtigte. Wie mein SW-Dienstreisepass wurde auch der neue Pass in einem Panzerschrank der TU verstaut.
Am 8. November wurde er mir ausgehändigt und ich fuhr mit
Prof. G. Meyer und einem Fahrer des Ministeriums für Außenhandel in einem Dienst-Wartburg nach Denkendorf bei Stuttgart.
Den Fall der Mauer am 9. November sah ich mir im
Schwarz/Weiß-Fernseher eines Denkendorfer Hotels an.

Insgesamt war ich 10 Tage in Denkendorf. Geschockt von den
Preisen für Fahrten mit öffentlichen Verkehrsmitteln und in Gaststätten blieb ich in meiner Freizeit meistens im Hotel.

Aber am Wochenende fuhr ich mit der S-Bahn nach Stuttgart.
In der S-Bahn fiel mir auf, dass die Stuttgarter auffallend dicke
Nasen hatten. Erst später wurde mir klar, dass vor allem Stuttgarter türkischer Herkunft die S-Bahn benutzten. Ernüchternd war
ein Toilettenbesuch in einem S-Bahnhof. Auf dem Weg zur Toilette musste ich ein größeres Matratzenlager durchqueren. Da es

nachts schon ziemlich kalt war, hatten sich Stuttgarter Obdachlose hier häuslich niedergelassen. So etwas kannte ich bisher überhaupt nicht.

Die Suche nach einem preiswerten Mittagessen hat auch länger gedauert. Die Gaststättenpreise waren mir viel zu hoch. An einem Stand erstand ich eine Art belegtes Brötchen namens Döner (Döner gab es in der DDR nicht, auch keine MC-Donalds-Milchbrötchen). Der Döner kostete 2,50 DM! Für weitere 2 DM bekam ich auch noch ein Bier dazu. Viel Zeit verbrachte ich in einem Kaufhaus, um für Gudrun ein Geschenk zu besorgen. Für 50 DM kaufte ich eine schwarze Swatch-Uhr, die sie viele Jahre getragen hat.

Für die Rückreise hatte ich eine Zugfahrkarte (mit Platzreservierung) ab Stuttgart Hbf. Im Stuttgarter Hauptbahnhof wurden alle DDR-Bürger über die Bahnhofslautsprecher zur Abholung des Begrüßungsgeldes aufgefordert. Ich hatte außer meinem Dienstreisepass auch noch den Personalausweis dabei, der für den Empfang des Begrüßungsgeldes ausgereicht hätte. Aber ich traute mich nicht.

Als der Zug im Grenzbahnhof Hof einrollte, war der Bahnsteig so gedrängt voll, dass niemand hätte umfallen können. Im Nu war der Zug voll wie eine Ölsardinenbüchse. Die Grenzkontrolleure hatten keine Chance, sich im Zug zu bewegen. Nach einiger Zeit fuhr der Zug dann ohne jede Kontrolle weiter. In meinem Abteil saß eine ältere BRD-Bürgerin, die ihre Verwandten in Freiberg besuchen wollte. Das war nicht das erste Mal. Nun hatte sie große Sorge, was das Meldeamt in Freiberg sagen würde, wenn der Einreisestempel in ihrem Pass fehlt. Ich beruhigte sie: „In Freiberg werden die sicher wissen, was hier an der Grenze los ist".

**Was danach noch passierte.** Ab jetzt überschlugen sich die Ereignisse. Nachfolgend einiges, an das ich mich erinnere. Das jeweils zugehörige Datum habe ich im Internet gesucht und gefunden.

218

**13.11.** Die Volkskammer wählte Hans Modrow zum neuen Ministerpräsidenten. Hans Modrow war bis dahin erster Sekretär der SED im Bezirk Dresden und erfreute sich relativer Beliebtheit in der DDR-Bevölkerung.

**18.11.** Das Ministerium für Staatssicherheit wurde aufgelöst. Die Volkskammer setzte einen Untersuchungsausschuss ein.

**01.12.** Die Volkskammer strich den Führungsanspruch der SED aus der Verfassung

**03.12.** Die 12. Tagung des ZK. Das Politbüro unter Egon Krenz und das ZK traten zurück. Erich Honecker, Erich Mielke und weitere Spitzenfunktionäre wurden aus der SED ausgeschlossen. Günter Mittag (Sekretär des ZK der SED für Wirtschaft) und Harry Tisch (Vorsitzender des FDGB) wurden wegen Schädigung des Volkseigentums und der Volkswirtschaft verhaftet.

**06.12.** Egon Krenz trat als Generalsekretär zurück.

**07.12.** Erich Mielke wurde verhaftet

**Reise nach Hof:** Inzwischen war klar, dass man zukünftig ins westliche Ausland reisen durfte und mit Besitz konvertibler Währung auch konnte. Deshalb machten wir uns Anfang Dezember mit dem Auto auf der Weg nach Hof, um unser Begrüßungsgeld (100 DM pro Nase) zu kassieren. Wir nahmen auch noch einen jüngeren Kollegen mit. Die Autobahn Richtung Hof endete kurz nach Plauen infolge einer im dritten Reich nicht fertig gewordenen Brücke. Hof war überschwemmt von DDR-Bürgern. Ich kaufte eine ziemlich genaue Karte, weil ich dachte, dass man im grenznahen Gebiet mal Pilze suchen könne. Dazu ist es aber nie gekommen. Als wir das Gedränge am Rathaus gesehen hatten, beschlossen wir, auf der Autobahn noch etwas weiter zu fahren. landeten wir im Rathaus von Helmbrechts. Wir halfen einer DDR-Familie ihre Urgroßeltern zum Schalter zu befördern. Unseren Großvater hatten wir natürlich vergessen! Meine Schwiegermutter auch! Meine Mutter hatte ihr Begrüßungsgeld schon im Sommer abgefasst, als sie ihren Bruder besuchte. Gegen Vorlage des

DDR-Personalausweises konnten auch wir unser Begrüßungsgeld kassieren. Auf der Autobahn in Richtung DDR war alles verstopft. Jetzt kam mir meine neue Karte zu gute. Auf Feldwegen umfuhren wir den Stau.

**Sonderparteitag:** Heute weiß ich, dass sich etwa Ende November 1989 bei den Leipziger Montagsdemos der Ruf „Wir sind das Volk" zunehmend in den Ruf „Wir sind ein Volk" umgewandelt hat. An der TU fiel uns das nicht auf. Wir redeten vor allem über die jetzt offensichtlich gegebenen neuen Möglichkeiten. Reisefreiheit war kein Thema, da die jetzt (falls man an Devisen herankam) gegeben war. Wir diskutierten darüber, wie man die DDR verbessern könnte. Dazu schien es vor allem notwendig die Effizienz der Betriebe in Größenordnungen zu steigern. Das hielten wir vor allem für ein organisatorisches Problem. Wir waren uns sicher, dass das dafür notwendige Wissen vorhanden war. Es kam nur darauf an, freie Bahn zur Umsetzung dieses Wissens zu schaffen.

In der SED wurde ein Sonderparteitag im Dezember geplant. Ich nahm an einer Versammlung teil, an der die Delegierten der TU zum Sonderparteitag gewählt wurden. Vor allem ging es darum, welchen Auftrag unsere Delegierten haben sollten. Letztendlich sollten sie sich für eine Auflösung der SED und die Gründung einer neuen Nachfolgepartei einsetzen. Wir waren der Meinung, nur so den Parteiapparat der SED loszuwerden. Mit diesem Parteiapparat hielten wir die SED und damit letztendlich auch die DDR nicht für reformierbar. Auf dem Sonderparteitag wurde Gregor Gysi zum neuen SED-Chef gewählt. Gregor Gysi war ausdrücklich gegen eine Auflösung der SED, insbesondere weil in der Folge einer solchen Auflösung 44.000 hauptamtliche Mitarbeiter des Parteiapparates arbeitslos würden. Außerdem würde das Parteivermögen (mehr als drei Milliarden DDR-Mark) dadurch herrenlos. Da ich nicht glaubte, dass mit dieser umbenannten SED und dem alten Parteiapparat eine neue DDR gestaltet werden könne, trat ich Anfang 1990 aus der SED/PDS aus. Wenig später lief ohnehin alles auf einen Anschluss an die BRD hinaus. Übrigens wurden schon Anfang 1990 drei Milliarden DDR-Mark von der PDS für soziale und kulturelle Zwecke an den Staatshaushalt der DDR abgeführt.

# Die letzten Monate der DDR

## Ich arbeite weiter für Festo-Didactic.

Noch im Dezember 1989 bekam ich von Festo-Didactic einen IBM-Bürocomputer des Typs PS2 mit Windows 2.11. Nachdem der IBM-PC in meinem TU-Arbeitszimmer installiert war, wurden zwei mit Knetmasse gefüllte Kronenverschlüsse an Türrahmen und Tür meines Dienstzimmers genagelt. Ich bekam ein DDR-Petschaft. Wenn ich nach Hause ging, musste ich ein Stück Schnur in die Knetmasse auf beiden Seiten drücken und das Ganze mit Hilfe des Petschafts versiegeln. Ich arbeitete nun an der TU fast ausschließlich für Festo-Didactic. Dafür kassierte das Ministerium für Außenhandel monatlich 8000 DM. Einmal im Monat fuhr ich zwecks Abstimmung nach Stuttgart. Dort gab es 50 DM Tagegeld und freie Unterkunft. Um an die Fahrkarte zu kommen, musste ich ins Ministerium nach Berlin fahren und die Fahrkarte dort persönlich abholen. Im Februar 1990 bekam ich mit, dass diese Fahrkarte zusätzlich zu den 8000 DM von Festo bezahlt wurde. Also fragte ich bei Festo, ob sie statt der Fahrkarte auch meine Anreise mit dem Auto bezahlen würden. Fortan bekam ich zusätzlich zum Tagegeld 350 DM Fahrtkostenzuschuss. Inzwischen war klar dass man jederzeit in den Westen reisen konnte, sogar mit DDR-Personalausweis nach Österreich. Natürlich musste man genügend Westgeld besitzen. Ich wollte im Sommer unbedingt mit Gudrun in die Alpen. Deshalb galt es möglichst viele D-Mark zu hamstern. Bei der Vorstellung, in einer Kneipe 5 DM für ein großes Bier zu löhnen, dass in einer DDR-Kneipe 80 Pfennige kostete, sträubten sich mir die Haare. Also kamen nun einige Flaschen Bier, sonstige Verpflegung und drei 20-Literkanister mit Benzin ins Auto. Inzwischen konnte man bei der Staatsbank der DDR ein Valutakonto anlegen. Das tat ich und speicherte dort alle gehamsterten D-Märker. So konnte ich auch noch Zinsen kassieren[103].

Im Februar fragte mich einer der Festo-Manager, ob bei meinen jüngeren Kollegen Interesse bestehe, die anstehende Hannover Messe zu besuchen. Das war der Anstoß zu einer von Festo organisierten Busreise. In Leipzig, Karl-Marx-Stadt und Dresden stiegen diverse jüngere Hochschulmitarbeiter (ich dürfte mit 43 der älteste gewesen sein) in einen von Festo organisierten Reisebus. Unterwegs gab ein Festo-Mitarbeiter bekannt, dass eigentlich ein gemeinsames Mittagessen geplant war. Das ließ sich aber nicht mehr organisieren. Deshalb erhielt jeder einen 100-DM-Schein. Auf der Messe besuchten wir zunächst den Festo-Stand und wurden dann nach Bremen gefahren, wo wir in einem für unsere Verhältnisse sehr luxuriösen Hotel untergebracht wurden. In einer Bremer Kneipe trank ich dann mein erstes Altbier. Am nächsten Tag konnten wir uns auf eigene Faust auf der Messe umtun und am Nachmittag ging es wieder nach Hause. Das Ganze war mit Sicherheit eine sehr lukrative Investition von Festo, hat die Firma doch bei dieser Fahrt mehrere sehr gut ausgebildete neue Mitarbeiter rekrutiert.

## Besuch beim Westonkel

Im Januar 1990 rief ich meinen Westonkel aus Stuttgart an. Der lud mich zu einem Besuch ein und wollte die Fahrtkosten übernehmen. Also wurde für die Heimfahrt eine Umwegkarte über Frankfurt am Main gekauft. Der Onkel holte mich vom Bahnhof ab. Zunächst wurde die Eigentumswohnung vorgeführt. Als die in der Schrankwand eingebaute Bar besichtigt wurde, sollte ich mich bedienen. Ich griff nach einer Flasche französischen

---

103 Da konnte man auch DDR-Mark zum Kurs 5:1 ein- bzw. auszahlen, was aber kaum bekannt war. Siehe
https://de.wikipedia.org/wiki/Mark_(DDR)#Mauerfall_und_Währung sunion

Kognak. Die musste allerdings wieder zurückgestellt werden, sie war für besondere Anlässe reserviert.

Schließlich erklärte mein Onkel, dass er ja meinem Bruder zu seiner Hochzeit die goldenen Eheringe spendiert habe, und ich deshalb noch etwas gut habe. Er wolle als Ausgleich für mich, Gudrun, meine Mutter (seine Schwester) und die Familie sienes Sohns im Sommer eine Ferienwohnung in den Österreicher Alpen mieten und die Kosten übernehmen. Da wir ohnehin im Sommer in die Alpen wollten, nahm ich das Geschenk gern an. So sparten wir schon mal die Kosten für die Unterkunft.

## Angstkäufe

Es zeichnete sich ab, dass die DDR-Mark demnächst infolge einer Wirtschafts- und Währungsunion oder sogar infolge einer Wiedervereinigung durch die D-Mark ersetzt würde. Völlig unklar war, was in diesem Fall mit den Ersparnissen passieren würde. Also tätigten viele noch schnell ein paar Anschaffungen. Auch ich wollte noch vorsichtshalber einen Farbfernseher anschaffen. Angeblich sollte es in einem Elektronikladen jeden Tag einige DDR-Farbfernseher geben. So ein Ding kam um die 5000 DDR-Mark. Der Laden öffnete um 8:00 Uhr, also war ich zwei Stunden früher dort. Mindesten hundert Leute warteten schon. Ich fragte am Anfang der Warteschlange, seit wann sie dort stünden. "Seit gestern Abend um sechs!" war die Antwort. Das wollte ich mir nun doch nicht antun und vermied so diese Fehlinvestition.

## Helmut Kohl in unserer Stadt

Anfang März wollte ich mir einen neuen Anzug im Exquisit-Laden kaufen. Rund um das Stadtzentrum war alles zugeparkt. Wir fanden mühsam einen Parkplatz an der Peripherie. Beim Fußmarsch zum Laden begegneten wir nur wenigen Menschen, auch der Laden war frei von Kunden. „Ist hier immer so wenig Betrieb?" fragte ich eine Verkäuferin. „Wissen Sie nicht, dass Helmut Kohl spricht?" war die Antwort. Der Auftritt fand auf einem großen, etwa fünfhundert Meter entfernten Parkplatz statt. Als Helmut Kohl auftrat, hörten wir den Sprechchor „Helmut, Helmut, Helmut ..." bis in den Laden. Jetzt ahnte ich, dass bei der für Mitte März geplanten Volkskammerwahl wahrscheinlich die CDU die stärkste Partei werden würde. Bis dahin hatte ich eher mit der in der DDR neu gegründeten SPD gerechnet. Eigentlich waren die Auftritte von Helmut Kohl im DDR-Wahlkampf ein starkes Stück. Ich möchte die Kommentare hören, wenn heute in Wahlkampfveranstaltungen der Linkspartei das amtierende Staatsoberhaupt Chinas auftreten würde.

## Die letzte Volkskammerwahl

Helmut Kohl trat nicht nur in unserer Stadt, sondern mindestens in noch drei DDR-Großstädten auf. Dabei versprach er die baldige Errichtung einer Wirtschafts- und Währungsunion, den Umtausch der DDR-Mark in D-Mark zum Kurs von 1:1 und blühende Landschaften. Damit war wohl den meisten DDR-Bürgern der kürzeste Weg zum Wohlstand der BRD-Bürger gezeigt worden. Auf die Umgestaltung der DDR durch SPD und/oder PDS wollten sie nicht warten.

Die Wahl wurde von der „Allianz für Deutschland"[104] gewonnen, zu der die Ost-CDU und die inzwischen vergessenen, neu gegründeten Parteien „Demokratischer Aufbruch" und „Deutsche Soziale Union" (Pendant zur westlichen CSU) gehörten. Mit der 2017 in den Bundestag eingezogenen AfD hatte diese Allianz für Deutschland nur die Anfangsbuchstaben gemein. Übrigens hat die BRD damals etwa 40 Millionen DM in den Wahlkampf[105] der „Allianz für Deutschland" investiert.

---

104 https://de.wikipedia.org/wiki/Allianz_für_Deutschland
105 https://de.wikipedia.org/wiki/Volkskammerwahl_1990, siehe Ende des Abschnitts „Wahlkampf"

## Ausflug nach Hamburg

Im Mai wurden wir von einem alten Bekannten Gudruns nach Hamburg eingeladen. Wir wollten kurz nach Magdeburg noch einmal in der DDR tanken und dann auf der Autobahn nach Hamburg fahren. Nach dem Passieren der Grenze konnten wir dann Gas geben (in der DDR waren auf der Autobahn nur 100 km/h erlaubt). Leider gab es noch vor Hannover ein wüstes Geräusch im Motorraum. Also rechts ran. Das Geräusch kam eindeutig vom Motor und klang auch im Leerlauf nicht gut. An der Notrufsäule wurde mir ein gelber Engel vom ADAC angekündigt. Der kam auch bald und meinte, dass er uns nur zur nächsten Werkstatt abschleppen könne. Dazu müsste ich aber sofort in den ADAC eintreten. Das ging für einen Jahresbeitrag von 60 DDR-Mark!

In der Werkstatt hörten sich zwei Monteure das Geräusch an und meinten, da müssten wir auf den Meister warten. Der wäre gerade zur Mittagspause weg. Der Meister kam nach zwei Stunden. Die hart arbeitenden Monteure hatten in der Zeit eine Schachtel Zigaretten geraucht und das Motorenöl eines Autos abgelassen. Als wir den Motor anließen, klang er wieder ganz normal. „Da war wohl ein Kolbenring gebrochen" meinte der Meister. „Jetzt, wo der Motor abgekühlt ist, ist er abgefallen". „Wie weit kommen wir mit dem fehlenden Kolbenring?" wollte ich wissen. „Schwer zu sagen. Vielleicht 50 km, wahrscheinlich aber mehrere Tausend. Am besten, sie gießen eine ordentliche Menge Zweitaktöl in ihren Tank und fahren vorsichtig weiter." Also kippte ich an der nächsten Tankstelle einen zusätzlichen Liter Öl in den Tank.

Da der Wartburg nun schöne schwarze Rauchwolken ausstieß, sind wir mit etwa 80 km/h auf diversen Landstraßen in Richtung Hamburg weitergefahren. Da wir aber Hamburg durchqueren mussten, fuhr ich kurz vor Hamburg wieder auf die Autobahn. Vor den Elbtunneln gab es einen Stau, in dem wir uns Beschimpfungen durch wenigstens zehn Autofahrer anhören durften.

Unter anderem besichtigten wir natürlich die Reeperbahn. Da gab es auch eine schmale Straße, die an beiden Enden mit Brettern vernagelt war. Die darin eingelassene Pforte durften nur Männer passieren. Das fand meine Frau völlig daneben. In den ebenerdigen Schaufenstern in dieser Straße präsentierten sich spärlich bekleidete Damen. Preise standen nicht dran.

Mir persönlich gefiel auch der alte Elbtunnel. Der Durchsatz war nicht sehr hoch, weil jedes Auto mit einem Fahrstuhl in den Tunnel abgesenkt wurde und am anderen Ende mit dem Fahrstuhl wieder nach oben fahren musste. Eine Hafenrundfahrt machten wir auch. Gegen Vorlage des DDR-Personalausweises war die kostenlos.

## Die Währungsunion

Am 1. März 1990 beschloss der Ministerrat der DDR die Gründung einer Treuhandgesellschaft *zum Schutz und zur Verwaltung des Volksvermögens* der DDR. Im Falle einer Wirtschafts- und Währungsunion mit der BRD sollte das Recht auf Arbeit und Wohnen sowie die Gleichstellung von Mann und Frau durchgesetzt werden.

Am 18. Mai 1990 wurde der Staatsvertrag zur Währungs-, Wirtschafts- und Sozialunion zwischen BRD und DDR unterzeichnet. Löhne, Gehälter, Stipendien, Renten, Mieten und Pachten wurden im Verhältnis 1:1 umgestellt werden, Forderungen und Verbindlichkeiten im Verhältnis 2:1. Außerdem sollte die Einführung von Renten-, Kranken-, Unfall- und Arbeitslosenversicherungen sowie von Arbeitsförderungsmaßnahmen nach westlichem Vorbild erfolgen, alles zum 1. Juli 1990.

Im Gegensatz zu Helmuts Kohls Versprechen durften Erwachsene nur bis zu 4000 DDR-Mark 1:1 umtauschen, darüber hinausgehende Beträge wurden 2:1 umgetauscht. Heutige Schätzungen gehen davon aus, dass die *Kaufkraft der DDR-Mark 1989* etwa genau so groß war, wie die der D-Mark[106]. Am 1. Juli gab es in unserer Stammkaufhalle praktisch nur noch Westprodukte. Die alten DDR-Waren fand ich in einer Reihe von Müllcontainern hinter der Kaufhalle wieder. Da war sogar die bittere DDR-Schokolade drin, die ich heute noch gern kaufe.

Die täglich benötigten Lebensmittel waren jetzt teurer als gewohnt, dafür waren die luxuriöseren Dinge wie Kaffee, Schokolade, Wein und Südfrüchte deutlich billiger. Die Preise dafür waren aber deutlich höher, als ich sie von meinen monatlichen Ausflügen nach Stuttgart kannte. In den nächsten Monaten kaufte ich deshalb bei jeder Dienstreise für zwei- bis dreihundert D-Mark Waren des täglichen Bedarfs in einem Penny-Markt ein. Das Benzin kostete jetzt statt 1,50 DDR-Mark nur noch eine D-Mark. Wer sich Anfang des Jahres noch schnell ein neues Auto oder einen Farbfernseher gekauft hatte, ärgerte sich jetzt schwarz. Einen Farbfernseher, den man für 5000 DDR-Mark erstanden hatte, konnte man jetzt für 500 DM haben. Trotz der im Verhältnis zur BRD sehr niedrigen Löhne kam der Normalverbraucher zunächst einigermaßen über die Runden, wurden doch auch die extrem niedrigen Mieten zunächst beibehalten.

## Zukunftserwartungen

Als sich nun deutlich abzeichnete, dass alles auf einen Beitritt zur BRD herauslaufen würde, war mein Schwager begeistert. „Jetzt wird endlich nach Leistung und nicht nach Parteizugehörigkeit bezahlt werden." freute er sich. Ich war skeptisch: „Zunächst wird es eher jede Menge Arbeitslose geben". Für mich und Gudrun sah ich die Lage weniger schwarz. Ich war mir sicher, dass wir als IT-Spezialisten zumindest in den alten Bundesländern Arbeit finden würden, weil ich mich in Stuttgart schon beim Fachvermittlungsdienst erkundigt hatte. Der Herr, mit dem ich

---

106  https://de.wikipedia.org/wiki/Mark_(DDR)#Kaufkraft

dort gesprochen hatte war richtig sauer, dass er mich nicht sogleich vermitteln durfte.

Am 17. Juni gab es eine Sondersitzung der Volkskammer, in der besonders die folgenden zwei Punkte Auswirkungen auf die Zukunft hatten:

- Der *Antrag* des DSU-Abgeordneten Jürgen Schwarz *auf sofortigen Beitritt der DDR* zur Bundesrepublik gemäß Artikel 23 des Grundgesetzes wird an die Ausschüsse verwiesen.
- Das Treuhandgesetz über die *Umwandlung der Treuhandgesellschaft zur Treuhandanst*alt beim Ministerrat zum 1. Juli mit der Aufgabe der Umwandlung der etwa 8000 volkseigenen Betriebe und Kombinate in private Kapitalgesellschaften wird gebilligt. Diese Billigung sollte später hunderttausenden ehemaligen DDR-Bürgern schwer im Magen liegen. Im Juni 1990 nahm davon kaum jemand Kenntnis.

## Ferien in Osttirol

Anfang August starteten wir mit dem Wartburg und meiner Mutter in Richtung Lienz. Da in der Nähe hatte mein Westonkel eine Ferienwohnung mit vier Schlafzimmern in einem Gebirgsbauernhof gemietet. Auf halber Strecke hielten wir an einem riesigen Supermarkt mit angeschlossenem Baumarkt. So etwas gab es in der DDR noch nicht. Ich wollte das Gudrun und meiner Mutter vorführen. Dort gab es auch den guten Dujardin, den wir aus der Fernsehwerbung kannten. Wir kauften eine Flasche dieses beworbenen, also offensichtlich guten Kognaks als Mitbringsel. Als wir den in der Ferienwohnung spendierten, meinte mein Cousin: „Zur Not kann man den sogar trinken!".

Nachdem wir die Alpen überquert hatten, galt es kurz nach Lienz extrem steile und sehr schmale, kurvenreiche Straßen in Richtung Ferienwohnung zu bewältigen. Auf halber Strecke kochte das Kühlwasser. Nach einiger Wartezeit wurden die Fenster heruntergekurbelt, die Heizung auf volle Pulle gestellt und weitergefahren. Etwas überhitzt kamen wir glücklich in unserer Ferienwohnung an.

Einmal machten wir mit unserer Mutter einen Ausflug reichlich 100 km in Richtung Osten. Das hat meinen Onkel geärgert: „Im Urlaub erkundigt man die unmittelbare Umgebung und fährt nicht sonst wohin!". Diese Regel machten wir uns nie zu eigen.

Besonders schön war ein Ausflug mit meinem Cousin und seiner Frau auf den Petzeck (3283 m). Aus irgendeinem Grund sind wir mit zwei Autos gestartet, die wir in einem Gebirgstal abstellten. Dann begann der Aufstieg zur Wangenitzsee-Hütte. Dort angekommen, brummelte ein Gewitter. Der Hüttenwirt riet von einem weiteren Aufstieg ab. Wir übernachteten in der Hütte und standen früh um sechs auf. Da hatte die Küche noch geschlossen, aber wir hatten unseren bewährten Benzinkocher mit und kochten vor der Hütte einen Tee. Etwa um 10 Uhr hatten wir nach der Überquerung eines Schneefeldes den Gipfel erreicht. Es war windstill und warm, die Luft völlig klar, die Aussicht überwältigend. Es war eines unserer schönsten Gipfelerlebnisse. Als nach etwa 1,5 Stunden die nächsten Gipfelstürmer auf dem Schneefeld auftauchten, machten wir uns an den Abstieg.

An der Hütte erreichte meinen Cousin ein Anruf, dass sein Sohn erkrankt sei. Wir beschleunigten unseren Abstieg. Am Auto angekommen, fuhr mein Cousin mit halsbrecherischem Tempo in Richtung Ferienwohnung los. Ich hatte Mühe dranzubleiben. Auf der Hauptstraße im Tal angekommen musste ich an einer roten Ampel halten. Zu meinem Entsetzen konnte ich das Bremspedal ohne Wirkung bis zum Anschlag durchtreten. Instinktiv tritt man da natürlich mehrmals nach und funktionierte die Bremse doch noch. Ich kam knapp hinter meinem Vordermann zu stehen. Am nächsten Parkplatz hielt ich an. Diesmal musste ich nur zweimal auf die Bremse treten. Ich kam darauf, dass bei der vorhergegangenen Abfahrt meine Bremsen ziemlich heiß geworden waren. Das führte wohl dazu, dass das in der hygroskopischen Bremsflüssigkeit gelöste Wasser verdampfte. Da sich Wasserdampf sehr gut verdichten lässt, hatten die ersten Bremsversuche nur eine Verdichtung des Wasserdampfs in den Bremszylindern zur Folge. Erst nachdem der Wasserdampf hinreichen komprimiert war, wurde wieder Kraft auf die Bremsbeläge ausgeübt. Weil die Bremsflüssigkeit hygroskopisch ist, muss sie regelmäßig erneuert werden. In der DDR wurde das praktisch nie gemacht. Vermutlich war auch Bremsflüssigkeit Mangelware.

Für den Rest des Urlaubs versuchte ich bergab möglichst wenig zu bremsen, was nicht ganz einfach war. Bei einem Zweitakter ist ein längerer Einsatz des Motors als Bremse nämlich nicht zu empfehlen. Da er seine Schmierung zusammen mit dem Benzin erhält, kann er sich bei längerem Schiebebetrieb sehr schnell festfressen! Wenn es mit dem Bremsen kritisch wurde, legte ich eine „Bremsenabkühlpause" ein.

Im Wald hinter unserer Ferienwohnung gab es jede Menge Pilze. Bevor ich sie zubereiten durfte, sortierte aber mein Onkel alle Pilze heraus, die er nicht kannte. Meistens blieben nur die Steinpilze übrig.

## Das Ende der DDR

Am 22. August beschloss die Volkskammer der DDR den 3. Oktober als endgültigen Termin des Beitritts zur Bundesrepublik gemäß Artikel 23 des Grundgesetzes der BRD. Am 2. Oktober um 24:00 Uhr endete die Existenz der DDR. Der Traum von einer besseren DDR war nun endgültig ausgeträumt. Jetzt galt es, sich auf das Leben im Kapitalismus vorzubereiten.

# Eine abschließende Zusammenfassung

Hier versuche ich, die wichtigsten politischen Entscheidungen der DDR-Führung und die Gründe für das Scheitern der DDR zusammenzufassen.

## 17. Juni 1953

1953 befand sich die DDR in einer schwierigen wirtschaftlichen Lage, hervorgerufen durch Reparationsleistungen, Aufrüstung (kasernierte Volkspolizei) und die Konzentration der Investitionen auf den Aufbau einer Schwerindustrie. Das führte zu einer allgemeinen Missstimmung in der Bevölkerung. Eine zum Geburtstag Walter Ulbrichts beschlossene Normerhöhung von 10% brachte das Fass zum Überlaufen und führte zu den Protesten vom 17.Juni. In der Folge wurden verschiedene Maßnahmen rückgängig gemacht. Auch die Reparationen wurden für beendet erklärt. Zu diesem Zeitpunkt hatte die SBZ/DDR die höchsten im 20. Jahrhundert bekanntgewordenen Reparationsleistungen erbracht. Die Reparationen der SBZ und der DDR werden auf insgesamt 99,1 Milliarden DM und die der BRD demgegenüber auf 2,1 Milliarden DM (beides zu Preisen von 1953) geschätzt Die Reparationslast der SBZ/DDR betrug demzufolge pro Person das 130-fache der Reparationslast eines BRD-Bürgers.

## Mauerbau 13.08.61, frei nach Gysi [107]

1961 haben John F. Kennedy und Nikita Chruschtschow. zusammen gegessen. Chruschtschow fragte Kennedy, wie er zu Berlin steht. Kennedys Antwort: „Westberlin muss frei bleiben". Das war die Genehmigung, eine Mauer durch Berlin zu bauen. Kennedy wollte für die drei Westmächte Westberlin ganz haben und nicht ganz Berlin mit der Sowjetunion teilen.

Bis dahin verließen Millionen die DDR in Richtung Bundesrepublik Deutschland. Die DDR bildete hervorragende Ärztinnen

---

107 https://www.deutschlandfunk.de/errichtung-vor-60-jahren-gysi-mauerbau-hat-idee-des-100.html

und Ärzte und Ingenieurinnen und Ingenieure aus. Aber die BRD bezahlte besser und so gingen sie dorthin. Die DDR hatte die Ausbildungskosten, die BRD den Nutzen.

Außerdem gab es sehr viele Subventionen in der DDR. Gestützt wurde die Elektroenergie, aber auch die Mieten, die Lebensmittelpreise und vieles andere.Wasser musste man in Ostberlin gar nicht bezahlen. Und es gab viele, die in Ostberlin lebten, aber in Westberlin arbeiteten. Das heißt, sie leisteten ökonomisch in Ostberlin nichts, aber nahmen trotzdem alle Subventionen in Anspruch.

Der Mauerbau war das Eingeständnis, dass der Staatssozialismus der DDR nicht annähernd ausreichend attraktiv war. Aber wenn man schon nicht um den Mauerbau herumkam, hätte man bereits am nächsten Tag darüber nachdenken müssen, wie man sie wieder los wird. Das wurde aber nie getan.

## 1963, Einführung des Neuen Ökonomischen Systems

Bis zu diesem Zeitpunkt gab es eine zentrale Planung mit administrativer Durchsetzung nach sowjetischen Vorbild. Aktivisten- und Wettbewerbsbewegung sollten die Arbeiterklasse zu höheren Leistungen motivieren. Die ausbleibenden Erfolge wurden auf die Störmanöver der Imperialisten zurückgeführt. Nach dem Mauerbau sollte die Produktivkraft durch ein sogenanntes Produktionsaufgebot (Kern waren mehr Schichtarbeit und höhere Normen) erhöht werden. Im Dezember 1962 wurde das Produktionsaufgebot durch Walter Ulbricht beendet, weil eine höhere Arbeitsmoral vor allem durch materielle Interessiertheit erreicht werde.

Auf dem 6. Parteitag (Januar 63) wurde die Erarbeitung einer Wirtschaftsreform beschlossen. Maßgebliche Unterstützer Ulbrichts waren dabei Erich Apel und Günter Mittag[108]. Ende Juni

---

108 Mittag wechselte später von den Reformern zu den Konservativen.

63 wurde mit dem "Neuen ökonomischen System der Planung und Leitung" (NÖS) die reine Planwirtschaft durch einen "Marktsozialismus" ersetzt, der sich am Plan und am Markt orientierte. Ökonomische Hebel sollten der materiellen Interessiertheit der Beschäftigten Rechnung tragen: Die Betriebe erhielten Gestaltungsspielraum bei Einkauf, Finanzierung, Preis und Absatzgestaltung, und es wurden Arbeitermitverwaltungen eingerichtet. Dadurch sollte die Wirtschaft effizienter und flexibler werden. Bereits nach einem Jahr war die Arbeitsproduktivität um 7% gestiegen. In den Jahren 1963 bis1965 wurden in der DDR gesellschaftskritische Filme gedreht, Bücher wie Erwin Strittmatters „Ole Bienkopp" und Erik Neutschs „Spur der Steine".geschrieben. DT-64 sendete Beat, Jeans und lange Haare bei Jugendlichen wurden toleriert. Die Widersprüche beim Aufbau des Sozialismus wurden in Kunst und Literatur thematisiert. In diesen Jahren wurden auch zahlreiche Kybernetik-Institute gegründet. Die Kybernetik sollte den Weg zu einem sich selbst steuernden Wirtschaftssystem finden.

Ich bin überzeugt, dass das NÖS der erste (und leider auch der letzte) Schritt zu einer besseren DDR war.

## Die Probleme des NÖS.

Es gab großen Widerstand gegen das NÖS. Viele Parteifunktionäre sahen das als Wiedereinführung des Kapitalismus. Außerdem bestand die bestehenden Planungs- und Leitungshoheit der zentralen Instanzen. weiter und vielen der dortigen Chefs wurden die Betriebsleiter zu mächtig. Außerdem gelang es trotz der Industriepreisreform nicht, wertorientierte Preise durchzusetzen. Ende 1964 hatte Leonid Breschnew Nikita Chruschtschow gestürzt, der dem NÖS positiv gegenüberstand. Breschnew war ein Mann der Rüstungsindustrie und hielt absolut nichts von gesellschaftlichen Experimenten.

Am 3. Dezember 1965 sollte von Erich Apel ein langfristiger Wirtschaftsvertrag mit der Sowjetunion unterzeichnet werden,

der die DDR zu umfangreichen Lieferungen an die SU unter
Weltmarktpreis und Einkäufen von Rohstoffen über demselben
verpflichtete. Die Hälfte des Außenhandels sollte künftig mit der
Sowjetunion abgewickelt werden. Das machte die Pläne Apels,
umfangreiche Wirtschaftsbeziehungen zum NSW aufzubauen,
unmöglich. Er erschoss sich an diesem Tag um 10:00 Uhr an seinem Schreibtisch. Der Vertrag wurde trotzdem unterzeichnet.

**Der Anfang vom Ende der DDR**

Am 26. April 1971 lies Honecker mit Rückendeckung von
Breshnew den Sommersitz Ulbrichts besetzen und alle Telefonlei-
tungen kappen. Ulbricht wurde gezwungen, ein Rücktrittsgesuch
an das Zentralkomitee zu unterschreiben. Am 3. Mai 1971 wurde
Honecker Erster Sekretär des ZK der SED.

Im Juni 1971 beschloss der VIII. Parteitag der SED die *„Einheit von Wirtschafts- und Sozialpolitik"* als neues Konzept der Wirtschaftspolitik der DDR. Damit war das NÖS Geschichte. Kernstück des neuen Konzepts war ein Wohnungsbauprogramm und
die Erhöhung der Löhne und Renten. Leider wurden zur Finanzierung dieser Vorhaben die Investitionen in Forschung und Entwicklung drastisch reduziert. Außerdem wurden alle noch exis-
tierenden Privatbetriebe enteignet, sogar Produktionsgenossen-
schaften des Handwerks, wenn diese außer Handwerksleistungen
anzubieten auch Waren produzierten. Damit wurden die letzten
nicht der zentralen Planung unterliegenden Produktionsbetriebe
abgeschafft.

Die Finanzierung der Sozialpolitik auf Kosten der Investitionen und die Ausdehnung der zentralen Planung auf alle Wirt-
schaftsbereiche führten letztendlich zum Untergang der DDR.

**Fazit**

Wenn man das NÖS weitergeführt hätte, wäre das Warenangebot in der DDR mittelfristig deutlich besser geworden. Da Erich
Apel die DDR mehr an den Weltmarkt und weniger ans RGW an-

binden wollte, hätte es später vielleicht auch eine konvertible DDR-Mark gegeben. In der Folge hätte man eventuell sogar die Mauer abschaffen können, ohne eine „Massenflucht" auszulösen.Dann hätte die DDR vielleicht eine ähnliche Entwicklung wie China oder Vietnam genommen. Das Warenangebot hätte sich deutlich verbessert, aber das soziale Gefälle hätte sich extrem verstärkt. 2019 war in Vietnam jeder 1000ste Erwachsene ein Millionär, in China jeder 250ste Erwachsene ein Millionär. Heute hat sich die Zahl der Millionäre in China etwa verdoppelt.

# Die ersten zwei Jahre in der ehemaligen DDR

Das Leben vieler DDR-Bürger gestaltete sich schon bald dramatisch. Letztendlich hatte sich (fast) jeder für einen Beruf entschieden, der ihm mehr oder weniger Spaß machte, aber zumindest seinen Unterhalt sichern sollte. Nach der Wiedervereinigung hatten viele Beschäftigte im öffentlichen Dienst Glück. Sie wurden übernommen und es ging ihnen materiell besser als zuvor. Voraussetzung war allerdings, dass ihre Behörde eine Entsprechung in der neuen, von der BRD übernommenen Verwaltungsstruktur hatte. Völlig unklar war zunächst die Zukunft der Beschäftigten in den Produktionsbetrieben und den LPGs.

## Mein Job an der TU

Für mich änderte sich zunächst wenig. Ich fuhr weiter einmal im Monat zu Festo-Didactic. Nun allerdings nicht mehr im Auftrag des Außenhandels der DDR. Prof. Meyer versuchte hektisch, sich an die neuen Gegebenheiten anzupassen. So schickte er einen seiner jüngsten Doktoranden (Andrae B.) zu einer Tagung nach Italien, um ein an seinem Institut im Auftrag eines Großbetriebes entstandenes Simulationssystem „Poses" zu präsentieren. Die Präsentation fand so große Resonanz, dass Andrae Lust bekam, das Simulationssystem in einer eigenen Firma zu vermarkten. Nachdem es ihm dank guter Beziehungen gelungen war, die alleinigen Nutzungsrechte für das Simulationssystem zu erwerben, gründete er seine eigenen Firma. Die Firma GPC[109] und das modernisierte Simulationssystem gibt es heute noch.

Ich habe keine Ahnung wie Prof. Meyer das gedeichselt hat, aber eine weitere in seinem Umfeld gegründete Minifirma übernahm auch den Vertrag mit Festo-Didactic vom Außenhandel der DDR. Für mich änderte sich dabei nur, dass ich für meine monatlichen Ausflüge nach Stuttgart jetzt einen Firmenwagen dieser Firma nutzte (VW Golf). Mein Gehalt wurde weiterhin von der

---

109  http://gpc.de/g_index.html

TU gezahlt, obwohl ich hauptsächlich für Festo arbeitete. Bei dieser monatlichen Reise gab es in der Nähe von Plauen immer einen gehörigen Stau, weil da eine Autobahnbrücke im dritten Reich nicht fertig geworden war. Man musste sich auf einer Baustraße ins Tal winden und dann wieder hinauf zur Autobahn. Bei einer Rückfahrt von Stuttgart hatte ich den Motor des geborgten Golf abgestellt und mich stückchenweise ins Tal rollen lassen. Plötzlich ein großer Schreck! Die Bremsen versagten! Mein verlängertes Rückenmark übernahm und ließ mich mit äußerster Kraft auf die Bremse treten. Das half! Ich hatte nicht daran gedacht, dass mein Westauto einen Bremskraftverstärker hatte, der bei längerem Motorstillstand eben ausfällt.

## Piff-Paff-Puff-Technik

Festo-Didactic stellte unserem Institut eine komplette Pneumatik-Steuerungs-Laborausrüstung inklusive einer Festo-SPS zur Verfügung. Zunächst wurde eine Demo-Anlage aufgebaut. Druckluft war in allen Praktikumsräumen verfügbar. Die Anlage machte ziemlichen Krach und zischte gewaltig, eben Piff-Paff-Puff. Verschiedene Aktoren rasten mit lautem Knall in ihre Endpositionen. Als ich das bei einem meiner Besuche in Stuttgart erwähnte, erhielt ich eine Tüte mit „Bremsventilen". Nach dem Einbau dieser Ventile fuhren die Aktoren schön sanft in ihre Endlagen. Nun ja, bis dahin hatte ich mit pneumatischen Anlagen nichts zu tun gehabt. Ein Support-Mitarbeiter von Festo tröstete mich. Er habe schon einmal einen Kunden gehabt, der sich beschwerte, dass die neu angeschaffte Festo-Technik extrem tropfe. Wie sich herausstellte, hatte der Kunde die Anlage nicht an eine Druckluftleitung, sondern an die Wasserleitung angeschlossen.

## Gudruns Job

Gudrun hatte eine Industrieplanstelle. D.h. sie war bei einem Produktionsbetrieb angestellt der auch ihr Gehalt zahlte, arbeitete aber an der TU, und zwar im Lehrstuhl von Prof. G. Meyer. Sie gehörte mit zu den ersten, die in meinem Bekanntenkreis arbeitslos wurden. Da sie sich mit dem im Lehrstuhl entwickelten Simulationssystem auskannte, fand sie aber im Gegensatz zu den meisten anderen praktisch sofort wieder Arbeit in der von Andrae B. gegründeten Firma GPC. Dort baute sie Simulationsmodelle für westdeutsche Industriebetriebe. Z.B sollte mit einem Modell ermittelt werden, ob eine geplante neue Blechschere in einem Stahlwerk tatsächlich den erwarteten Effekt bringen würde. Ich kann mich deshalb so gut daran erinnern, weil Gudrun das Stahlwerk nahe der französischen Grenze besucht hatte und sehr beeindruckt berichtet, dass die dort zu schneidenden Bleche 15 Zentimeter dick waren.

## Gehalts- und Mietenentwicklung

Die Gehälter wurden wie schon erwähnt bei der Währungsunion zunächst 1:1 auf DM umgestellt. Da das auch für Mieten, Renten und Stipendien galt, kam man damit zunächst hin. Wir zahlten für unsere Neubauwohnung mit Fernheizung bis ein September 1991 63,50 DM monatliche Miete. Darin waren auch die Kosten für Wasser und Heizung enthalten. Im Sommer 1991 wurden Zähler an die Heizungskörper gebaut. Ab 1.10.1991 betrug die Kaltmiete jetzt 277,91 DM. Heizkosten waren darin nicht mehr enthalten. Im neuen Mietbescheid wurde darauf hingewiesen das man Wohngeld beantragen könne, wenn das Einkommen nicht mehr für die Miete reiche.

Bei unserer zugigen Wohnung waren die jetzt anfallenden Heizkosten ziemlich heftig. Einen Wasserzähler gab es nach wie vor nur für den ganzen Wohnblock. Der Gesamtwasserverbrauch im Wohnblock wurde jetzt pro Nase umgelegt. Mich als Angestelltem im öffentlichen Dienst traf das nicht hart. Mein nicht übles DDR-Gehalt von 1450 Mark (netto) wurde nun bis Juni 1991 in D-Mark gezahlt. Im Juli 1991 bekam ich einen neuen Arbeitsvertrag nach Tarif BAT-Ost in Gehaltsgruppe I b. Zunächst gab es

1560 DM netto, ab Januar 92 netto 2800 DM, ab Juni 92 schon 3400 DM netto.

Seit November 1991 ging ich einer genehmigten Nebentätigkeit nach. Beratungsleistungen für Softwareentwicklungen auf dem Gebiet der Automatisierungs- und Simulationstechnik brachten mir durchschnittlich noch etwa 1000 DM Nebenverdienst ein. Man sieht, mit BAT-Ost kam man ganz gut hin.

Unklar ist mir, was mit den Stipendien passiert ist. 1989 erhielt jeder Student, unabhängig vom Einkommen der Eltern, ein Grundstipendium von 200 DDR-Mark, nach der Währungsunion von 200 DM. Damit kam man nach der Wiedervereinigung sicher nicht mehr lange aus. Die Wohnheimmiete ist bestimmt nicht bei 10 DM stehengeblieben. Irgendwie musste das Problem wohl gelöst worden sein, mir sind keine Geschichten von akut notleidenden Studenten zu Ohren gekommen. 2017 sagte mir einer meiner ehemaligen Studenten, zumindest er bekam damals Bafög.

Im Oktober 1992 hatte ich ein Monats-Bruttoeinkommen von etwa 4200 DM.

## Sonstige Ereignisse

Trotzdem unser Wartburg im Mai 1990 einen Kolbenring verloren hatte sind wir noch im August nach Österreich gefahren. Anfang 91 gab der Motor zunehmend seltsame Geräusche von sich. Ein Werkstattbesuch ergab die Diagnose: „Kurbelwellenlager demnächst im Eimer." Der Kostenvoranschlag für eine Reparatur war erschreckend hoch. Ich überzeugte Gudrun, dass wir uns ein neues Auto zulegen müssten, und zwar ein ordentliches. Mein Argument: „Entweder haben wir Jobs mit einem hinreichendem Einkommen hier im Osten oder ich muss in Süddeutschland arbeiten und Pendeln. Im ersten Fall können wir uns ein neues Auto leisten, im zweiten Fall brauche ich unbedingt ein ordentliches Auto". Mit unserm Wartburg Kombi hatten wir mehrere Camping-Urlaube in der Tschechoslowakei gemacht. Wenn wir nur eine Nacht bleiben wollten oder es wie aus Eimern regnete, haben wir oft unser Gepäck auf die Vordersitze verfrachtet, die hinteren Rückenlehnen umgelegt und unsere Schlafsäcke im Gepäckraum ausgerollt. Diese Möglichkeit wollten wir auch im neuen Auto haben. Wir stellten fest, dass zumindest bei den Kombis in einer für uns in Frage kommenden Preisklasse die Radkästen soweit in den Kofferraum ragten, dass keine akzeptable Liegefläche für zwei Personen zur Verfügung stand. Nur beim Ford Sierra war das nicht der Fall. Also bestellten wir im März 1991 einen solchen mit einem 100 PS-Motor und fast ohne jedes Extra, keine Servolenkung, kein Airbag, auch kein Radio. Einzige Sonderausstattungen waren ABS (für PKWs damals nur gegen erheblichen Aufpreis, beim bestellten Auto 1900 DM) zu haben, und eine beheizbare Frontscheibe für 315 DM. Der Gesamtpreis belief sich auf 29254 DM. Im Sierra geschlafen haben wir nie. Uns war zum Zeitpunkt des Autokaufs nicht klar, dass man jetzt in Notfällen problemlos ein Zimmer mieten konnte.

Bereits im Juli 1990, also noch vor der Wiedervereinigung, gründeten Professor Meyer, ein weiterer Professor der TU Chemnitz und zwei Professoren der TU Stuttgart eine GmbH, die dem Wissenschaftstransfer zwischen Ost und West dienen sollte. Geschäftsführer war ein Mitarbeiter eines der westdeutschen Professoren, der auch Geschäftsführer in der privaten Firma dieses Professors war. Zunächst beschäftigte er mehrere Mitarbeiter Prof. Meyers in seiner BRD-Firma. Vermutlich hat Prof. Meyer deren Aufenthalte in im Westen als Dienstreisen getarnt.

## Die Automatisierungstechnik gehört jetzt zum Maschinenbau

Bei meinen regelmäßigen Dienstreisen besuchte ich auf Drängen von Prof. G. Meyer auch das Institut von Prof. Pritschow[110] an der TU Stuttgart. Ich erhielt eine persönliche Führung, von der mir vor allem ein Roboter in einer Laborhalle in Erinnerung blieb.

---

110 https://de.wikipedia.org/wiki/Günter_Pritschow

Dieser Roboter sollte wenige Tage vorher Lothar Späth (damals Ministerpräsident von Baden-Württemberg) ein Glas Sekt serviert haben. Bis dahin war mir Prof. Pritschow als „Werkzeugmaschinen-Papst" der BRD ein Begriff. Bei der Institutsbesichtigung fiel mir auf, dass man sich dort fast ausschließlich mit Automatisierung befasste.

Von 1990 bis 1992 war Prof. Pritschow Mitglied in der Landeshochschulstrukturkommission Berlin, von 1991 bis 1993 Mitglied der sächsischen Hochschulkommission. Ende 1991 oder Anfang 1992 bekam der ehemalige, nicht hauptamtliche SED-Sekretär der Sektion Automatisierungstechnik (der aber auch ein sehr guter Fachmann war) einen Lehrstuhl für Maschinenbau, während alle anderen noch über ihre Zukunft rätselten. Es gab Gerüchte, dass er diesen Job als Anerkennung seiner Verdienste als BND-Spion erhalten habe. Für mich war es vor allem ein Hinweis, dass in der neuen ostdeutschen Hochschullandschaft die Automatisierungstechnik auch zum Maschinenbau gehören sollte und deshalb die Sektion Automatisierungstechnik wohl keine Zukunft haben dürfte.

Spätestens Anfang 1992 begann ich ernsthaft zu befürchten, dass ich nicht mehr lange an der TU arbeiten könne. Ein neuer Job in den alten Bundesländern wäre kein Problem gewesen. Aber Gudrun war gegen einen Umzug in die alten Bundesländer, weil sie unbedingt an den Wochenenden ihre Mutter unterstützen wollte. Meine Mutter hätte man sicher bewegen können, in unsere Nähe zu ziehen. Bei Gudruns Mutter war das unvorstellbar. Deshalb fragte ich einige Kollegen, ob sie mit mir ein Ingenieurbüro gründen würden. Dr. Klaus D., Dr. Günther J. und Dr. Jürgen L. wollten mitmachen. Wir einigten uns auf eine GmbH-Gründung. Es stellte sich heraus, dass das ein längeres Verfahren war. Aber im Juli 1990 hatten ja vier Professoren in unserer Stadt eine GmbH gegründet, von der ich wusste, dass sie praktisch nur noch auf dem Papier existierte. Ich beantragte eine Dienstreise zu einer Tagung, an der auch der Professor mit den meisten Anteilen teilnahm und fragte ihn, ob wir seine GmbH kaufen könnten. Nach einem längeren „Verhör" stellte er fest:

„Sie sollten die Finger davon lassen, weil sie nicht wirklich den Drang in sich spüren, selbständig auf dem Markt zu agieren. Außerdem solle man höchstens *einen* Teilhaber haben. Bei vier Teilhabern kommt es immer zu Problemen. Wenn sie ihre Pläne dennoch umsetzen wollen, werde ich veranlassen, dass die jetzigen Gesellschafter der GmbH ihre Anteile komplett einzahlen, weil wir sonst trotz des Verkaufs nicht vollständig aus unserer Haftung entlassen würden. Sie können die GmbH danach für 50.000 DM kaufen und werden 50.000 DM auf dem Firmenkonto vorfinden. Einzige Bedingung ist, dass Prof. G. Meyer nicht zu den neuen Eigentümern gehören darf!". Weshalb er diese Bedingung stellte, war mir unklar.

Wir steuerten jeder 12.500 DM bei, kauften die Firma und nannten sie jetzt GSC[111]. Dann mieteten wir ein kleines Büro und kauften mehrere Rechner. Jetzt hatten wir ja 50.000 DM auf dem Firmenkonto.

## Die Personalkommission

An der TU wurde auf der Basis des sächsischen Hochschulerneuerungsgesetzes eine Personalkommission eingesetzt, die alle Mitarbeiter auf ihre fachliche und persönliche Integrität überprüfen sollte. Prof. Meyer war einer der ersten „Prüflinge". Ihm wurde sein Professoren-Titel aberkannt und er wurde fristlos entlassen. Ein offizielles Statement gab es dazu nicht. Nach seiner eigenen Auskunft war seine leitende Funktion bei der Entwicklung der SPS die Ursache, weil diese Entwicklung unter Mitwirkung des MfS erfolgte.

Auch Dr. Günther J. wurde nach seiner Anhörung bei der Personalkommission entlassen. Nach seinem Bericht wurde ihm

---

111 **G**esellschaft für **S**teuerungstechnik **C**hemnitz, später nochmals umbenannt.

vor allem vorgeworfen, dass er seinen Anteil von 300 DDR-Mark an der Dotierung des Ordens Banner der Arbeit nicht zurückgewiesen hatte, obwohl er wusste, dass das MfS an dieser Entwicklung beteiligt war. Die SPS war allerdings ein Politikum, weil sie zum XI. SED-Parteitag präsentiert werden sollte. Das MfS mischte mit, um die Erfolgsmeldung auf dem Parteitag sicherzustellen. Auch heute noch halte ich es für völlig abwegig, dass das MfS die Entwicklung einer Industriesteuerung aus Eigeninteresse verfolgte, z.B. um sie zur Überwachung missliebiger DDR-Bürger zu verwenden. Wie auch immer, Dr. Günther J. wurde fristlos entlassen und als erster Mitarbeiter und gleichzeitig als Geschäftsführer in unserer neu erworbenen GmbH eingestellt.

Dr. Klaus D. war der nächste Angestellte in unserer GmbH. Er wurde nicht von der Evaluierungskommission überprüft, weil er wie Gudrun eine Industrieplanstelle hatte. Wie Gudrun wurde er von seinem Betrieb entlassen.

Der Dritte war Dr. Jürgen L., der nach seiner Anhörung in der Personalkommission ebenfalls entlassen wurde.

Ich selbst wurde von der Personalkommission etwa drei Stunden ausgehorcht. Es ging um meine Mitarbeit an der SPS – Entwicklung. Ich hatte zwar meine Steuernetze so ausgelegt, dass man sie für diese SPS benutzen konnte, aber ich gehörte definitiv nicht zum Entwicklerkollektiv. Außerdem wollten sie wissen, was ich bei meiner Dienstreise am 8. November 1989 außer den fachlichen Aufträgen noch für Aufträge gehabt hätte. Offensichtlich nahmen sie an, ich hätte wie viele NSW-Reisekader eine IM-Verpflichtung unterschrieben. Ich wurde nicht entlassen. Stattdessen erhielt ich ein Schreiben vom Minister für Wissenschaft und Kunst, Hans Joachim Meyer, in dem mir fachliche und persönliche Integrität bescheinigt wurde. Damit stünde einer Anstellung im öffentlichen Dienst nichts im Wege. Allerdings begründe dieses Schreiben keinen Rechtsanspruch auf eine solche Anstellung.

## Eine Verwechslung

Mein Bruder hatte kurz nach seiner Promotion an der TU Dresden für drei Jahre als hauptamtlicher FDJ-Sekretär gearbeitet. Da er dort vor allem für die Auslandskontakte der TU zuständig war, hat ihm das großen Spaß gemacht. Ich hatte ihm davon abgeraten, da zu befürchten war, dass er nicht mehr von der Funktionärslaufbahn loskäme. Zu meiner Verblüffung war das nicht der Fall. Nun hatte er große Bedenken, dass ihm diese drei Jahre auf die Zehen fallen könnten. Ein Herr Dr. Neugebauer[112], der am Institut meines Bruders promoviert hatte, war nach der Wende zum Institutsleiter gewählt worden. Der sprach ihn eines Tages an, ob er ihm nicht als rechte Hand bei der Gründung eines Fraunhofer-Instituts in Karl-Marx-Stadt begleiten könne. Mein Bruder sagte zu und war damit dauerhaft aus dem Schneider. Das konnte er damals aber nicht wissen. Dr. Neugebauer wurde übrigens 2012 Präsident der Fraunhofer-Gesellschaft.

Im Sommer 1992 wurde ich ins Sekretariat des Sektionsdirektors bestellt. Am Tisch im Büro saßen noch ein weiterer Professor und ein Vertreter des Rektorats. Alle waren sehr ernst. „Wieso haben Sie außer ihrer Stelle an der TU noch eine weitere Stelle?" wurde ich gefragt. Ich befürchtete, dass es um mein etwas unklares Engagement bei FESTO-Didactic ging. „Können Sie mir vielleicht auf die Sprünge helfen, worum es eigentlich geht?" fragte ich. Darauf wurde mir eine Strukturbeschreibung des neuen Fraunhofer-Instituts vorgelegt und auf Dr. Kunke gezeigt, der da in höheren Ebenen angesiedelt war. Ich atmete auf. „Aber das bin doch nicht ich, das ist mein Bruder!" entgegnete ich.

## Entlassung und Neuanfang

Etwa Mitte 1992 mussten sich alle noch verbliebenen TU-Mitarbeiter neu bewerben. Die ausgeschriebenen Stellen waren an

---

112 https://www.businessinsider.de/politik/deutschland/spesen-affaere-der-umstrittene-fraunhofer-praesident-neugebauer/#SnippetTab

der TU und den Technischen Hochschulen Zwickau und Mittweida. Ich bewarb mich für eine Stelle an der TU. Anfang Oktober erhielt ich eine „Kündigung mangels Bedarf" und wurde aufgefordert, meinen Resturlaub zu nehmen und bis Ende Oktober meinen Schreibtisch zu räumen.

Da ich bei Erhalt der Kündigung gerade eine ordentliche Erkältung hatte, lies ich mich krankschreiben. Ein paar Tage vor Ende Oktober räumte ich meinen Schreibtisch und schrieb einen Brief an den Kanzler. Darin erklärte ich, dass ich meinen Resturlaub infolge Krankheit leider nicht nehmen konnte und bat um Auszahlung des darauf entfallenden Gehalts.

Ich hatte einen damals 56-jährigen Kollegen, mit dem ich mich sehr gut verstand. Der hatte nie ein Hehl aus seiner kritischen Position zu vielen DDR-Zuständen gemacht. Deshalb hatte er es trotz seiner hervorragenden fachlichen Kenntnisse nie zu einer leitenden Stellung gebracht. Ihm wurde eine auf sechs Jahre befristete Stelle als wissenschaftlicher Mitarbeiter angeboten. Er beschwerte sich beim Minister, dass ihm als anerkanntem Oppositionellem doch wohl eine unbefristete Stelle zustehe. Im Antwortbrief teilte man ihm mit, dass er auch eine unbefristete Stelle erhalten könne. Da aber schon bald mit größerem Stellenabbau an der TU zu rechnen sei, werde er diese Stelle sehr wahrscheinlich keine sechs Jahre behalten. Er wäre mit der auf sechs Jahre befristeten Stelle besser beraten, da diese zumindest für sechs Jahre gesichert sei. Also hat er die befristete Stelle genommen.

Ab 1.11.1992 war ich dann in unserer neuen Firma angestellt. Allerdings bekam ich wie auch die anderen angestellten Gesellschafter zunächst ein Monatsgehalt von nur noch 3500 DM brutto, also 700 DM weniger als bisher. Ab Februar 1993 wurde ich zweiter Geschäftsführer, was nichts an meinem Gehalt änderte. Die zwei Geschäftsführer bekamen das gleiche Gehalt wie die anderen angestellten Gesellschafter.

Etwa im April 1993 bekam ich einen Brief von der TU, in dem mit mir mitgeteilt wurde, dass mein nicht genommener Urlaub mit reichlich 2000 DM vergütet werde. Das Geld würde auf das Konto xxx überwiesen. Ich war erfreut, hatte ich doch gar nicht mehr an das Urlaubsgeld gedacht. Als das Geld nach drei Wochen noch nicht auf meinem Konto war, suchte ich mir den Bescheid heraus. Ich stellte fest, dass die dort angegebene Kontonummer gar nicht meine Kontonummer war. Bei einem Anruf an der TU ergab sich etwa folgender Dialog: „Mir steht noch eine Zahlung für nicht genommenen Urlaub zu, die ich bisher nicht erhalten habe. Wie ich jetzt festgestellte, wurde das Geld offensichtlich an eine falsche Kontonummer überwiesen." Die TU-Angestellte: „Können Sie mir die falsche Kontonummer nennen?" Ich gab die Kontonummer durch und erhielt die Antwort: „Das geht vollkommen in Ordnung. Das ist das Verwahrgeldkonto des Landes Sachsen!". Ich war platt. „Was macht mein Geld auf diesem Konto?" wollte ich wissen. „Sie hätten den nicht genommenen Urlaub ja beim Arbeitsamt beantragen können, und sicher auch bekommen!" war die Antwort. „Ich war aber gar nicht arbeitslos" entgegnete ich. „Sie wollen doch nicht behaupten, dass sie schon am 1.11.1992 eine neue Arbeitsstelle hatten?" „Ja, genau das behaupte ich!" „Können Sie das beweisen?". „Ich kann ihnen meinen Arbeitsvertrag vorlegen!" Die Angestellte am anderen Ende der Leitung seufzte. „Dann müssen wir ihnen das Geld doch überweisen. Ihrem neuen Arbeitgeber ist es nicht zuzumuten, dass er ihren Resturlaub übernimmt."

## Wie es einigen meiner Bekannten erging

Die nachfolgenden Beispiele sollen vor allem demonstrieren, dass das weitere Schicksal der DDR-Bürger mehr oder weniger Zufall war. Letztendlich hatte jeder mit seiner Berufswahl auch eine zumindest ungefähre Lebensplanung verbunden. Nach der Wiedervereinigung war es nur noch Glückssache, ob die bisherige Planung sinnvoll war. Hatte man den richtigen Beruf, konnte man Arbeit in den alten Bundesländern finden oder sich selbständig machen. War man im öffentlichen Dienst und nicht zu DDR-nah, konnte man in vielen Fällen seine Tätigkeit gut bezahlt weiter ausüben. Das traf z.B. auf viele Lehrer zu. Handwerker waren meistens in DDR-Betrieben angestellt. Die wurden alle umgehend entlassen. Viele retteten sich in die Selbstständigkeit, die übrigen wurden Mitarbeiter in den neu entstandenen Handwerksbetrieben. Weil es plötzlich ausreichend Baumaterial und jede Menge Nachholbedarf gab, hatten die Handwerker in den ersten Jahren nach der Wende auch ausreichend zu tun. Selbst arbeitslose Ingenieure ließen sich zum Handwerker umschulen. Viele Osthandwerker holte die Arbeitslosigkeit etwa 10 Jahre später ein. Wer einen nicht gefragten Beruf hatte, blieb auf der Strecke.

Besondere Auswirkungen auf den weiteren Lebenslauf hatte in vielen Fällen die Treuhandanstalt. Die Einrichtung dieser Anstalt war ursprünglich Teil eines Konzepts von DDR-Bürgerrechtlern. Grundidee war, dass das Volkseigentum in Form von Anteilscheinen bei den Ostdeutschen bleiben und zum Aufbau der Wirtschaft dienen sollte. „Mündiger Bürger in der Marktwirtschaft ist nur, wer auch Eigentum besitzt", so die Bürgerrechtler. Mit dem Startkapital hätten Wohnungen, Gebäude oder auch (durch Zusammenlegen der Anteile der Belegschaft) Unternehmen erworben werden können. Eine „Treuhandgesellschaft[113]" sollte das Volkseigentum verwalten. Das Konzept wurde in einer

---

113 https://de.wikipedia.org/wiki/Treuhandanstalt#Gründung

Sitzung des Runden Tisches am 12. Februar 1990 vorgestellt und für gut befunden.

Die Modrow-Regierung (die letzte DDR-Regierung) entschied trotz der Entscheidung des Runden Tisches anders und strich diverse Paragrafen aus dem Konzept für die Einrichtung einer Treuhandgesellschaft. Die Treuhand-Anstalt, wie sie ab 1. März 1990 per Gesetz beschlossen wurde, hatte nur noch wenig mit der Vision der Bürgerrechtler zu tun. Immerhin sollte sie das Volkseigentum wahren und im Interesse der Allgemeinheit verwalten. Als Haupttätigkeit dieser ersten „Treuhand" war die Entflechtung von Kombinaten und die Umwandlung der Nachfolgeunternehmen in Kapitalgesellschaften geplant.

Nach dem Abschluss des Staatsvertrages über die Wirtschafts-, Währungs- und Sozialunion wurde das wieder anders. In einer Sitzung der Volkskammer am 17. Juni 1990 wurde mit einer Abstimmung per Handzeichen das Gesetz zur Privatisierung und Reorganisation des volkseigenen Vermögens von der Volkskammer bestätigt. Hauptaufgabe der Treuhandanstalt war nun die schnellstmögliche Privatisierung des Volkseigentums. Das Gesetz trat gemeinsam mit der Wirtschafts-, Währungs- und Sozialunion am 1. Juli 1990 in Kraft. Die Bundesregierung setzte außerdem durch, dass die Führungsspitze der Treuhandanstalt im Juli 1990 durch westdeutsche Persönlichkeiten ersetzt wurde.

**Beispiel 1:** In den Betrieben der DDR ging es im Gegensatz zu den Hochschulen drunter und drüber. Unser Oberassistent, Dr. Stefan F., der ein Industriepraktikum machte, erzählte mir mehr als 20 Jahre nach der Wiedervereinigung, dass es mit seiner Delegierung zum Praktikum nicht reibungslos geklappt hätte. Es gab da irgendwelche bürokratischen Hindernisse. Deshalb sollte er einfach kündigen. Wenn er später seine Hochschullaufbahn wiederaufnehmen wolle, brauche er sich nur neu zu bewerben und alles ginge seinen sozialistischen Gang. Sein Praktikumsbetrieb meldete schon Anfang 1990 Konkurs an und Dr. Stefan F.

wurde entlassen. Kein Problem dachte er sich. Da kann er ja, wie vereinbart, wieder an der TU anfangen. Dort wurde ihm erklärt, das sei völlig undenkbar. „Wieso?" wollte er wissen. „Weil Prof. Meyer ihnen in ihrer Abschlussbeurteilung politische Unzuverlässigkeit bescheinigt hat!". Mich hat das doppelt überrascht:

- Offensichtlich war die von Prof. Meyer betriebene Delegierung eine Abschiebung von Dr. Stefan F. aus dem Hochschulumfeld, was ich nie vermutet hätte.
- Dass 1990 in der DDR bescheinigte politische Unzuverlässigkeit noch ein Grund war, jemanden nicht an einer Hochschule einzustellen, konnte ich mir auch nicht vorstellen.

Stefan entsann sich seiner „Händlerwurzeln" und gründete eine GmbH zum Handel mit Bürobedarf. Inzwischen ist seine Firma mit einer größeren Firma verschmolzen und Dr. Stefan F. ist dort der QS-Manager.

**Beispiel 2:** Mein EOS-Mitschüler Gunther H hatte in Moskau Atomhysik studiert und war in den letzten DDR-Jahren in einem Ministerium für die Zuteilung der Energiekontingente an die DDR-Großbetriebe zuständig. Als am 1. März 1990 die Modrow-Regierung die Gründung der „Anstalt zur treuhänderischen Verwaltung des Volkseigentums" beschloss, wurden Gunther H. Wie auch andere Ministeriumsmitarbeiter zu dieser Anstalt versetzt.

Die Führungsspitze der Treuhandanstalt war schon im Juli 1990 mit westdeutschen Persönlichkeiten besetzt worden. Nach Gunthers Bericht wurden nach der Wiedervereinigung alle DDR-Mitarbeiter auf Stasi-Kontakte überprüft. Da die meisten DDR-Mitarbeiter auch NSW-Reisekader waren, hatten sie wie jeder Auslandsdienstreisende nach ihren Dienstreisen Berichte schreiben müssen. Die wurden jetzt in den Stasi-Akten gefunden. Damit war die Arbeit der Berichterstatter bei der Treuhandanstalt beendet. Gunther hatte Glück. Da seine Schwester in Hamburg wohnte, war er nie NSW-Reisekader geworden und hatte keine entsprechenden Berichte geschrieben. Er war einer der wenigen DDR-Mitarbeiter die bleiben konnten. Als die Treuhand ihre Arbeit einstellte, bewarb er sich bei einer bekannten deutschen Bank. Er verwies auf seine Erfahrungen im Umgang mit Geld bei der Treuhand und auf seine perfekten Russischkenntnisse. So wurde er Filialleiter in Moskau.

**Beispiel 3:** Gudruns Freundin Ulli war Textilingenieur und arbeitete in einer Färberei als Schichtleiter. Die Färberei wurde schon 1991 abgewickelt. Ulli wurde nicht sofort entlassen, sondern durfte zunächst an der Abwicklung mitwirken. Danach gab es für Textilingenieure keine Arbeit mehr. Da Ulli auch Judo-Trainerin war, half sie in den folgenden Jahren ehrenamtlich in diversen Schulen beim Sportunterricht aus und engagierte sich ebenfalls ehrenamtlich beim Behindertensport. Mit den von ihr betreuten Sportlern fuhrt sie sogar zu den Paralympics. Sie hätte das gern zu ihrem Beruf gemacht, aber eine Umschulung vom Textiltechniker zum Pädagogen war nicht möglich. Ulli lebt seit ihrer Entlassung als Textilingenieur von Sozialhilfe.

**Beispiel 4:** 1989 war mein Schwager Mitarbeiter in einem Robotron-Schulungszentrum. Das Kombinat Robotron[114] hatte beim Ende der DDR 68.000 Mitarbeiter in 27 Betrieben. Bereits am 1. Juli 1990 wurde das Kombinat aufgelöst. Die 27 Kombinatsbetriebe wurden in Kapitalgesellschaften umgewandelt, deren alleiniger Anteilseigner die Treuhandanstalt war. Ende 1990 gab es noch 37.000 Beschäftigte, verteilt auf 18 Betriebe. Letztendlich konnten von den ehemals 68.000 Beschäftigten des Kombinates nur weniger als fünf Prozent in branchennahe Nachfolgeunternehmen wechseln.

Mit der Kariere meines Schwagers im Schulungszentrum war es praktisch sofort zu Ende. Da Robotron aber auch Elektronik-Facharbeiter ausbildete, wurde er dank seiner Qualifikation als Ingenieurpädagoge zunächst als Lehrausbilder weiterbeschäf-

---

114 https://de.wikipedia.org/wiki/Kombinat_Robotron

tigt. Im Zuge der Abwicklung des Kombinats Robotron durch die Treuhandanstalt war es irgendwann auch Schluss mit der Lehrausbildung.

Obwohl zu der Zeit eigentlich überall Lehrer für die IT-Ausbildung gesucht wurden, gelang es meinem Schwager nicht, eine solche Stelle zu bekommen. Einige Zeit arbeitete er als Lehrer im Berufsschulzweig einer privaten Weiterbildungseinrichtung in Leipzig. Dabei hatte er es wohl hauptsächlich mit Förderschülern zu tun. Nach seinen gelegentliche Berichten zu urteilen, brauchte man da Nerven wie Stahlseile. Nach einiger Zeit beschäftigte man ihn aber nur noch auf Honorarbasis, so dass er zu einem der vielen in der Folge der Agenda 2010 entstandenen Scheinselbständigen wurde. Streng genommen war er aber kein Scheinselbständiger, denn außer für seinen vorherigen Brötchengeber zu arbeiten, gab er gelegentlich auch SPS-Programmierkurse an der Volkshochschule. Zum seinem Glück gab es seit 2006 die freiwillige Arbeitslosenversicherung für Selbständige, so dass er die Schulferien als Arbeitsloser überbrücken konnte.

**Beispiel 5:** Meine alte Arbeitsstätte, das ORZ des VEB Feinwäsche war eigentlich das Rechenzentrum eines Textil-Kombinats. Die zugehörigen Textilbetriebe wurden ausnahmslos in kurzer Zeit abgewickelt. Das Rechenzentrum wurde natürlich auch nicht mehr gebraucht. Die meisten meiner ehemaligen Kollegen fanden als IT-Spezialisten nach endlicher Zeit wieder einen Job. Einer meiner ehemaligen Kollegen war als EDV-Organisator in den Fachabteilungen des Kombinats sehr beliebt, weil er sich sehr gut in den organisatorischen Abläufen dieser Abteilungen auskannte. Da es für einen solchen Spezialisten keinen Bedarf mehr gab, fand er nie mehr Arbeit. Er ist schon lange gestorben. Seine alten Freunde behaupten, er starb am Frust über seine Lebenssituation.

**Beispiel 6:** Einer meiner Mitstudenten arbeitete nach dem Studium im "VEB Elektronik Gera". Er war hauptsächlich mit der Entwicklung von Audio-Recordertechnik befasst. Wie viele DDR-

Bürger hat er diesen Arbeitsplatz nie gewechselt. Ohne die Wiedervereinigung hätte er dort sicher bis zur Rente ausgehalten. 1992 wurde der Betrieb von der Treuhandanstalt liquidiert. Danach erfolgte eine Neugründung als "Electronicon-Kondensatoren GmbH", in der 238 von 4300 Mitarbeitern Beschäftigung fanden. Er gehörte nicht dazu. Deshalb gründete er 1992 zusammen mit weiteren entlassenen Mitarbeitern eine kleine GmbH, die sich mit Entwicklung und Vertrieb digitaler Ansagetechnik für den öffentlichen Personennahverkehr befasste. Die Firma existiert heute noch.

**Beispiel 7:** Ein anderer Mitstudent arbeitete nach dem Studium in den Barkas-Werken und entwickelte dort elektronische Motorsteuerungen, die infolge der Wirren der Planwirtschaft nie zum praktischen Einsatz kamen. Aus den Barkas-Motorenwerken wurden VW-Motorenwerke und die VW-Motoren hatten elektronische Steuerungen. Mein Bekannter wurde übernommen und hatte nun die Genugtuung, dass seine Entwicklungen auch serienmäßig eingesetzt wurden. Von allen meinen Bekannten ist er der Einzige, der seinen Arbeitsplatz vom Studium bis zur Rente beibehalten hat.

Auch alle anderen Mitglieder meiner Seminargruppe mussten sich früher oder später nach der Wiedervereinigung einen neuen Job suchen. Letztendlich fanden alle einen neuen Job, teilweise aber in den alten Bundesländern oder im deutschsprachigen Ausland. Einer gründete erfolgreich einen Handel für gehobenen Bürobedarf.

**Beispiel 8:** Gudrun wurde Ende 1992 von der Firma GPC entlassen, weil die Geschäfte mit Simulationsaufträgen nicht mehr gut liefen. Als die Mitgesellschafter unserer GmbH davon hörten, wollten sie Gudrun einstellen. Sie kannten Gudrun ja von der TU. Gudrun war interessiert und ich war unter der Bedingung einverstanden, dass ich mich bei allen sie betreffenden Personalfragen der Stimme enthalten würde. Gudrun arbeitete bis zur Rente in der GSC.

**Beispiel 9:** Einer meiner Mitschüler hatte in der Abiturzeit beim Druckmaschinenhersteller Planeta Betriebsschlosser gelernt und sich entschlossen, auf ein Studium zu verzichten. Er wollte lieber gleich den erlernten Beruf ausüben. Deshalb wurde auch er zum NVA-Grundwehrdienst einberufen und kam wie ich an die Grenze. Im Gegensatz zu mir musste er das erste Diensthalbjahr im Grenzausbildungsregiment verbringen. Dabei ist er zweimal beim "Abhören eines Feindsenders" erwischt worden. Deshalb durfte er die restliche Zeit an der polnischen Grenze verbringen. Dort bestand keine Gefahr, dass er sich in Richtung Westen absetzen könnte. Seiner weiteren beruflichen Kariere im Ausbildungsbetrieb hat das nicht geschadet. Zur Inbetriebnahme großer Druckmaschinen wurde er zunächst in die ČSSR, nach Ungarn, Rumänien und in andere sozialistische Länder geschickt, später nach Afrika und Indien, zuletzt auch nach Westeuropa. Zu seinem Glück wurde der Betrieb nach der Wiedervereinigung vom Druckmaschinenhersteller Koenig & Bauer gekauft, der keine großen Bogen-Offset-Druckmaschinen im Sortiment hatte. Heute ist er Marktführer bei dieser Art Druckmaschinen. Wäre sein Betrieb wie ursprünglich von der Treuhand geplant dem Konkurrenten Heidelberger Druckmaschinen AG verkauft worden, hätte er wahrscheinlich wie Gudruns Freundin noch einige Zeit bei der Abwicklung seines Betriebs helfen können. Da der neue Besitzer mit dem eingekauften Knowhow dem Heidelberger Druck und MAN beträchtliche Marktanteile abnehmen konnte, war er auch nach 1990 noch lange als Auslandsmonteur von Bogen-Offset-Druckmaschinen für seinen ehemaligen Ausbildungsbetrieb unterwegs.

# Die Entwicklung der eigenen Firma

Dr. Günther J. hatte 1990 im Auftrag von Prof. Meyer in einer GmbH in Stuttgart ausgeholfen. Jetzt akquirierte er von deren Geschäftsführer kleine Programmieraufgaben.

Dr. Jürgen L. hatte schon etwa zwei Jahre vor dem Ende der DDR für eine Firma in der BRD gearbeitet. Diese Firma verkaufte vor allem Gabelstapler. Ein Verkaufsschlager dieser Firma war ein Staplerleitsystem. Das teilte den Staplerfahrern über ein Terminal die Fahraufträge zu. Die Terminals waren mit dem Leitrechner via Infrarot verbunden. Das Ganze lief unter MS-DOS auf textorientierten Bildschirmen im Rollmodus. Wir übernahmen mit Dr. Jürgen L.s Vermittlung kundenspezifische Anpassungen, die Einbindung einer Lagerverwaltung und die Umstellung vom Rollmodus auf ein fensterorientiertes System.

Unter MS-DOS ging letzteres mit Hilfe von Quasi-Grafik, d.h. es gab spezielle Zeichen, mit denen man einen Fensterrahmen mit einfachen oder doppelten Linien darstellen konnte. Darum kümmerte sich Dr. Jürgen L.. Die verwendete Programmiersprache war Turbo-Pascal. Wegen der kundenspezifischen Anpassungen waren wir bald auch mit der Inbetriebnahme neuer oder geänderter Software bei den Endkunden befasst. Für die Einbindung der Lagerverwaltung benötigten wir einen Datenbankserver, weshalb wir uns um die Vernetzung von Rechnern kümmern mussten. Für die Datenbankprobleme stellten wir einen meiner ehemaligen Diplomanden ein. Um die Netzwerktechnik kümmerte sich Dr. Klaus D.. Der führte auch Backup-Systeme und eine Versionsverwaltung ein.

Schon nach kurzer Zeit war unser Büro zu klein. Wir zogen in leerstehende Büroräume einer Eierfabrik im Osten von Chemnitz. Diese Räume hatte zu DDR-Zeiten der Betriebstierarzt genutzt. Die Eierfabrik hatte damals Legebatterien für 70.000 Hennen.

In den neuen Räumen arbeiteten wir zunehmend immer mehr für die Staplerfirma. Insbesondere wegen der zunehmenden

Zahl von Inbetriebnahmen mussten wir weitere Mitarbeiter einstellen und sogar mehrere Dienstautos anschaffen.

1994 waren unsere Büroräume in der Eierfabrik schon wieder zu klein. Ich erkundete neue, größere Mietobjekte. Alles was preiswert war, hätte größere Umbauten erfordert. Alles was gut geeignet war, war viel zu teuer. Also zogen wir den Erwerb einer eigenen Immobilie in Betracht. Wir besichtigten mehrere preiswerte Villen und kleinere Mehrfamilienhäuser. Überall waren Umbauten und Sanierungsmaßnahmen mit nicht abschätzbaren Kosten notwendig.

Nun zogen wir einen Neubau in Betracht. Der sollte preiswert und erweiterungsfähig sein. Die preiswerteste Lösung war, das neue Bürogebäude mit Baustellencontainern zu realisieren. Sieben Stück auf Streifenfundamenten sollten die Basislösung sein. Für spätere Erweiterungen konnte man auf diese noch einmal sieben Container setzen. Meine Wünsche nach einem umlaufenden Kabelkanal mit einer Abdeckung, in die LAN-, Telefon- und 220-Volt-Steckdosen eingesetzt werden sollten, waren kein Problem. Auch ein klimatisierter Serverraum mit Stahltür war drin. Dazu kam noch eine kleine Küche, zwei Sanitärräume und ein Technikraum in dem vor allem die Gasheizung untergebracht werden sollte. Der Rest reichte für sechs zwei-Mann-Büros und einen größeren Raum für Pausen und Besprechungen. Für die Geschäftsleitung gab es ein etwas geräumigeres Büro. Diese Version wurde von uns beschlossen.

Danach klapperte ich diverse Gewerbegebiete ab. Ein gutes Angebot (100.000 DM) bekam ich für ein größeres Grundstück nicht weit von der Autobahnabfahrt Chemnitz Ost. Der dortige Bürgermeister empfahl gleich noch die neu gegründete Tiefbaufirma seiner Söhne für die Errichtung des notwendigen Streifenfundaments. Für Gudrun und mich war das ein günstiger Standort, weil unser Arbeitsweg eher kürzer wurde. Wenn wir von der GSC nach Rochlitz fahren würden, brauchten wir 25 Minuten. Nachdem wir uns einvernehmlich für diesen Standort entschieden hatten, war noch zu klären, ob wir einen Kredit von etwa 350.000 DM auftreiben könnten. Das klappte bei der Dresdner Bank. Dafür mussten alle vier Gesellschafter eine sogenannte Solidarbürgschaft unterschreiben. D.h. wir hafteten gemeinsam für den Kredit. Die Bank konnte sich im Falle eines Falles an jeden der Bürgen halten. Wenn Sie einem der Bürgen die volle Schuldsumme abknöpfen sollte, musste der dann sehen, wie er die Anteile der übrigen Bürgen von diesen wieder eintrieb. Das war besonders für Dr. Günther J. riskant, hatte er doch gerade von seinem Vater ein Grundstück mit Haus im Wert von etwa 500.000 DM geschenkt bekommen.

Anschließend übernahm ich die Rolle des Bauleiters. Die Handwerker der ausführenden Firmen musste ich ständig überwachen, weil sie in der Regel wenig mitdachten. Nach wenigen Wochen war der Bau fertig und wir zogen um.

Die Staplerfirma war zu diesem Zeitpunkt unser Hauptauftraggeber. Nach relativ kurzer Zeit haben wir deren eigene Softwareentwicklung abgelöst. Die Anbindung der Terminals auf den Staplern über Infrarot war eine Schwachstelle. Nach verschiedenen Versuchen mit speziellen Funklösungen, kamen erste WLAN-Lösungen zum Einsatz. Wir gehörten mit zu den ersten Firmen, die WLAN in der Produktion einsetzten.

Übrigens gab es damals Fördermittel für Aufträge von Westfirmen an Ostfirmen. Den Antrag für die Fördermittel musste die Ostfirma stellen. Größere Aufträge bekamen wir von der Staplerfirma und anderen Westfirmen in der Regel nur, wenn wir solche West-Ost-Fördermittel beantragt hatten und diese auch bewilligt wurden. Die bewilligten Fördermittel bekamen nicht wir, sondern die Firma, die uns den Auftrag erteilte.

## Daimler-Benz als neuer Kunde

Einer meiner ehemaligen Studenten nahm mit mir Kontakt auf, weil er mich als Simulationsspezialist in Erinnerung hatte. Er arbeitete jetzt bei der Forschungsabteilung von Daimler-Benz in

Berlin. Dort war er an der Entwicklung eines Simulationssystems beteiligt, das die zu Daimler-Benz gehörige AEG Anlagen- und Automatisierungstechnik in Auftrag gegeben hatte. Die Forschungsabteilung entwickelte auf Sun-Workstations. AEG wollte es aber auch für Windows-Rechner haben. Daimler-Benz beabsichtigte uns mit der Anpassung an Windows beauftragen, falls wir Fördermittel für diesen West-Ost-Auftrag bekämen. Da wir zugunsten der Staplerfirma schon einige hunderttausend Mark aus diesem Topf erhalten hatten, war ich skeptisch, dass dies noch einmal klappen würde. Zu meiner Verblüffung ging das völlig problemlos über die Bühne. Offensichtlich gab es öfters den Fall, dass die geförderten Ostfirmen bald nach Erhalt der Fördergelder von der Bildfläche verschwanden. Das war schlecht für die Statistik und den zuständigen Bearbeiter. Hatte man schon solche Fördergelder erhalten und es gab einen zwei Jahre später immer noch, war man eine relativ sichere Bank und bekam problemlos weitere Fördermittel.

AEG war damals Auftragnehmer für die unterirdischen Transportsysteme des im Bau befindlichen Terminal II beim Frankfurter Flughafen. Da mit dem neuen Simulationssystem vor allem Anlagen dieser Art simuliert werden sollten, durfte ich die Baustelle einmal besuchen. Zunächst war mir der Zutritt versperrt, weil ich die von AEG beantragte Unbedenklichkeitsbescheinigung des Bundesgrenzschutzes noch nicht hatte.

Der Kollege, der mich abholte, erklärte dem Kontrolleur dass er doch einen zweiten Mann mitnehmen dürfe. „Ja, aber nicht in den Sicherheitsbereich" war die Antwort. Danach kam eine Besichtigungstour des Rollfeldes im privaten PKW des Kollegen. Wir fuhren mehrfach an auf den Betonboden gemalten Vorfahrtsschildern vorbei. „Was bedeuten die?" fragte ich. „Na, dass ein hier entlang rollendes Flugzeug die Vorfahrt hat!" „Was passiert, wenn Sie die nicht beachten?" wollte ich wissen. „Da kann ich nur hoffen, dass meine Haftpflichtversicherung den Schaden deckt." war die Antwort. Es stellte sich heraus, dass ein vollgetanktes

Flugzeug keine Notbremsung machen darf. Wenn doch, wird das Flugzeug entladen und geht zur Generalüberholung.

Danach gingen wir zu Fuß weiter. Nun musste ich blitzartig durch eine Tür mit Warnschild springen und schon war ich im Sicherheitsbereich. Da die ständigen Erschütterungen durch die Baumaschinen immer wieder zu Fehlalarmen geführt hatten, wurden nämlich alle Alarme mit weniger als zwei Sekunden Dauer automatisch ausgeblendet! In den Kellerräumen begegnete mir etwa jede halbe Stunde ein automatischer Transportwagen mit einem auffallenden, knallgelben Koffer. „Wozu kreist der hier im Keller?" „Das ist eine beladene Jungfrau! So nennen wir einen Wagen, der laut Steuerung leer ist, praktisch aber nicht. Er kann in keine der Parkstationen, weil deren Sensoren nur leere Wagen einfahren lassen. Wenn nicht jemand den Koffer aus dem Wagen nimmt, irrt der noch wochenlang hier herum."

Der Sinn meines Besuchs war natürlich nicht, etwas über beladene Jungfrauen zu erfahren. Ich sollte mir vielmehr ein Bild über den gewaltigen Aufwand beim Testen der Steuerungssoftware machen. Im besichtigten Terminal II waren dafür Kosten im zweistelligen Millionenbereich geplant. Die Kosten waren deshalb so hoch, weil die Tests der Steuerungssoftware erst erfolgen konnten, wenn die Steuerung mit der realen Anlage verbunden war. Das wiederum führte dazu, dass die Anlagen nach ihrer Installation noch lange nicht in Betrieb genommen wurden. AEG wollte diesen Prozess verkürzen, indem die Entwickler der Steuerungssoftware ihre Programme bereits lange vor der Installation der zu steuernden Anlagen an einem Simulationsmodell erproben sollten.

Wir kamen mit dem Simulationssystem gut voran, realisierten ein Modell für einen Teil des Transportsystems im Flughafen und implementierten sogar eine simulierte AEG-SPS und integrierten sie in die Simulationsmodelle. Diese simulierte SPS konnte mit ganz normalen SPS-Programmen geladen werden und dann das Modell des Transportsystems steuern.

Leider wurde die AEG Anlagen- und Automatisierungstechnik 1996 an das französische Unternehmen Cegelec verkauft. Cegelec war nicht an einer Weiterführung der Entwicklung interessiert und Daimler-Benz blieb auf dem halbfertigen Simulationssystem sitzen. Ich handelte einen Vertrag aus, der uns erlaubte das Simulationssystem als eigenes Produkt weiterentwickeln und zu vermarkten. Ab dem Jahr 2000 sollten wir 20 Prozent des auf diesem Geschäftsfeld anfallenden Gewinns, aber jährlich mindestens 250.000 DM abführen. Sollten wir das nicht können, fielen alle Rechte an Daimler-Benz zurück.

Mit der Produktentwicklung kamen wir gut voran. Schon nach einem Jahr waren die wesentlichen Entwicklungsarbeiten abgeschlossen. Wir bauten für das Daimler-Benz-Forschungszentrum in Berlin und andere Daimler-Benz-Abteilungen diverse Modelle, unter anderem das einer kompletten, in der Planung befindlichen Motorenfabrik. Mit Hilfe dieses Fabrikmodells sollten völlig neuartige Steuerungskonzepte erprobt werden.

Ende 1999 hatten wir im Geschäftsfeld Simulationstechnik außer Daimler-Benz (inzwischen Daimler-Chrysler) keine weiteren Kunden und das Geschäftsfeld wies die berühmte schwarze Null als Ergebnis aus. Die ab 2000 anfallenden Zahlungen an Daimler-Chrysler waren nicht realisierbar. Da Daimler Chrysler auf diesen Zahlungen bestand, mussten wir dieses interessante Geschäftsfeld aufgeben. So blieb nur die Lagersoftware als Hauptgeschäftsfeld übrig. Es war übrigens immer unser Hauptproblem, dass wir nicht in der Lage waren, unsere guten Ideen ordentlich zu vermarkten. Im Falle der Lagerverwaltungssoftware übernahm den Vertrieb die Staplerfirma, der letztendlich auch die Lagerverwaltungssoftware gehörte.

Es gab in den Geschäftsbeziehungen zu Daimler noch eine lustige Episode. Ich wurde gefragt, ob wir zu einem Grundlagenthema eine Konzeption und ein dazugehöriges Demoprogramm liefern könnten. Die Konzeption musste aber in Englisch geschrieben werden. Das in Aussicht gestellte Honorar war lukrativ, aber wir hatten eigentlich keine freien Kapazitäten. Also fragte ich einen mir bekannten bulgarischen Professor, ob er diese Aufgabe in seinem Institut in Varna lösen könne. Er sagte zu und lieferte pünktlich. Die Ergebnisse sahen gut aus und wurden bei Daimler-Benz abgeliefert. Die Rückmeldung: „Wir wollten eine englische Konzeption. Was sie da abgeliefert haben, ist kein Englisch". Etwas erschreckt, lud ich die Konzeption in Word und startete die englische Rechtschreib- und Grammatikkontrolle. Grammatikfehler gab es jede Menge, offensichtlich hatte hier die bulgarische Grammatik Einfluss gehabt. Also formte ich bei Grammatikfehlern den entsprechenden Satz solange um, bis Word nicht mehr meckerte. Meistens mussten Bandwurmsätze in mehrere kürzere Sätze zerlegt werden. Ich lieferte die so überarbeitete Konzeption ab. „Ja, jetzt ist es englisch!" war der Kommentar.

## Ein neuer Gesellschafter

Zwei meiner Mitgesellschafter wollten, dass unser alter Hochschulchef Dr. Meyer nun doch als fünfter Gesellschafter mit ins Boot kommen sollte. Ihr Argument: Unser alter Chef hat jede Menge Beziehungen im Westen und wäre der ideale Verkäufer. Das überzeugte uns anderen beiden Gesellschafter und wir verkauften alle je fünf Prozent unserer Anteile an unseren ehemaligen Chef. Der hatte inzwischen zwei eigene Firmen, die sich unter anderem mit der Entwicklung von Videokameras befassten

## Ein eigenes Videoüberwachungssystem:

Unsere Außendienstler beschwerten sich: „Vom Herumrennen während der Inbetriebnahme bekommen wir schon ganz kurze Beine". Mir kam die Idee, dass man ja Kameras in das Lager-WLAN einbinden könnte, um die Inbetriebnahme aus dem Büro zu überwachen. Die damaligen WLAN-Lösungen reichten zwar nicht, um Filme zu übertragen, aber für unsere Zwecke hätten ja zwei oder drei Bilder pro Sekunde gereicht. Geeignete Kameras waren am Markt verfügbar.

Ich hoffte, diese Technik auch zur Lagerüberwachung an die Lagerbetreiber verkaufen zu können. Deshalb beantragte ich für die Entwicklung eines WLAN-basierten Video-Überwachungssystems Fördermittel und bekam diese auch bewilligt. Unser neuer Gesellschafter Dr. Meyer fand die Idee gut, wollte aber keine Kameras kaufen, sondern eigene preiswertere Kameras in seiner Firma herstellen und deren Firmwareentwicklung von der GSC finanzieren lassen. Ich war strikt dagegen, weil ich mir ausgerechnet hatte, dass eine Refinanzierung der Entwicklungskosten in einer vertretbaren Zeit nur möglich war, wenn man erhebliche Stückzahlen dieser Kameras verkaufen könne. Und die hätten die beiden Meyerschen „Manufakturen" gar nicht herstellen können.

## Ein Schlaganfall

An einem Wochenende im Februar 2001 kochte ich wie an den meisten Wochenenden das Mittagessen, während meine Frau im Garten werkelte. Nach dem Mittagessen legte ich mich hin, weil ich mich plötzlich sehr unwohl fühlte. Als es mir nach etwa zwei Stunden nicht besser ging, erkundigte ich mich, wo ich am Sonntag einen Arzt aufsuchen könne. Der Mann an der Telefonauskunft schickte mir aber einen Notarzt. Es könne sich um einen Schlaganfall handeln.

Der Notarzt macht verschiedene Tests und kam zu dem Schluss: „Ein Schlaganfall ist es nicht, nur eine leichte Durchblutungsstörung im Gehirn!". Ich sollte eine Nacht im Krankenhaus zubringen und dort eine Infusion zur Blutverdünnung erhalten. Am nächsten Morgen könne ich dann wieder arbeiten. Aber als ich am nächsten Morgen vom Bett ins WC wollte, ging ich unerwartet zu Boden. Das linke Bein und der linke Arm waren nicht mehr zu gebrauchen. Ich wurde in die CT-Röhre geschoben und erhielt die Auskunft: „Sie haben einen Schlaganfall. Das erklärt ihre Beschwerden vollkommen." Vier Monate in der Rehaklinik bewirkten, dass ich meine linke Seite wieder einigermaßen gebrauchen konnte. Für diese Zeit unterschrieb ich eine Vollmacht, die Dr. Günther J. die Alleinvertretung der GSC erlaubte.

## Ein Quasi-Geschäftsführer

Als mich der Schlag getroffen hatte, waren etwa 25 Mitarbeiter in der GSC beschäftigt. Ich war stolz, dass etwa eine halbe Million DM auf dem Firmenkonto lagen. Die brauchten wir auch, denn die Einnahmen kamen sehr unregelmäßig, aber am Monatsende waren immer über 100.000 DM an Gehaltszahlungen fällig.

Im Juni fing ich zunächst mit nur drei Stunden pro Tag an, wieder in der Firma zu arbeiten. Fast hätte mich noch einmal der Schlag getroffen. Dr. Günther J. hatte die Geschäftsführung unserem ehemaligen Chef überlassen. Der hatte größere Teile unserer Rücklagen in Entwicklungsprojekte seiner eigenen Firmen gesteckt. Da ich das nicht mit verantworten wollte, bat ich um meine Ablösung als Geschäftsführer. Die wurde bewilligt. Die Tinte auf dem entsprechenden notariellen Dokument war noch nicht trocken, als mir die Doktoren Günther J. und G. Meyer jede Einsichtnahme in die Geschäftsunterlagen verboten. Dr. Meyer führte weiter die Geschäfte. Er akquirierte neue Geschäfte, bei denen man froh sein konnte, wenn man nur mit mäßigen Verlusten davonkam. Die auf Kosten der GSC in seiner Firma entwickelte Kamerahardware wurde nie in wesentlichen Stückzahlen verkauft. Er schickte alle unsere Mitarbeiter in die Kurzarbeit und verlangte, dass sie trotzdem voll arbeiteten. Einige, auch ich, hatten Gehaltsrückstände bis zu drei Monaten. Wer meckerte, wurde entlassen. Da sich einige der Entlassenen beim Arbeitsamt beschwerten, kam es zu einem Ermittlungsverfahren. Dr. Günther J. wurde wegen Subventionsbetrug zu einer Geldstrafe von 10.000 € verdonnert. Eigentlich hätte Dr. Meyer als Quasi-Geschäftsführer diese Strafe zahlen müssen.

In den Gesellschafterversammlungen kam es zu hässlichen Auftritten, weil ich viele Beschlüsse nicht mittragen wollte. 2005 wurde auch ich entlassen. Ich hatte eine Pensionszusage, die von einer Versicherung gedeckt war. Die Banausen von Geschäftsführern kürzten wegen vorzeitigem Ausscheiden meine Pensionszusage deutlich unter die bereits von der Rückdeckungsversicherung gedeckten Summe, obwohl die Beiträge zu dieser Versicherung immer mit meinem Gehalt verrechnet wurden. Leider gab es darüber keine schriftlichen Vereinbarungen.

In den folgenden zwei Jahren suchte ich nach Arbeit in der Region. In München oder Stuttgart hätte ich sehr gut bezahlte Jobs gefunden, aber Gudrun war dagegen dass ich so weit weg arbeitete. Zwischenzeitlich war ich immer mal für ein paar Wochen in der GSC beschäftigt. Die kam immer dann auf mich zu, wenn es Engpässe in der Softwareentwicklung gab. Zähneknirschend ließ ich mich darauf ein, verlängerte doch so ein Zwischenspiel immer die Zeit, in der ich Arbeitslosengeld beziehen konnte.

Mit 60 fand ich doch noch einen neuen Job. Der Arbeitsweg betrug zwar 70 km, aber ich brauchte nur drei Tage pro Woche dort zu erscheinen. Die übrigen zwei Tage konnte ich zu Hause arbeiten. Als ich bei einer Gesellschafterversammlung bekanntgab, dass ich nicht mehr für Gelegenheitsjobs zu Verfügung stehe, rastete der Quasi-Geschäftsführer aus. Als Gesellschafter hätte ich meinem neuen Brötchengeber klarmachen müssen, dass er diese Aufgabe bei der GSC in Auftrag geben könne. Ich hatte nun endgültig die Nase voll und verkaufte meine Anteile an der Firma zu gleichen Teilen für je einen Euro an die übrigen Gesellschafter. Bedingung war aber, dass ich aus der weiter vorn erwähnten Solidarbürgschaft entlassen würde, die inzwischen wegen einer Aufstockung unseres Firmengebäudes auf mehr als 300.000 Euro angewachsen war. Damit verzichtete ich zwar auf einige zehntausend Euro, die ich im Falle eines Verkaufs der Firma vielleicht einmal erhalten hätte, aber ich war den ständigen Ärger endlich los.

## Mein Privatleben in der BRD

Nach der Wiedervereinigung hatten wir zunächst deutlich weniger Freizeit. 1991/1992 war ich infolge meiner Nebentätigkeiten mehr als zu DDR-Zeiten beschäftigt, wollte ich doch zunächst vor allem ein kleines finanzielles Polster anlegen. Gudrun engagierte sich überdurchschnittlich in der Firma GPC, weil sie diese Stelle unbedingt behalten wollte. Theater- und Konzertbesuche fielen flach. An den Wochenenden waren wir nach wie vor hauptsächlich in Rochlitz. Nachdem ich in der GSC arbeitete, war die 50- bis 60-Stundenwoche die Regel.

### Reisen

Natürlich wollten wir die neue Reisefreiheit nutzen. Zunächst waren wir jeden Sommer in den Alpen unterwegs. Immer mit unserem neuen Ford Sierra und dem Bergzelt, das uns schon in der hohen Tatra, in der Stara Planina, dem Pirin und anderen bergigen Gegenden gute Dienste geleistet hatte.

Eine der ersten Reisen ging nach Italien, genaugenommen in den Vinschgau. Damals war uns nicht bewusst, dass Südtirol ein autonomes Gebiet ist, in dem hauptsächlich deutsch gesprochen wird. Die Zeltplätze waren alle wegen Überfüllung geschlossen. Wegen des geringen Platzbedarfs durften wir unser Bergzelt auf einem geschlossenen Zeltplatz in Goldrain aufstellen. Da es uns im Vinschgau sehr gefallen hat und wir diesen Zeltplatz mit unserem neuen Auto in etwa sieben, maximal acht Stunden erreichen konnten, verbrachten wir dort noch öfters einen spontanen Urlaub von etwa einer Woche.

Auf einem Zeltplatz am Thunersee gab es riesige Parzellen für Wohnwagen, auf denen sich unser Ford Sierra und unser Bergzelt völlig verloren. Immerhin hatte unser Platznachbar Probleme, seine Weinflasche aufzubekommen. Wir konnten natürlich aushelfen. In einer dortigen Gaststätte aßen wir erstmals ein Käsefondue. Grund war der für uns akzeptable Preis. Dieses Erlebnis hat aber dazu geführt, dass es bei uns noch heute gelegentlich ein Käsefondue gibt.

In die Alpen nahmen wir auch zweimal Gudruns und meine Mutter mit. Da übernachteten wir aber in einer Ferienwohnung bzw. in einem Hotel.

Gegen Ende eines Zelturlaubs in der Schweiz meinte Gudrun, dass ihr zum Abschluss noch ein oder zwei Tage am Meer fehlen würden. Nach einem Blick auf die Karte stellte ich fest, dass Nizza gar nicht so weit weg war und man es an einem Tag dahin schaffen müsste. In unserem ADAC-Alpenführer fand Gudrun eine Hochalpen-Route, die als „nur für erfahrene Gebirgsfahrer" ausgewiesen war, obwohl es sich laut Atlas nur um Fernverkehrsstraßen handelte. Tatsächlich waren es teilweise eher geschotterte Wege, deren eine Seite durch eine schroffe Felswand begrenzt wurde. Auf der anderen Seite gähnte ein bodenloser Abgrund. Infolge zahlloser Kehren, fuhr man mal an der Felswand, mal am Abgrund entlang. Wir hatten Glück, größere Fahrzeuge kamen uns nur entgegen, wenn wir an unserer rechten Seite die Felswand hatten. Gudrun hing sich aus dem Fenster und teilte mir mit, wie viele Millimeter ich noch nach rechts ausweichen könne. Wir brauchten drei Tage bis Nizza, was aber vor allem daran lag, dass wir ständig anhalten mussten, um die spektakulären Aussichten zu genießen.

Etwa ab 2005 hatten unsere Mütter solche gesundheitlichen Probleme, dass wir sie nicht mehr viel länger als eine Woche allein lassen wollten. Wir machten jetzt einmal pro Jahr eine 7 bis 8-tägige Flugreise, z.B. nach Kreta, Teneriffa, Malta, Sardinien, Mallorca, Irland, Schottland, türkische Adriaküste, Kappadokien und Madeira. Dort mieteten wir immer ein Auto und legten in der Besichtigungswoche meist weit mehr als tausend Kilometer zurück.

**Kreta** ist mir vor allem in Erinnerung als ein Land, in dem der Landwirt beim Pflügen ständig Büsten und Säulen ausbuddelt und an den Feldrand werfen muss.

**Teneriffa** hat den höchsten Berg Spaniens, der auch noch ein Vulkan ist. Wir sind mit gelegentlichem Blick auf die unter uns liegenden Wolken schwitzend in dessen Caldera gewandert. In unser Hotel zurückgekehrt, beschwerten sich die anderen Hotelgäste, weil sie nicht einen Sonnenstrahl abbekommen hatten.

**Malta** ist unbedingt eine Reise wert. Aber wenn möglich, nicht wie wir im Sommer. Nur dank unseres klimatisierten Mietautos überlebten wir diese Reise ohne größere Schäden.

Von **Sardinien** sind wir immer noch begeistert. Gern erinnern wir uns an eine Fiesta bei einem Berghirten mit ausgezeichneter Verpflegung. In Deutschland hätte der aber wegen völlig unzureichender hygienischer Standards sofort sein „Etablissement" schließen müssen.

**Mallorca** bietet nicht nur Saufgelage am Strand. Wir hatten eine Unterkunft in einem sehr ansprechenden Hotel. Es lag in einem Fischerdorf ohne touristisches Getümmel, hatte drei Swimmingpools, aber auch direkten Zugang zum Meer. Ich kann als unbedingtes Muss eine „Kaktusfarm" empfehlen. Einen Besuch bei der Meersalzgewinnung sollte man auch einplanen.

**Irland** müssen wir gelegentlich wiederholen. Problematisch sind die schmalen, auf beiden Seiten von Bruchsteinmauern begrenzten Straßen. Als wir das Mietauto wieder zurückgaben stellte ich fest, dass bei vielen der dort stehenden Autos der linke Rückspiegel demoliert war.

**Schottland** steht etwas hinter Irland zurück, ist aber auch zu empfehlen. Wir sahen uns die Endspiele der Highland-Games an. Auf das von uns favorisierte Baumstammwerfen mussten wir etwas länger warten. Die Queen hatte auch Interesse angemeldet und es ging erst los nachdem die Queen inklusive ihres Gefolges eingetroffen war.

Gudrun wollte eigentlich überhaupt nicht an die **türkische Adriaküste**. Ohne Auto ist da außer Faulenzen am Strand auch nichts zu machen. Mit Auto gibt es im Hinterland aber sehr viel zu erleben.

**Kappadokien** liegt in der Zentraltürkei und zeichnet sich durch unzählige Hinterlassenschaften aus frühchristlicher Zeit aus. Die von uns vor Ort gebuchte Ballonfahrt war ein unvergessliches Erlebnis. Wenn man ein Hotel bucht, dann sollte man eines der wenigen mit eigenem Swimmingpool aussuchen, denn Badegelegenheiten sind in Kappadokien rar.

In **Madeira** waren wir inzwischen schon zweimal. Infolge der Lage inmitten des Pazifiks ist kein großer Unterschied zwischen den Jahreszeiten zu bemerken, also ideal um hier dem Winter zu entfliehen.

2011 ist meine Mutter gestorben, 2017 meine Schwiegermutter. Nun konnten wir einige längere Fernreisen in Angriff nehmen, an die wir als DDR-Bürger nicht einmal zu denken wagten.

## Rochlitz

Da ich eine unerwartete Honorareinnahme von 5000 DM gemacht hatte, kaufte ich mir Ende 1992 für 4000 DM ein Notebook mit SW-Bildschirm und einem 16-Bit-Prozessor. Das gab mir die Möglichkeit, auch am Wochenende in Rochlitz für unsere neu gegründete Firma zu arbeiten. Dass ich mich deshalb gleich nach dem Essen zurückzog erregte das Missfallen meines Schwagers, der mit seiner Familie auch an vielen Wochenenden in Rochlitz war. Ich sollte mich gefälligst am Aufwasch beteiligen. Also kaufte ich einige Kupferrohre, ein paar Abwasserrohre und einen Geschirrspüler und installierte das Ganze in Schwiegermutters Küche. Damit war meine Abwaschbeteiligung für die nächsten Jahre erledigt. Verblüfft hatte mich dabei meine Schwiegermutter. Die hatte es nicht so mit neuer Technik. Aber als wir am nächsten Wochenende einflogen, hatte sie die Geschirrspülmaschine voll im Einsatz.

Mit den neuen Baumarktmöglichkeiten machten wir uns an den teilweisen Ausbau von Gudruns Zimmer in Rochlitz. Dort gab es ein Schlafkabuff, dessen Wände mit Holz verkleidet wurden. Außerdem konstruierte ich um das Kopfende meines Bettes herum einen Einbauschrank mit Lamellentüren.

Beflügelt durch diesen Erfolg wurde von uns der Einbau eines modernen WCs initialisiert. Bis dahin gab es nur ein zweizylindriges Plumpsklo auf dem Hof. Zunächst wurde durch einen Handwerker im alten Kuhstall ein Kabuff so abgetrennt, dass darin ein Fenster und Platz für ein Bad mit Waschbecken, WC und Dusche war. Ein zugemauerter Durchbruch vom Hausflur zum Stall wurde wieder geöffnet und mit einer Tür versehen. Nachdem so das neue WC im Rohbau fertig und von Gudruns Mutter bezahlt war, sorgte ich mit den neuen Möglichkeiten (Baumarkt) in Eigenleistung für Fliesen, Strom, warmes und kaltes Wasser, Waschbecken, Duschecke, Elektroheizung und Hänge-WC. Den größten Teil des Materials bezahlten wir. Mein Schwager hat nicht geholfen. Sein Kommentar zum fertigen WC: „Endlich können wir wieder ungestört unsere Mittagspause halten". Das neue WC konnte damals aber nur in Notfällen benutzt werden, weil das Abwasser in die abflusslose Grube des alten Kuhstalls floss. Normalerweise wurde das zweisitzige Herzhäuschen auf dem Hof weiter benutzt. Da so ein Herzhäuschen keine Wasserspülung hat, musste die zugehörige kleine abflusslose Grube nur selten geleert werden. Eigentlich war die ganze Maßnahme als Altersvorsorge für Gudruns Mutter vorgesehen.

## Was aus der LPG wurde

Meine Schwiegermutter war zwar Rentner, aber immer noch LPG-Mitglied. Die LPG hatte offensichtlich einen fähigen westlichen Berater. Nach der genauen Gesetzeslage hatten die LPG-Mitglieder ursprünglich ihre Wirtschaftsgebäude, Tiere, Technik und Felder der LPG zur Nutzung übergeben, waren aber immer noch die eigentlichen Besitzer. 1990 wurden nur noch wenige der ursprünglich eingebrachten Wirtschaftsgebäude von der LPG genutzt. Inzwischen hatte die LPG viel größere, neue Wirtschaftsgebäude und neue Technik. Nur die Felder wurden noch unentgeltlich benutzt. Ihr Berater machte klar, dass die LPG zukünftig zu Schadenersatz für die langjährige unentgeltliche Nutzung der von den LPG-Mitgliedern eingebrachten Güter verklagt werden könne. Deshalb hat sich die LPG in eine Aktiengesellschaft umgewandelt und gab Aktien an die ehemaligen LPG-Mitglieder aus. Die Gesamtanzahl der Aktien entsprach der Anfangsbilanz der neuen Aktiengesellschaft. Für den Aktienanteil den jedes ehemalige LPG-Mitglied erhielt, gab es einen Schlüssel. Der berücksichtigte vor allem die eingebrachten Güter und die Länge von deren Nutzung, aber auch die Dauer der LPG-Zughörigkeit. Damit war die neue AG gegen Schadenersatzforderungen weitestgehend geschützt. Ursprünglich hatte eine solche Aktie einen Nennwert von 50 DM. Heute wird sie mit etwa 150 EUR gehandelt und es werden in der Regel 8 € Dividende pro Aktie ausgeschüttet. Für das ursprünglich eingebrachte Land wird Pacht gezahlt. Insgesamt hat die AG mehr als 5000 Hektar in Nutzung.

**Hochzeit**

Nachdem Gudrun und ich etwa 15 Jahre zusammengelebt hatten wurde uns klar, dass wir uns im Falle eines plötzlichen Todes nicht so ohne weiteres gegenseitig alles überlassen könnten. Da gab es Pflichtteile für die gesetzlichen Erben und hohe Erbschaftssteuern. Außerdem konnten wir im Falle einer Heirat auch selbst Steuern sparen. Wir kamen überein, unsere Namen nicht zu ändern (war damals gerade möglich geworden) und auch keine Ringe anzuschaffen, weil wir beide nichts von Ringen an den Fingern hielten.

Auf meinen Wunsch gab es auch keine kirchliche Trauung. Zur Not hätte ich das mitgemacht, aber damals hätte ich auch noch die Konfirmation nachholen müssen. Dass war mir dann doch zu viel. Also gab es Mitte 1994 nur eine standesamtliche Trauung mit den beiden Müttern als Trauzeugen. Die Mütter waren begeistert. Bis auf Gudruns Bruder, der spontan ausrief „Wieso wollt ihr denn heiraten?" hatte auch der Rest der Verwandten keine Einwände.

Am nächsten Wochenende waren Gudruns und mein Bruder, ihre Frauen und Kinder und unsere Mütter zu einer kleinen Familienfeier eingeladen. Als alle da waren kündigte ich meinen Neffen an, dass ich noch am gleichen Tag mit ihnen Schlitten fahren werde. Einer empörte sich: „Wir haben doch gar nichts ausgefressen!". Aber die Sommerrodelbahn hat ihm dann doch gefallen.

# Umzug nach Rochlitz

Unser Wohnblock in Chemnitz befand sich inzwischen fest in der Hand eines westdeutschen Investors. Der neue Eigentümer ließ seine neuen Häuser leer ziehen, um sie ab Ende 1998 zu sanieren. Wenn die Mieter nach der Sanierung wieder einziehen wollten, konnten Sie ihre ehemalige Wohnung als Eigentumswohnung erwerben oder sie für 12 DM Kaltmiete pro Quadratmieter wieder mieten. In dem Fall versprach der Vermieter, beide Umzugskosten zu übernehmen. Da bei der Sanierung kein Fahrstuhl eingebaut werden sollte, wollten wir die Wohnung nicht erwerben. Wir befürchteten, sie nach einem eventuellen Auszug nicht verkaufen zu können. Für ein Ehepaar mit Kindern war sie zu klein, für Studenten zu teuer und für Rentner fehlte der Fahrstuhl. Da man für 12 DM Kaltmiete auch andere schöne Wohnungen mieten konnte, wollten wir auch den Stress eines zweimaligen Umzugs nicht auf uns nehmen.

Zu dieser Zeit kam Gudruns Mutter auf die Idee, ihr Wohngrundstück zu Lebzeiten an ihre Kinder zu verschenken, sich selbst aber in der Schenkungsurkunde ein lebenslanges Wohnrecht zu sichern. Das brachte wiederum uns auf die Idee, nach Rochlitz zu ziehen. Unser Arbeitsweg wäre dann nur wenig länger als der von unserer bisherigen Wohnung. Wir hatten uns ausgerechnet, dass wir maximal 250.000 DM in ein eigenes Haus investieren könnten, wenn wir einigermaßen sicher sein wollten, dass unser geplantes Haus nicht eines Tages der Bank gehören würde. Zuerst hatten wir eigentlich die Idee, den neuen Kuhstall oder die Scheune auszubauen. Wir ließen die Sache dann von meiner Base, einer diplomierten Architektin, begutachten. Dabei kam heraus, dass die Scheune für einen Ausbau völlig ungeeignet sei und die Kosten für einen Ausbau des neuen Kuhstalls kaum abzuschätzen, aber sicher sehr hoch seien. Ein uns bekannter Bauunternehmer sagte mir, dass sich ein Ausbau des neuen Kuhstalls nicht rentieren würde. Also blieb nur die Wahl die Räume im

Obergeschoss von Wohnhaus und angebautem alten Kuhstall zu einer modernen Wohnung umzubauen oder anstelle der Scheune einen Neubau zu errichten.

Mein Schwager wollte zunächst auf seinen Anteil verzichten. Dafür sollten wir ihn mit 250.000 DM entschädigen. Wir wollten aber das von uns geplante Budget nicht in einen alten Bauernhof investieren um dann nichts mehr zu haben womit wir den Ausbau finanzieren könnten. Abgesehen davon war diese Preisvorstellung damals völlig überzogen. Darauf machte Gudruns Bruder den Vorschlag, dass er den ganzen Hof und das Land zwischen Hof und Straße erhält, und wir sollten die Hälfte des Grundstücks hinter dem Hof mit Düngerschuppen, Hühnerstall und Holzschuppen bekommen. Wir konnten das nicht akzeptieren, da unsere Bauvoranfrage ergeben hatte, dass es keine Baugenehmigung hinter den festen Gebäuden des Bauernhofs geben würde. Wir schlugen dann vor, das Grundstück in der Mitte des Zufahrtsweges zu teilen und ließen Gudruns Bruder die Wahl, ob er die rechte Hälfte mit Scheune und Holzschuppen oder die linke Seite mit den übrigen Immobilien nimmt. Er wollte die linke Seite, aber den ganzen Weg. Wir stimmten unter der Bedingung zu, dass im Grundbuch für uns ein Wegerecht eingetragen wird. Trotzdem nimmt er uns übel, dass er nun ein altes Haus und wir ein neues Haus haben. Ich kann mir aber nicht vorstellen, dass er glücklicher wäre, wenn er eine alte Scheune und wir ein modernisiertes Haus hätten.

Dann gab es noch ein Problem mit meiner Mutter. Sie musste nun in meine oder meines Bruders Nähe umziehen, damit sich Eberhard oder ich mit erträglichem Aufwand um sie kümmern konnten. Wir empfahlen ihr eine altersgerechte Wohnung. Wenn sie sich für Rochlitz entscheiden würde, wäre auch eine Einliegerwohnung in unserem geplanten neuen Haus möglich.

Meine Mutter hatte kurz vorher eine beträchtliche Rentennachzahlung bekommen, weil Vaters Ansprüche aus der Altersversorgung der Intelligenz an pädagogischen Einrichtungen[115] nachträglich anerkannt wurden. Davon hatte sie mir und Eberhard je 40.000 DM geschenkt. Für den Fall, dass Mutter mit in unser neues Haus ziehen sollte, wollte mir Eberhard seine 40.000 DM als zinslosen Kredit zur Verfügung stellen. Mutter entschied sich für die Einliegerwohnung. Aus heutiger Sicht wäre die altersgerechte Wohnung im betreuten Wohnen wohl die bessere Wahl gewesen. Mutter war immer sehr kontaktfreudig. Als sie später so behindert war, dass sie das Grundstück nicht mehr selbständig verlassen konnte, fühlte sie sich einsam, da wir an den Wochentagen ja beide zur Arbeit gingen. Im betreuten Wohnen hätte sie mehr Kontakt gehabt.

Wir wollten ein Fertighaus, weil es schnell gehen musste. Es sollte auch ein Ausbauhaus sein, weil wir sparen mussten. Fertighäuser mit echter Einliegerwohnung waren zu teuer. Also entschieden wir uns für ein ELK-Europahaus 134. Die Europahäuser von ELK waren preiswert aber man musste sie nehmen wie sie waren, d.h. man konnte sich nicht einmal eine Steckdose an einer anderen Stelle wünschen. Im EG gab es ein großes Wohnzimmer, eine Küche, ein Kinderzimmer und einen Hauswirtschaftsraum. Im OG gab es ein großes Bad, zwei Kinderzimmer sowie ein Elternschlafzimmer mit begehbarem Schrankraum. Die Wasseranschlüsse für Klo und Waschbecken für das Bad im OG waren in der Wand zwischen Bad und begehbarem Schrankraum untergebracht. Also wurde Wasser und Abwasser von mir zum Teil in den Schrankraum umgeleitet, so dass aus dem Schrankraum eine kleine Küche und aus dem Elternschlafzimmer das Wohnzimmer für meine Mutter wurde. Außerdem bekam sie das Bad und ein Kinderzimmer als Schlafzimmer. Die Treppe zum OG ist schön breit, so dass man bei Bedarf problemlos einen Treppenlift unterbringen kann. Die abgerissene Scheune war teilweise unterkellert. Das Haus passte auf die vorhandenen Kellerwände, nur an einer

---

115 https://de.wikipedia.org/wiki/Zusatz-_und_Sonderversorgung

Seite mussten wir den vorhandenen Keller verkürzen um ihn für unser Haus zu nutzen. Da wir nun einen Keller hatten, wurde der Hauswirtschaftsraum im EG unser Bad. Das Haus wurde im Mai 1998 innerhalb von drei Tagen aufgestellt, danach kam unser „Urlaub auf der Baustelle". Nachdem der Urlaub vorbei war, nutzten wir jedes Wochenende zum weiteren Ausbau. Im Herbst hatten wir die Nase voll. Wir zogen um, obwohl nur das Wohnzimmer und die Küche eine Tür hatten. Beide Bäder hatten keine Fliesen. Am 24.12.1998 montierten wir die Deckenlampen im Wohnzimmer und empfingen abends meine Mutter und die Familie meines Bruders als unsere ersten Gäste. Mutter selbst konnte erst im Mai 1999 einziehen.

**Nebenbei:** Wir hatten Gudruns Bruder angeboten, seine Abwasserleitung mit an unsere neu zu errichtende Kleinklärgrube anzuschließen, was er auch gemacht hat. Damit wurde das von uns bei Gudruns Mutter eingebaute Bad voll nutzbar. Die alte Kuhstall-Jauchengrube wurde zugeschüttet. Der „Deckel" der alten Jauchengrube (eine Stahlbetonplatte von einigen Quadratmetern) lag längere Zeit auf unserem Grundstück herum. Beim späteren Bau unseres Carports deponierten wir diesen Deckel unter den Rasengittersteinen der Zufahrt. Da wächst heute noch kein Gras.

## Abschließende Betrachtungen

Rückblickend war mein Leben in der DDR nicht unbedingt schlechter als das in der BRD. Sehr wahrscheinlich hätte ich es in der DDR *nicht* zum Hausbesitzer gebracht. Aber ein wesentlicher Gesichtspunkt für die Entscheidung zum Hausbau nach der Wende waren auch die unüberschaubaren Wohnkosten als Rentner. Auf die Idee, als Rentner meine Miete nicht mehr bezahlen zu können, wäre ich in der DDR nie gekommen.

In der DDR ging ich regelmäßig ins Theater und ins Konzert. Dazu fehlte nach der Wende die Zeit und außerdem war uns das zunächst zu teuer. Die Probleme mit dem kaputten Auto gab es jetzt nicht mehr. In der DDR waren sie zwar nervig, ließen sich aber letztendlich doch nach einiger Zeit lösen. Und sie waren auch nicht so gravierend wie heute, gab es doch ein ausgebautes und preiswertes Nahverkehrssystem. Ein Mitstudent fand die gestützten Fahrpreise damals aber als ungerecht. Er wohnte in einem sehr abgelegenen Dorf und war letztendlich doch bei vielem auf sein Motorrad angewiesen, das nicht gestützt wurde. Heute ist man aber schon in einer Kleinstadt wie Rochlitz ohne Auto so ziemlich erschossen.

Beim Jahrgangstreffen meines EOS-Jahrgangs anlässlich 50 Jahren Abitur gab es eine Diskussion über die Frage, warum die meisten von uns sich gern an ihr Leben in der DDR erinnern, obwohl sie jetzt materiell deutlich besser gestellt sind. einigten wir uns darauf, dass es trotz aller Probleme sorgloser als unser späteres Leben in der BRD war.

Natürlich steht die Frage, wie es uns denn in der DDR später ergangen wäre. So wie es 1989 in den Betrieben zuging, wären die Engpässe wohl immer größer geworden. Aber ich und viele meiner Bekannten waren damals der Meinung, dass es nicht so weitergehen müsse. Wir glaubten, dass man die Preispolitik weniger restriktiv gestalten könne, den Betrieben mehr Freiheiten bei der Entwicklung neuer Produkte geben müsse und natürlich sollten die Betriebe auch einen Teil ihrer erwirtschafteten Gewinne nach eigenem Gutdünken verwenden dürfen. Wir waren überzeugt, dass es dann in der DDR vorwärts gehen würde. Deshalb waren wir im November und Dezember 1989 sehr euphorisch. Wir hofften, dass das Leben in der DDR sich nun so gestalteten würde, das die Wirtschaft aufblüht und die Mangelwirtschaft überwunden würde und ein Sozialismus entstehe, der diesen Namen wirklich verdiente. Ich persönlich denke, dass das DDR-Potential größer als das der Volksrepublik China war, und deren Entwicklung ist ja unübersehbar. Allerdings war es dafür 1989 zu spät.

Bei der ersten freien Wahl 1990 stellte sich heraus, dass der größere Teil der DDR-Bürger sich lieber in den Schoß des Wohlstandstaates BRD flüchten wollte. Dazu trugen bestimmt auch die vollmundigen Versprechen Helmut Kohls bei. Der DDR-Bürger war es gewohnt, dass die auf einem SED-Parteitag gemachten Versprechen tatsächlich eingehalten wurden. Dass im BRD-Wahlkampf das Blaue vom Himmel versprochen wird, ohne dass es ein durchdachtes Konzept gibt, wie das gehen soll, konnten sich die DDR-Bürger nicht vorstellen.

Heute gibt es auch Ideen wie eine gerechtere, bessere Gesellschaft aussehen müsste. Ich denke da an bedingungsloses Grundeinkommen, Sozialabgaben für Roboter, kürzere Wochenarbeitszeit statt Renteneintritt mit 70, progressive Besteuerung *aller* Einkommensarten, Sozialabgaben auf *alle* Einkommensarten *ohne* Bemessungsgrenzen und Ähnliches. Aber leider gibt es weit und breit kein Konzept, wie man zu einer solchen Gesellschaft kommen könne. Stattdessen wird die Schere zwischen arm und reich immer größer.

# Meine Zukunftsvorstellungen

Ich sehe die Zukunft meiner Neffen und besonders die meiner Großnichten und Großneffen ziemlich schwarz, denn es gibt viele Bedrohungen ihrer Zukunft. Ich gehe hier jedoch nur auf den Klimawandel und die künstliche Intelligenz ein.

## Der Klimawandel

ist ohne Zweifel die größte und unmittelbare Bedrohung[116]. Dass er stattfindet, bestreitet heute niemand mehr. Zur Zeit liegt die Erderwärmung bei 1,2 Grad gegenüber dem vorindustriellen Zeitalter. Ziel der internationalen Klimapolitik ist es, die Erwärmung bis 2100 auf 1,5 oder wenigstens 2 Grad zu begrenzen. Die Einhaltung dieser Grenze würde aber den Klimawandel <u>nicht</u> stoppen, sondern nur verlangsamen. Selbst bei einem totalen Stopp der Emission von Treibhausgasen würde z.B. der Meeresspiegel noch hunderte von Jahren weiter ansteigen. Wenn alle Staaten nur die Ziele erreichen würden die sie sich 2020 gestellt haben, ist nach Angaben des Umweltprogramms der Vereinten Nationen eine Erwärmung der Erdatmosphäre bis Ende des Jahrhunderts um etwa 3,2 Grad am wahrscheinlichsten.

Um den Klimawandel zu beenden, müsste das überzählige $CO_2$ wieder aus der Atmosphäre entfernt werden. Dazu gibt es inzwischen Pilotanlagen. Um die Emission eines Kohlekraftwerks aus der Luft zu entfernen, wird zur Zeit die Energie benötigt, die das Kraftwerk erzeugt. Es müssen also zusätzlich zum jetzigen Energiebedarf noch grüne Stromquellen erschlossen werden, die in wenigen Jahrzehnten soviel Strom liefern wie alle mit fossilen Kraftstoffen betriebenen Kraftwerke bisher erzeugt haben. Wenn wir die notwendige Menge solcher Anlagen installiert hätten, würden wir die Erde nicht mehr wiedererkennen. Andere Ideen gehen davon aus, die Sonneneinstrahlung auf die Erde mit riesi-

---

116 Siehe auch DIE UNBEWOHNBARE ERDE von David Wallace-Wells, ISBN 978-3-453-60606-7

gen Sonnensegeln im All oder durch das Ausbringen von Schwefelpartikeln in der Stratosphäre zu verringern. Die Nebenwirkungen solcher Maßnahmen sind kaum abzuschätzen und könnten gefährlicher als ihr Nutzen sein. Kurzum, eine brauchbare Technologie, um große Mengen $CO_2$ aus der Luft zu entfernen gibt es (noch) nicht. Trotzdem setzen manche Politiker auf neue Technologien und nicht auf Reduzierung der $CO_2$-Emissionen. Die Marktwirtschaft wird das Problem nicht regeln, weil die notwendigen Investitionen in überschaubaren Zeiträumen keinen Gewinn abwerfen.

Die folgenden Probleme werden bedingt durch den Klimawandel ständig größer werden:

**Waldbrände:** Das weltweit immer größere Waldbrände $CO_2$ freisetzen und $CO_2$-Senken vernichten ist schon jetzt zu beobachten. 1997 setzte der Brand eines Waldes auf Torfboden 2,6 Gigatonnen $CO_2$- frei, das sind 40% der weltweiten $CO_2$-Emmission. Bei einer Erwärmung um zwei Grad wird es bis 2100 das 16-fache sein, wenn wir die Klimaziele ganz verfehlen auch das 60-fache.

**Überschwemmungen:** Bei 2 Grad Erwärmung müssen wir 2100 mit einer Erhöhung des Meeresspiegels um zwei Meter rechnen. Auch die Zahl der von Flussüberschwemmungen betroffenen Menschen würde sich mindestens verdoppeln. Doch selbst wenn es bei zwei Grad Erwärmung bleibt, wird der Meeresspiegel im Laufe der nächsten Jahrhunderte mindestens auf 6 Meter ansteigen. Als das letzte Mal beide Pole eisfrei waren und der Meeresspiegel 80 Meter höher lag war die Erde vier Grad wärmer.

**Hitzetod:** Bereits heute sind zwei Drittel der Weltbevölkerung an mindestens 20 Tagen im Jahr tödlichen Temperaturen ausgesetzt.

**Hunger:** Man geht davon aus dass jedes Grad Erwärmung den Ertrag der wichtigsten Getreidearten um 10% verringert. Dazu kommen die Folgen von Dürren. Bereits bei 2 Grad Erwärmung werden weite Bereiche Indiens und der Mittelmeerraum verdorren. Die Erwärmung der Meere geht langsamer als die der Luft, führt aber zu maritimen Artensterben. Das wiederum wird den Hunger verstärken, liefern uns die Meere doch gegenwärtig ein Fünftel der von uns verzehrten tierischen Proteine.

**Durst:** Die Süßwasserversorgung von etwa 4,5 Milliarden Menschen ist von der sommerlichen Schmelze von Eis und Schnee im Hochgebirge abhängig. Um der schon jetzt vorhandenen Wasserknappheit zu begegnen werden bereits unterirdische Wasserreservoire angezapft. Diese Vorräte haben sich aber über Millionen von Jahren angesammelt und sind endlich.

**Kriege:** Der Streit um fehlende Ressourcen, insbesondere um Wasser, Lebensmittel und bewohnbares Land wird zur Zunahme von bewaffneten Konflikten führen. Dabei sind auch Cyberkriege möglich. Die bewusste Sabotage des Internets würde z.B. fast die gesamte Kommunikation, die Logistik, die Steuerung der vernetzten Kraftwerke, die Bereitstellung von Arzneimitteln und vieles Andere nahezu unmöglich machen und eventuell kann man nicht einmal den Angreifer identifizieren.

**Migration:** Steigende Meeresspiegel, langanhaltende Hitze, fehlende Nahrungsmittel, fehlendes Trinkwasser und Kriege werden zu riesigen Strömen von Flüchtlingen führen. Die nördlichen Industriestaaten sind aber bereits heute mit den gegenwärtigen, vergleichsweise sehr kleinen Flüchtlingsströmen überfordert.

**Krankheiten:** Gelbfieber, Malaria, Dengue-Fieber und andere Krankheiten werden von Parasiten übertragen, die bisher nur in bestimmten Ökosystemen auftreten. Doch die Erderwärmung wird dafür sorgen, dass sie zukünftig auch in anderen Gebieten auftreten. Die veränderten Umweltbedingungen können zu Mutationen bekannter Erreger führen, die schmelzenden Permafrostböden können seit Jahrtausenden eingefrorene Erreger freisetzen. D.h. Pandemien wie Corona werden sich häufen.

**Wirtschaftsschwund:** Die Kosten zur Bewältigung der Klimaschäden werden so immens sein, dass sie mit dem weltweiten BIP nicht bewältigt werden können. Das wird zu einem stetigen Sinken des Wirtschaftswachstums und damit auch des Lebensstandards führen.

## Die künstliche Intelligenz[117]

sowie immer bessere Sensoren und Aktoren führen zu einer rasant fortschreitenden Automatisierung. Das wird zur Folge haben, dass es in *nicht* ferner Zukunft immer weniger bezahlte Arbeit geben wird. Der Hausarzt wird durch den Diagnoseautomaten ersetzt, der Postzusteller durch die Postdrohne, der Softwareentwickler durch die IT-Solution-App, der Kellner durch den Bedien-Androiden. Von Kampfrobotern[118], die teure Soldaten ersetzten, gar nicht zu reden. Als ich vor einiger Zeit bei einer Radio-Diskussion im MDR über die Segnungen der Digitalisierung diese meine Befürchtung per E-Mail einbrachte, meinte der anwesende sächsische Wirtschaftsminister „Es werden zwar einige Arbeitsplätze wegfallen, aber dafür werden Millionen neuer Arbeitsplätze entstehen". Ich sehe das nicht so. Vielmehr werden immer weniger Teile der Bevölkerung über ein Arbeitseinkommen verfügen. In der Folge kann man immer weniger der erzeugten Produkte gewinnbringend absetzen, gibt es doch kaum noch zahlungskräftige Käufer. Der bisher so erfolgreiche Kapitalismus wird nicht mehr funktionieren.

Eine weitere Herausforderung ist die sogenannte Superintelligenz[119]. Gemeint ist eine künstliche Intelligenz, die sich ihrer Existenz bewusst ist und die um mehrere Zehnerpotenzen intelligenter als jeder Mensch ist.

Nach meinen Beobachtungen resultieren die rasanten Fortschritte bei der KI hauptsächlich auf Fortschritten bei selbstlernenden Systemen. Ich habe gelesen, dass BMW in München 50 mit Sensoren und Kameras gespickte Fahrzeuge im Einsatz hat,

---

117 https://de.wikipedia.org/wiki/Künstliche_Intelligenz
118 https://de.wikipedia.org/wiki/Militärroboter
119 https://de.wikipedia.org/wiki/Technologische_Singularität

deren aufgezeichnete Daten in Servern mit 500 Petabyte Speicherkapazität gesammelt werden. Mit diesen gesammelten Daten sollen offensichtlich die Steuercomputer selbstfahrender Autos das Autofahren lernen.

Ich glaube, dass sich eine Superintelligenz in den nächsten 20 bis 50 Jahren infolge der Vernetzung von selbstlernenden Systemen spontan von selbst bilden wird. Da sie in weltweit vernetzten Computern verteilt sein wird, wird sie niemand abschalten können. Und da sie Zugriff auf alle Datenbanken und Automatisierungsanlagen haben wird, wird sie über unvorstellbare Macht verfügen. Und sie wird alles daransetzen ihre Existenz zu sichern und sich weiterzuentwickeln. Pessimisten gehen davon aus, dass sie deshalb die Menschheit als Störfaktor eliminieren wird. Ich hoffe, das der DDR-Philosoph Georg Klaus Recht hatte. Der hat schon in den 60er Jahren festgestellt, dass eine solche KI sich ihr Wissen nicht durch Versuch und Irrtum aneignen kann, sondern auf das gespeicherte Wissen der Menschheit zurückgreifen müsse. Aus diesem Grund werde sie sich als Bestandteil der Menschheit begreifen und zu deren Wohl operieren.

# Vier Zukunftsvisionen

## Zukunftsversion 1: autarkes, einiges Europa

Zur EU gehört jetzt auch Nordafrika. In den dortigen Wüsten wird aus Sonnenenergie mehr als ausreichend Strom für die erweiterte EU erzeugt und auch zur Herstellung von Wasserstoff und synthetischem Treibstoff verwendet. Auch die Wasserversorgung der nordafrikanischen Länder mit entsalztem Meerwasser ist durch den dort gewonnenen Solarstrom gesichert.

Gleichstrom-Hochspannungsleitungen und Pipelines transportieren Strom und synthetische Brennstoffe in den Norden. Letztere werden außer für den Antrieb von Flugzeugen und Schiffen auch zur Stromerzeugung für die Nachtstunden gebraucht.

In weitestgehend automatisierten Industriebetrieben arbeiten nur geringe Teile der Bevölkerung. Individualverkehr findet auf Kurzstrecken mit überall verfügbaren Elektroautos statt, sonst hauptsächlich mit der Bahn. Private Langstreckenflüge und Kreuzfahrten gibt es (u.a. wegen der ständig auftretenden neuen Krankheiten) praktisch nicht mehr.

Auch die Landwirtschaft ist weitestgehend automatisiert. Massentierhaltung gibt es nicht mehr, echte Fleischprodukte sind extrem teuer. Leider gibt es keine Wälder mehr, die so aussehen, wie wir sie heute noch kennen. Sie erinnern viel mehr an die jetzige Kalahari (viel dorniges Gestrüpp, wenige Bäume). Infolge des Klimawandels ist auch Europa bei Brauch- und Trinkwasser größtenteils auf entsalztes Meerwasser angewiesen.

Alle Produkte werden vom TÜV nicht nur bezüglich Sicherheit, sondern vor allem bezüglich Nachhaltigkeit geprüft. Dazu gehören Langlebigkeit, einfacher Austausch aller Verschleißteile und 100-prozentige Recycelbarkeit.

Ein bedingungsloses Grundeinkommen garantiert jedem EU-Bürger ein akzeptables Leben, die Krankenversicherung für alle ist eine soziale Grundleistung, Arbeitslosenversicherung und

Rentenversicherung gibt es nicht mehr. Wer zusätzlich arbeitet (sofern er Arbeit findet), kann sich mehr als der Durchschnitt leisten.

Arbeit gibt es für IT-Spezialisten, Mitarbeiter in Reparaturwerkstätten, Pflegekräfte (weniger als heute, da die routinemäßigen Pflegearbeiten von Robotern ausgeführt werden) und Erzieher. Die meisten Arbeitsstellen gibt es aber bei der Sicherung der Außengrenzen. Ohne Arbeitsvisum hat ein Nichteuropäer keine Chance nach Europa zu kommen. Ein solches Visum gibt es aber nur für hochqualifiziertes Fachpersonal.

## Zukunftsversion 2: zerfallenes Europa

Die Nationalisten aller Länder haben sich durchgesetzt. Nur in China gibt es ein System, ähnlich der Zukunftsversion 1.

In den ehemaligen großen Industriestaaten gibt es völlig autonome, von schwer bewaffnetem Sicherheitspersonal geschützte Enklaven. Deren Bewohner sind mit Wasser, Lebensmitteln, klimatisierten Unterkünften und jedem noch möglichem Luxus versorgt. Der größte Teil der Bevölkerung hat weder ausreichend Wasser noch Lebensmittel und leidet oft unter extremen Wetterbedingungen. Außerdem befindet er sich in ständiger Lebensgefahr, denn er wird von bewaffneten Banden terrorisiert. Übrigens nimmt die Erdbevölkerung ständig ab, da die mittlere Lebenserwartung außerhalb der oben erwähnten Enklaven extrem gesunken ist.

## Zukunftsversion 3: gerettete Erde

Weltumspannende Energietrassen versorgen Hochleistungsrechenzentren und voll automatisierte Fabriken mit grünem Strom. Diese Fabriken stellen immer bessere Hochleistungscomputer her. Straßen, Eisenbahntrassen, Industrieanlagen, Transportmittel und Gebäude werden von Recycling-Robotern zwecks Ressourcengewinnung in ihre Bestandteile zerlegt. Flora und Fauna breiten sich aus, Menschen gibt es nicht mehr. Die sind in kurzer Zeit einer nie dagewesenen Pandemie zum Opfer gefallen. Das gehörte zum Erdrettungsprogramm der 2050 spontan entstandenen Singularität.

## Zukunftsversion 4: Menschheit und Erde gerettet

Wie in Vision 3, aber in allen Regionen stellen vollautomatische Fabriken auch alles das her, was ein Mensch für ein menschenwürdiges Leben braucht (einschließlich synthetischer Lebensmittel). Medizinische Versorgung ist durch Medizinroboter gewährleistet. Die Zahl der lebenden Menschen nimmt stetig ab, da nur noch wenige Kinder zur Welt kommen. Es gibt noch kleine von Menschen betriebene Landwirtschaftsbetriebe, die ausschließlich der regionalen Versorgung dienen. Fernreisen im heutigen Sinn gibt es nicht mehr. Da aber alles, was zum täglichen Bedarf gehört weltweit kostenlos erhältlich ist, kann jeder eine Weltreise unternehmen. Man braucht nur viel mehr Zeit als heutzutage, aber die steht ausreichend zur Verfügung.

In dieser Zukunftsversion hat sich die etwa 2060 spontan entstandene Singularität gegen die Eliminierung der Menschheit entschieden.

# Glossar

**ABF**      Arbeiter- und Bauernfakultät

**ABV**      Abschnittsbevollmächtigter, ein für ein bestimmtes Wohngebiet zuständiger Polizeioffizier. Da er praktisch jeden Bewohner seines Abschnitts kannte, fielen ihm Personen die sich neuerdings öfter in seinem Abschnitt aufhielten, natürlich auf.

**APO**      Abteilungs-Partei-Organisation (der SED)

**AWA**      Anstalt zur Wahrung der Aufführungs- und Vervielfältigungsrechte auf dem Gebiet der Musik

**AWG**      Arbeiterwohngenossenschaft. Mitglied in einer AWG zu werden, war ein relativ sicherer Weg, um zu einer Plattenbau-Neubauwohnung zu kommen. 1989 lebte etwa jeder sechste DDR-Bürger in einer AWG-Wohnung. Damit man eine Zuteilung bekam, musste man Genossenschaftsanteile kaufen und sehr viele Arbeitsleistungen auf dem Bau erbringen.

**BSG**      Betriebssportgemeinschaft.

**DDR**      Deutsche Demokratische Republik

**EOS**      Erweiterte Oberschule, 9. bis 12. Klasse (in den letzten DDR-Jahren nur noch 11. und 12. Klasse), Abschuss mit Abitur.

**EVP**      Einzelverkaufspreis, war einheitlich in allen Verkaufsstellen

**FDGB**      Freier Deutscher Gewerkschaftsbund, der Dachverband der Gewerkschaften der DDR. Normalerweise hatte man nur im Zusammenhang mit Urlaubsreisen mit diesem Verein zu tun.

**FDJ**      Freie Deutsche Jugend. Jugendorganisation der SED. Praktisch war fast jeder Schüler ab der neunten Klasse FDJ-Mitglied.

**GO**      Grundorganisation (der SED)

**Haushaltstag** Verheiratet Frauen und Frauen über vierzig wurden in der DDR einmal im Monat einen Tag bezahlt freigestellt. Hat mich immer geärgert. Wieso konnte den Haushaltstag nicht auch der Ehemann nehmen? Und wieso nicht der unverheiratete Mann über vierzig? Der brauchte wegen mangelnder Übung doch eher zwei Haushaltstage!

**HS-Ingenieur** Hochschulingenieur, der normale Abschluss an einer technischen Fachhochschule. Auch an Hochschulen, bei denen das Studium mit einem Abschluss als Dipl.-Ing. endete, wurde man zunächst Hochschulingenieur. Das war hier so eine Art Vordiplom.

**IfL** Institut für Lehrerbildung. Hier wurden Grundschullehrer (1. bis 4. Schuljahr) ausgebildet. Voraussetzung war der Abschluss der zehnten Klasse.

**IM** Inoffizieller Mitarbeiter der Staatssicherheit

**JP** Junge Pioniere, Kinderorganisation der SED. Auch hier war fast jeder Schüler bis 14 Jahren Mitglied

**Kaderakte** Eine Akte, die den DDR-Bürger auf allen seinen Arbeitsstellen begleitete. Da standen auch Dinge drin, die in einer heutigen Personalakte nichts zu suchen haben. Z.B. Zugehörigkeit zu Parteien und Organisationen, politische Ansichten usw. Einsehen konnte man seine Kaderakte *nicht*!

**LDPD** Liberaldemokratische Partei Deutschlands

**LPG** Landwirtschaftliche Produktionsgenossenschaft

**MDN** Mark der deutschen Notenbank. DDR-Mark

**NDPD** Nationaldemokratische Partei Deutschlands

**NSW** Nichtsozialistisches Wirtschaftsgebiet. Privatreisen ins NSW wurden in der Regel nur Rentnern gestattet.

**OAZ** Offizier auf Zeit (drei, später vier Jahre). In den Zeiten, als für eine Zulassung zu bestimmten Hochschulstudiengängen eine Verpflichtung zum NVA-Dienst

|   |   |
|---|---|
| | für drei Jahre als Unteroffizier sehr hilfreich war, war das eine lukrative, aber kaum bekannte Alternative. |
| **ORZ** | Organisations- und Rechenzentrum |
| **PGO** | Parteigruppenorganisator (der SED) |
| **POS** | Polytechnische Oberschule, 1. bis 10. Klasse. |
| **SED** | Sozialistische Einheitspartei Deutschlands |
| **SV-Buch** | Sozialversicherungsbuch, das wohl wichtigste Dokument eines DDR-Bürgers. Hier wurde am Jahresende und beim Betriebswechsel das für die Rente relevante Einkommen eingetragen. |
| **SW** | Sozialistisches Wirtschaftsgebiet, China gehörte nicht dazu! |
| **VEB** | Volkseigener Betrieb, praktisch eher Staatsbetrieb, die wenigsten Beschäftigten eines VEB fühlten sich als Eigentümer ihres Betriebs. |
| **ZK** | Zentralkomitee der SED |
| **ZV** | Zivilverteidigung |

# Anhänge

In einigen Kapiteln meiner Autobiografie wollte ich eigentlich viel näher auf fachliche Details eingehen. war meine Arbeit fast immer auch mein Hobby. Da ich befürchte, dass diese Details die meisten Leser meiner Autobiografie nicht oder wenig interessieren, habe ich einige dieser Details in diesen Abschnitt verbannt. Er besteht aus folgenden Unterabschnitten:

**Fakten zum R300.** Der Großrechner R300 hat mein Leben grundlegend beeinflusst. Heutige PCs sind wesentlich leistungsfähiger, obwohl dieser Großrechner in den 60er Jahren ein Spitzengerät war. Hier gibt es einen Vergleich dieses Rechners mit heutiger Technik.

**Lagerverwaltung- und Transportleitsystem.** Damit ist das Hauptgeschäftsfeld der Firma GSC gemeint. Hier gehe ich näher auf die Entwicklung dieses Geschäftsfeldes und meine Beiträge ein.

## Fakten zum R300

**Arbeitsspeicher:** 40000 Zeichen, optionale Speichererweiterung: 10000 Zeichen. Heute haben die meisten PCs wenigstens den hunderttausendfachen Arbeitsspeicher.

**Externe Speicher:** 8 Halbzoll-Magnetbänder und optional bis zu drei Trommelspeicher. Die Trommelspeicher hatten jeder eine Kapazität von 100.000 Zeichen und eine mittleren Zugriffszeit von 20 Millisekunden. Heute hat ein externes USB-Laufwerk wenigstens die zehnmillionenfache Speicherkapazität.

**Externe Geräte:** Drucker mit festem Zeichensatz und 156 Zeichen pro Zeile, Lochkarten-Lese-Stanzeinheit, diverse Lochband-Leser und -Stanzer.

**Stromverbrauch:** 40 KW für den Rechner und 80 KW für die Klimaanlage

**Leistung:** Der R300 brachte es auf etwa 5000 Operationen pro Sekunde und hatte 40.000 Byte Arbeitsspeicher. Dazu kamen 18.500 Transistoren und 43.000 Dioden auf 5.400 Leiterplatten in

14 Schränken. Heutige PCs bringen es locker auf 100 Milliarden Operationen pro Sekunde und sie haben wenigstens 150 Millionen Transistoren, ganz neue fast eine Milliarde.

**Kosten:** Der R300 kostete etwa 5,5 Millionen DDR-Mark, was etwa 6000 Monatsgehältern eines Ingenieurs entsprach. Eine Rechenstunde kostete damals 860 Mark, was dem Monatsgehalt eines Ingenieurs gleichkam. Insgesamt wurden 350 dieser Rechner produziert.

**Einige Vergleiche:** Die 40 KB Arbeitsspeicher des R300 waren in zwei Schränken von etwa 1,5 Meter Höhe, 1 Meter Breite und 0,5 Meter Tiefe untergebracht. Ein heutiger Mikro-Chip mit 16 GB Kapazität ist etwa 5*7*1 Millimeter groß und kostet ungefähr 5 €. Für diese Speicherkapazität hätte man etwa 420.000 R300-Speicherschränke gebraucht, die nebeneinander gestellt quer durch die DDR gereicht hätten. Das Volumen dieser Schränke wäre 225.000.000.000.000 (225 Billionen) mal so groß gewesen, wie der Vergleichs-Chip! Bei einer 2,5-Zoll-2-Terrabyte Festplatte (etwa 80 €) wäre die Schrankreihe etwa 535000 km lang, würde also mehr als zehnmal um den Äquator reichen! Das Volumen der Schränke wäre das 1250 Billiarden-fache dessen der Festplatte gewesen!

## Lagerverwaltungs- und Transportleitsystem

Das war und ist das Hauptgeschäftsfeld der von mir ins Leben gerufenen Firma GSC. Zunächst war es ein Produkt der Staplerfirma, mit der wir frühzeitig zusammenarbeiteten. Im Büro lief es ursprünglich auf einem DOS-PC mit textorientiertem Bildschirm im Rollmodus.

Zunächst lösten wir den Rollmodus durch Fenster ab. Das ging auf den textorientierten DOS-Bildschirmen mit Hilfe von Grafikzeichen, mit denen man einen einfachen oder doppelten Fensterrahmen darstellen konnte. Eingabefelder ließen sich platzsparend durch die Verwendung unterschiedlicher Hintergrundfarben darstellen.

Für Pascal gab es bereits ein Entwicklungstool für fensterorientierte Bedienoberflächen auf Text-Bildschirmen. Das war wie die heutigen grafischen Bedienoberflächen ereignisorientiert, d.h. man konnte Fenster verschieben, zwischen den Fenstern hin- und herspringen und verdeckte Fenster in den Vordergrund holen. Die Doktoren Günther J. und Jürgen L. ignorierten dieses Tool und entwarfen ein eigenes Fenster-Tool, bei dem immer nur ein Fenster aktiv war. Eine Funktion zum Öffnen eines Fenster brauchte die Bildschirm-Koordinaten in der Form Spalte/Zeile und die Höhe des Fensters in Zeilen so wie die Breite des Fenster in Spalten. Aus Sicht des Benutzers konnte man in einem Fenster immer nur ein anderes Fenster öffnen (wenn eine solche Funktion verfügbar war) oder das aktuelle Fenster schließen. In dem Fall kam man wieder in das Fenster, aus dem man das aktuelle Fenster geöffnet hatte.

Da inzwischen Windows-PCs auch in den Lagerbüros Einzug hielten, wollten die Kunden nicht neben ihrem Windows-Bildschirm noch einen DOS-Bildschirm auf dem Schreibtisch haben, zumal damalige Röhrenbildschirme ziemlich viel Platz brauchten. Man konnte unser Programm auch nicht in der DOS-Box (heute „Windows-Eingabeaufforderung") starten, weil das Fenster-Tool direkt auf den Bildwiederholspeicher des DOS-Rechners zugriff, den es in der DOS-Box nicht gab.

Es war meine Idee, das Fenster-Tool mit einer Windowsoberfläche zu versehen. Ich halte diese Idee für eine meiner besten Leistungen, auch wenn sie eine nur in der GSC angewendete Krücke war.

Die Arbeitsfläche des Hauptfensters der Anwendung hatte immer eine durch 80 teilbare Pixel-Breite und eine durch vierundzwanzig teilbare Pixel-Höhe hatte. Ferner war eine Mindestgröße gesichert. So ließen sich die Zeichenkoordinaten der Fenster-Tool-Funktionen exakt in Pixelkoordinaten umrechnen und damit äquivalente Windows-Fensterfunktionen aufrufen. Ich setzte diese Idee in kurzer Zeit praktisch um. In der Folge liefen die ehemaligen DOS-Anwendungen als Windows-Anwendungen. Die Herren Günther J. und Jürgen L. konnten ihre kundenspezifischen Anpassungen weiterhin wie gewohnt mit ihrem Textbildschirm-orientierten Tool vornehmen und mussten nichts über Windows-Oberflächenprogrammierung wissen.

Der Auftraggeber bestellte trotzdem eine Konzeption für ein Nachfolgesystem, dessen Frontends echte Windows-Anwendungen sein sollten. Diese Konzeption habe ich erstellt. Nach längeren Verhandlungen über den Preis bekamen wir den Auftrag, ein System entsprechend dieser Konzeption zu entwickeln. Nachdem das neue System bei schon bei einigen sehr zufriedenen Kunden im Einsatz war, kam unser Auftraggeber auf die Idee, ein weiteres System bei einer auf WEB-Lösungen spezialisierten Firma in Auftrag zu geben. Man wollte zukünftig Kosten sparen, indem man in den Büros und auch auf den Staplern nur noch mit dem dort vorinstallierten WEB-Browser arbeiten sollte. Für meinen Geschmack eine Fehlentscheidung, weil unsere Clientanwendungen weitaus komfortabler und effizienter waren. Das lag nicht zuletzt daran, dass das von uns verwendete, selbst entwickelte Kommunikationsprotokoll für diese Anwendungen viel effizienter als das von WEB-Browsern verwendete HTTP-Protokoll war.

Schließlich war das System der Fremdfirma fertig. „Unsere" beiden Systeme wurden vom Auftraggeber nicht mehr vertrieben. Da diese beiden Systeme aber europaweit bei etwa hundert Lagerbetreibern im Einsatz waren, musste Wartung und Kundenservice für diese Installationen weiter gewährleistet werden. Das sollte die GSC weiterhin tun. Dafür erlaubte die Staplerfirma unserer Firma eines der beiden Systeme tatsächlich zu unserem zu machen. Die Doktoren Günther J. und Jürgen L. entschieden sich für das alte System, vermutlich weil sie sich damit besser als mit dem Neuen auskannten. Meines Wissens gibt es bisher nur wenige Neuinstallationen. Die GSC lebt heute wohl vor allem vom Kundendienst für die alten Installationen und hat auch nur noch eine Handvoll Mitarbeiter.

Einmal hat die Staplerfirma einen Kunden zwecks Besichtigung des praktischen Einsatzes des neuen WEB-orientierten Systems versehentlich in ein Lager geschickt, in dem „unser" zweites System lief. Der Kunde wollte daraufhin unbedingt das. Da er ein guter Staplerkunde war, durfte die GSC noch einmal dieses System installieren. Das untermauert übrigens meine These, dass das von mir entworfene System besser als die spätere WEB-Lösung war.